湖北省社科基金后期资助项目成果

土家族传统文化
校本课程管理研究

朱薇 著

中国社会科学出版社

图书在版编目（CIP）数据

土家族传统文化校本课程管理研究 / 朱薇著. —— 北京：中国社会科学出版社，2024.7. —— ISBN 978-7-5227-3870-3

Ⅰ. K287.3

中国国家版本馆 CIP 数据核字第 20246T2K82 号

出 版 人	赵剑英	
责任编辑	孔继萍	
责任校对	赵雪姣	
责任印制	郝美娜	

出　　版	中国社会科学出版社	
社　　址	北京鼓楼西大街甲 158 号	
邮　　编	100720	
网　　址	http://www.csspw.cn	
发 行 部	010-84083685	
门 市 部	010-84029450	
经　　销	新华书店及其他书店	

印刷装订	北京君升印刷有限公司
版　　次	2024 年 7 月第 1 版
印　　次	2024 年 7 月第 1 次印刷
开　　本	710×1000　1/16
印　　张	15.5
插　　页	2
字　　数	239 千字
定　　价	98.00 元

凡购买中国社会科学出版社图书，如有质量问题请与本社营销中心联系调换
电话：010-84083683
版权所有　侵权必究

前　言

　　中华民族文化的源远流长表明，要实现文化自信，必须继承并发展优秀传统文化，以夯实文化建设的根基，奠定自信的强大底气。面对文化全球化的冲击，如何通过学校教育传承与发展民族传统文化成为新的议题。作为文化意识与文化价值之系统化、简约化表征的课程，正是教育功能实现的关键要素。加之国家"三级课程"管理体制的确立，使得民族文化校本课程研究蓬勃发展。然而，课程落实程度如何？是否发挥其真正的效用？都值得我们探讨。基于此，本书以恩施土家族苗族自治州地区中小学为例，对该地区土家族传统文化校本课程的管理情况进行了探讨。

　　本书首先对土家族传统文化、民族文化类校本课程以及课程管理等方面的既有研究成果进行了梳理。概括研究后发现，国内对民族传统文化如何进入课程领域的探索虽多，但其关注点多集中于具体学科课程的开发上，对于民族文化类校本课程管理的研究较为零散。借助 CiteSpace 可视化图谱分析可知，"民族学校"和"中小学"是未来民族文化校本课程研究的重点与热点。这为深化研究指明了方向。

　　恩施州土家族传统文化，从生活角度，可划分为饮食居住、衣冠服饰、民间技艺、禁忌崇拜、文学艺术、习俗礼仪六大类。每一类文化类型各具特色，并对个体发展、社会教化、圣典传承和环境保护产生直接影响，具有生存技能训练、生活规序导引、生命境界领悟、生态文明理解的"四生"教育价值。开展土家族传统文化校本课程建设不仅意义重大，而且切实可行。

　　基于问卷调查和访谈研究得知，恩施州地区中小学土家族传统文化校本课程管理在管理理念上呈现出人本意识与倾向；在背景管理中教师与校领导认为自身对校内外境况十分了解；在输入管理维度学校较为重视课程方案的制定；在过程管理中注重对课程的安排，使之有序进行；在输出管理中重视学生参与课程评价。但总体来看，恩施州地区中小学在该课程管理中管理水平较低，存在诸多不足。主要表现为：在管理理念方面，课程愿景和建设规划不明确；在背景管理方面，环境分析和早期评估不到位；在输入管理方面，资源汇聚和文化挖掘不精准；在过程管理方面，沟通协调和内外联动不得力；在输出管理方面，评价体系和改进机制不完善。借助回归分析发现，问题背后的原因也是多方面的。总体上可概括为：管理主体理念不明及权责意识薄弱的掣肘，教师专业素养欠缺及发展方式机械的局限，课程建设资源单一及凝练技术匮乏的制约，学校组织机构僵化及制度执行低效的必然，社会管理惯习影响及应试文化诱导的结果。

针对土家族传统文化校本课程管理调查和访谈研究结果，本书基于文化共生理论与 CIPP 评价模式构建了相应的管理理论模式。该模式主要包含两方面的内容：其内核是基于文化共生理论的管理思想，含传承创新、多元一体、以文化人及人本回归四个管理理念；其外部则是将 CIPP 评价模式迁移至课程管理领域所形成的对土家族传统文化校本课程的背景管理、输入管理、过程管理与输出管理四个管理环节。该模式的内核管理理念辐射至外部的每一管理环节；外部的每一管理环节又共同包围并支持着内核的管理理念。二者相互渗透、相互融合，以期共同推进课程管理向纵深发展。

最后，本书结合恩施州地区中小学土家族传统文化校本课程管理中的具体问题提出了相应的改进策略。这些策略涵括理念架构、背景评估、输入多元、过程优化以及输出推广五个维度，要求立足主体发展，提升文化自觉；明晰管理目标，践行文化考量；促进主体联动，重视文化选择；完善组织制度，实施文化引领；迭代课程建设，推动文化交流。这对于保障课程顺利进行，落实国家"三级课程"管理体制、弘扬与传承土家族传统文化、促进学生全面而有个性的发展、提升教师综合素养均有重要作用。

目 录

第一章 绪论 …………………………………………………… (1)
 第一节 问题提出 ………………………………………… (1)
  一 选题缘由 ………………………………………… (1)
  二 选题意义 ………………………………………… (3)
 第二节 研究现状 ………………………………………… (6)
  一 关于土家族传统文化的研究 …………………… (6)
  二 关于民族传统文化校本课程的研究 …………… (11)
  三 关于校本课程管理的研究 ……………………… (15)
  四 文献评析 ………………………………………… (30)
 第三节 研究思路与方法 ………………………………… (32)
  一 研究思路 ………………………………………… (32)
  二 研究方法 ………………………………………… (32)
 第四节 研究的重点、难点与创新点 …………………… (34)
  一 研究重点 ………………………………………… (34)
  二 研究难点 ………………………………………… (34)
  三 研究创新点 ……………………………………… (35)

第二章 核心概念界定与理论基础解读 …………………… (36)
 第一节 核心概念界定 …………………………………… (36)
  一 传统文化 ………………………………………… (36)
  二 校本课程 ………………………………………… (39)
  三 课程管理 ………………………………………… (45)
 第二节 理论基础解读 …………………………………… (50)

  一 CIPP 评价模式理论……………………………………（50）
  二 文化共生理论………………………………………（55）
  三 理论分析框架………………………………………（62）

第三章 土家族传统文化特色素描及教育价值诠释……………（64）
 第一节 土家族传统文化特色素描……………………………（64）
  一 房屋悬挑、喜食酸辣的居住饮食文化………………（65）
  二 男女一式、头包青丝的衣冠服饰文化………………（66）
  三 喜耍锣鼓、独具智慧的民间技艺文化………………（68）
  四 崇拜白虎、禁忌诸多的图腾信仰文化………………（70）
  五 源于生产、乐观豁达的文学艺术文化………………（72）
  六 民风淳朴、尊天敬命的习俗礼仪文化………………（75）
 第二节 土家族传统文化的教育价值诠释……………………（77）
  一 个体发展：生存技能训练价值………………………（77）
  二 社会教化：生活规序导引价值………………………（80）
  三 圣典承传：生命境界领悟价值………………………（82）
  四 环境保护：生态文明理解价值………………………（85）

第四章 土家族传统文化校本课程管理现状调查………………（88）
 第一节 调查设计与实施…………………………………………（88）
  一 问卷设计………………………………………………（88）
  二 问卷检测………………………………………………（89）
  三 问卷实施………………………………………………（90）
  四 访谈设计与实施………………………………………（91）
 第二节 土家族传统文化校本课程管理的数据分析…………（93）
  一 土家族传统文化校本课程管理的描述性分析………（93）
  二 土家族传统文化校本课程管理的差异性分析……（107）
  三 土家族传统文化校本课程管理的相关性分析……（114）
 第三节 土家族传统文化校本课程管理的现状概括与
    深度解读………………………………………………（117）
  一 课程管理理念状况及其关联因子分析……………（117）

二　课程背景管理状况及其关联因子分析 ………………（119）
　　三　课程输入管理状况及其关联因子分析 ………………（121）
　　四　课程过程管理状况及其关联因子分析 ………………（122）
　　五　课程输出管理状况及其关联因子分析 ………………（124）

第五章　土家族传统文化校本课程管理的问题及成因 ………（126）
　第一节　土家族传统文化校本课程管理的问题凝练 ………（126）
　　一　管理理念：课程愿景和建设规划不明确 ……………（126）
　　二　背景管理：环境分析和早期评估不到位 ……………（128）
　　三　输入管理：资源汇聚和文化挖掘不精准 ……………（130）
　　四　过程管理：沟通协调和内外联动不得力 ……………（133）
　　五　输出管理：评价体系和改进机制不完善 ……………（135）
　第二节　土家族传统文化校本课程管理问题的原因归纳 ……（137）
　　一　管理主体理念不明及权责意识薄弱的掣肘 …………（137）
　　二　教师专业素养欠缺及发展方式机械的局限 …………（139）
　　三　课程建设资源单一及凝练技术匮乏的制约 …………（141）
　　四　学校组织机构僵化及制度执行低效的必然 …………（142）
　　五　社会管理惯习影响及应试文化诱导的结果 …………（144）

第六章　土家族传统文化校本课程管理的理论模式建构 ……（147）
　第一节　模式的设计构想 ……………………………………（147）
　　一　设计依据 ……………………………………………（147）
　　二　整体构想 ……………………………………………（149）
　　三　关系阐述 ……………………………………………（150）
　第二节　模式要素分析 ………………………………………（152）
　　一　管理理念 ……………………………………………（152）
　　二　背景管理 ……………………………………………（155）
　　三　输入管理 ……………………………………………（158）
　　四　过程管理 ……………………………………………（161）
　　五　输出管理 ……………………………………………（164）
　第三节　模式运行机制 ………………………………………（167）

  一　持续改进机制 …………………………………………（167）
  二　循环发展机制 …………………………………………（169）
  三　全程调控机制 …………………………………………（171）
 第四节　模式的特征解读 ………………………………………（172）
  一　理念与实践相统一 ……………………………………（172）
  二　静态与动态相结合 ……………………………………（174）
  三　局部与整体相协调 ……………………………………（175）
  四　内部与外部相联动 ……………………………………（176）

第七章　土家族传统文化校本课程管理的实践策略探讨 ………（178）
 第一节　理念架构：立足主体发展，提升文化自觉 …………（178）
  一　落实权责分担 …………………………………………（178）
  二　树立人本意识 …………………………………………（180）
  三　培育文化自觉 …………………………………………（181）
 第二节　背景评估：明晰管理目标，践行文化考量 …………（182）
  一　强化多方培训 …………………………………………（182）
  二　构建层级目标 …………………………………………（184）
  三　推进文化考量 …………………………………………（185）
 第三节　输入多元：促进主体联动，重视文化选择 …………（186）
  一　聚合多方资源 …………………………………………（186）
  二　倡导平台搭建 …………………………………………（188）
  三　着力文化选择 …………………………………………（189）
 第四节　过程优化：完善组织制度，实施文化引领 …………（190）
  一　推动组织重构 …………………………………………（190）
  二　创新制度建设 …………………………………………（191）
  三　加强文化引领 …………………………………………（193）
 第五节　输出推广：迭代课程建设，推动文化交流 …………（194）
  一　注重课程优化 …………………………………………（194）
  二　实施课程推广 …………………………………………（195）
  三　力促文化交流 …………………………………………（196）

第八章 结论与展望 (198)

第一节 研究结论 (198)
一 土家族传统文化丰富多彩且具有"四生"教育价值 (198)
二 土家族传统文化校本课程管理中的现实问题突出 (199)
三 土家族传统文化校本课程管理需从理论层面改进 (199)
四 土家族传统文化校本课程管理应从实践层面突破 (200)

第二节 研究不足 (200)
一 研究的深度与广度尚存局限 (200)
二 模式建构的科学性尚待强化 (201)
三 实践策略的指导性尚需验证 (201)

第三节 研究展望 (201)
一 研究趋向的持续纵深发展 (201)
二 模式建构的多维深度融合 (202)
三 实践策略的全面立体推进 (202)

参考文献 (203)

附录 (220)

后记 (232)

图目录

图 1-1　我国校本课程管理研究年度发文量分布……………（22）
图 1-2　研究思路………………………………………………（33）
图 2-1　CIPP 评价模式的主要组成要素及相互关系 ………（52）
图 2-2　理论分析框架…………………………………………（63）
图 3-1　土家族吊脚楼…………………………………………（65）
图 3-2　土家族苞谷饭…………………………………………（66）
图 3-3　土家族传统服饰………………………………………（67）
图 3-4　土家族三棒鼓…………………………………………（68）
图 3-5　土家族咚咚喹…………………………………………（69）
图 3-6　土家族西兰卡普………………………………………（70）
图 3-7　土家族白虎图腾………………………………………（71）
图 3-8　土家族摆手舞…………………………………………（74）
图 4-1　土家族传统文化校本课程管理现状的整体性描述
　　　　分析………………………………………………………（94）
图 4-2　恩施州土家族传统文化校本课程管理需改进方面统计……（95）
图 4-3　土家族传统文化校本课程建设主体统计……………（97）
图 4-4　土家族传统文化校本课程建设学生参与度统计……（97）
图 4-5　土家族传统文化校本课程课时安排情况统计………（103）
图 4-6　土家族传统文化校本课程被占用情况统计…………（103）
图 4-7　土家族传统文化校本课程输出管理各题项回答所占
　　　　百分比统计……………………………………………（105）
图 4-8　恩施州地区中小学教师参加培训频次统计…………（106）
图 5-1　词频分析………………………………………………（131）

图 6-1 土家族传统文化校本课程管理理论模式 …………（151）
图 6-2 文化的双重指向性示意 ……………………………（155）
图 6-3 管理模式动态运行 …………………………………（168）
图 6-4 模式持续改进 ………………………………………（169）
图 6-5 循环发展 ……………………………………………（171）
图 6-6 模式联动 ……………………………………………（177）

表目录

表 2-1　国家课程、地方课程与校本课程的区别统计……………（42）
表 2-2　不同学者对"校本课程"的界定统计 ……………………（43）
表 2-3　课程管理内涵界定统计……………………………………（46）
表 4-1　量表的可靠性统计…………………………………………（89）
表 4-2　问卷 KMO 值和 Bartlett 球形检验值……………………（90）
表 4-3　学生问卷调查基本情况分析………………………………（91）
表 4-4　访谈对象基本情况统计……………………………………（92）
表 4-5　土家族传统文化校本课程管理现状的整体性描述分析
　　　　（n=932）……………………………………………………（93）
表 4-6　土家族传统文化校本课程管理的得分区间分布统计
　　　　（n=932）……………………………………………………（94）
表 4-7　土家族传统文化校本课程管理理念现状统计
　　　　（n=932）……………………………………………………（96）
表 4-8　土家族传统文化校本课程背景管理现状统计
　　　　（n=932）……………………………………………………（98）
表 4-9　土家族传统文化校本课程输入管理现状统计
　　　　（n=932）……………………………………………………（99）
表 4-10　土家族传统文化校本课程开设数量统计………………（100）
表 4-11　土家族传统文化校本课程内容设置情况统计…………（101）
表 4-12　学生对土家族传统文化的兴趣调查结果分析…………（101）
表 4-13　土家族传统文化校本课程过程管理现状统计
　　　　（n=932）……………………………………………………（101）
表 4-14　土家族传统文化校本课程实施方式统计………………（103）

表4-15　土家族传统文化校本课程输出管理现状统计
　　　　（n=932）……………………………………………………（104）
表4-16　土家族传统文化校本课程评价关注重点统计……………（106）
表4-17　土家族传统文化校本课程评价主体统计…………………（106）
表4-18　土家族传统文化校本课程管理理念的差异性分析
　　　　统计……………………………………………………………（107）
表4-19　土家族传统文化校本课程背景管理的差异性分析
　　　　统计……………………………………………………………（108）
表4-20　土家族传统文化校本课程输入管理的差异性分析
　　　　统计……………………………………………………………（110）
表4-21　土家族传统文化校本课程过程管理的差异性分析
　　　　统计……………………………………………………………（111）
表4-22　土家族传统文化校本课程输出管理的差异性分析
　　　　统计……………………………………………………………（112）
表4-23　土家族传统文化校本课程管理理念的相关性分析
　　　　统计……………………………………………………………（114）
表4-24　土家族传统文化校本课程背景管理的相关性分析
　　　　统计……………………………………………………………（115）
表4-25　土家族传统文化校本课程输入管理的相关性分析
　　　　统计……………………………………………………………（116）
表4-26　土家族传统文化校本课程过程管理的相关性分析
　　　　统计……………………………………………………………（116）
表4-27　土家族传统文化校本课程输出管理的相关性分析
　　　　统计……………………………………………………………（117）
表4-28　模式汇总………………………………………………………（118）
表4-29　回归分析摘要…………………………………………………（118）
表4-30　模式汇总………………………………………………………（119）
表4-31　回归分析摘要…………………………………………………（120）
表4-32　模式汇总………………………………………………………（121）
表4-33　回归分析摘要…………………………………………………（121）
表4-34　模式汇总………………………………………………………（123）

表 4-35　回归分析摘要 …………………………………………（123）

表 4-36　模式汇总 ………………………………………………（124）

表 4-37　回归分析摘要 …………………………………………（124）

表 6-1　校内外土家族传统文化校本课程资源分析统计 …………（160）

第一章

绪　　论

文化深深地改变人类的先天赋予，不仅仅是人创造文化，文化同样也创造人。在民族地区推进民族传统文化校本课程之本意在于利用课程管理推动民族文化的创造性转化与创新性发展，通过文化的涵濡浸渍达到以文化人的目的。

第一节　问题提出

在三级课程管理体制之下，恩施州地区土家族传统文化校本课程落实情况如何？是否发挥了其真正的效用？都值得我们探讨。

一　选题缘由

作为一名恩施州地区土生土长的土家人，深感民族文化传承式微。幸而课程改革日趋深入，为民族传统文化传承带来了新曙光。

（一）民族文化传承的现实令人担忧

文化是一个民族的血脉，也是人们所守护的精神家园。各少数民族在长期的生活实践中形成了具有本民族标识的文化。他们在形成自身独特文化的同时也共同凝聚成了中华民族传统文化。因而，各族文化不仅是多样性的展示，也是维系民族团结统一的纽带，更是国家繁荣强盛的根基。在经济全球化、文化全球化的背景下，少数民族文化作为中华民族传统文化的重要组成部分，作为现代文化的精神根基，在提升国家文化软实力，实现文化自信的过程中承担着重要角色。

然而在思想急剧分化、乱云飞渡、思潮翻涌的现代化进程中，西方世界以"器物"的形式包裹着精神内核，以剥洋葱的方式逐渐对其他国家进行文化霸权。在强势文化的挤压之下，许多文化凋零飘落，逐渐逝去。正如著名作家冯骥才在他书中刻画的那般，许多宝贵的民间技艺随着传承人的去世而销声匿迹；无数古老的民俗、建筑以及文化传说随着高楼的崛起而日渐消逝。当我们回首盘点时才愕然发现，很多凝聚了祖先生存智慧的文化种类在飞快地消失。恩施州地区是以土家族苗族为主的少数民族自治州，然而在日常生活中却难以感受到浓厚的少数民族氛围。几十年前头包青丝的土家小伙、头戴银饰的苗家姑娘已经很难见到；依山而建、屋檐飞翘的吊脚楼也愈加减少；婚礼上很难再听到哭嫁歌；田间劳作的号子也不再响起；很多关于祖先的神话、传说我们也无从知晓。这些珍贵的民族文化正在以肉眼可见的速度消失。

（二）研究者个人的民族情结使然

习近平总书记强调："中华传统文化是我们民族的'根'和'魂'，如果抛弃传统、丢掉根本，就等于割断了自己的精神命脉。"[①] 习近平总书记还指出："中华优秀传统文化是中华民族的突出优势，中华民族伟大复兴需要以中华文化发展繁荣为条件，必须大力弘扬中华优秀传统文化。"[②] 少数民族的传统文化作为民族智慧的结晶，是优秀传统文化的重要组成部分。因此，我们要重视少数民族的传统文化，加大传承和保护力度。

然而，通过调查发现，人们对于少数民族传统文化传承的意识薄弱，少数民族文化传承现状令人担忧。如今，现代化在促进我国经济增长、社会发展的同时，对社会文化造成了很大的影响。传统文化知识作为与现代化格格不入的非标准化的东西在面对现代化横扫一切的力量时显得微不足道。在恩施州地区中小学中，课程设置与教学基本围绕应试教育而展开，涉及土家族传统文化的课程较少，专门介绍与讲解民族传统文化的教材更是寥寥无几。同时，学校课程管理意识不强，使得诸多校本课程流于形式，课程实质功能难以发挥。作为一名在恩施州出生、成长的教育学研究

---

① 中共中央宣传部：《习近平总书记系列重要讲话读本》，学习出版社、人民出版社2016年版，第202页。

② 中共中央宣传部：《习近平总书记系列重要讲话读本》，学习出版社、人民出版社2016年版，第201页。

生，如何使土家族传统文化得以保存与传承，这不仅是作为民族成员的使命更是一名教育工作者的担当。通过博士期间的学习和积累，笔者开始从课程与教学管理的角度深入思考民族文化缺失的症结。课程作为学校教育中进行文化传承的主要中介，如何利用课程促进民族文化的传承，如何通过管理使民族传统文化的校本课程落地生根都成为笔者所思考的问题。

（三）基础教育课程改革提供了契机

我国于2001年颁布的《基础教育课程改革纲要（试行）》明确提出了实行国家、地方和学校三级课程管理体制。这一政策的出台使学校管理课程登上历史舞台。不仅为民族传统文化知识以一定的方式进入学校课程提供了政策依据，而且为学校教育在传承民族传统文化知识以及保护文化多样性方面能够发挥应有的积极作用营造了基础性的制度环境。

目睹了本民族文化传承的式微，恢复民族文化的活力便成了当前的重中之重。课程改革明确提出需改变知识本位的现状，减少课程难度，提升课程内容与实际生活的联系，顺应现代社会的发展。同时课程改革强调必须关注学生的学习兴趣与经验，尊重学生的发展规律，使得课程能为学生提供必要的知识与技能。首先，课程改革基本理念中明确提出须培养全面发展的整体的人。为此，应破除书本知识的桎梏，构建能为生活服务的课程内容；转变强调统一而忽视个性的现实，创建富有个性的学校文化。其次，课程改革的目的应以学生为本，致力于为每一名学生提供均等的教育机会，帮助不同文化背景下所有学生全面发展。最后，明确提出课程结构要加强选择性，以适应地方、学校、学生发展的多样化需求。当前课程改革政策为民族文化的传承提供了极好的契机；为民族地区探索适合地区教育发展的道路提供了依据；为校本课程开发提供了发展空间和政策保障，有利于推进民族地区传统文化课程的发展。

二 选题意义

我国神秘、广袤的土地上生活着众多的少数民族。在长期的生产和社会实践中各民族在时代风雨砥砺的进程中形成了自己独特的文化传统，其深深融入了人们的生活之中，成为日常生活不可或缺的内容。对民族文化校本课程管理进行研究在文化传承与课程管理等方面都具有一定的价值与意义。

(一) 承接历史经验：有助于指导课程实践

课程作为一门独立的研究领域形成于美国学者博比特（F. Bobbit）《课程》的出版。然而，由于他深受科学管理思想的影响，使课程管理也走向了"科学化"。现代课程的理论研究和实践探索基本上都是围绕泰勒的四个经典问题建立起来的。泰勒虽论及了课程的诸多范畴，但课程管理问题却不在其"原理"之中，在西方的课程研究中，课程管理也一直处于劣势状态，更谈不上学校课程管理的研究与实践。第二次世界大战后，美国课程运动风起云涌，但多由于学校在管理中的缺位而流于失败。学校是教育变革的基本单元，无论哪一层面的变革，最终都要经由学校这一单位来实施。因此，我国于2001年颁布的《基础教育课程改革纲要（试行）》明确提出实行国家、地方和学校三级课程管理体制。并指出学校在执行国家课程和地方课程的过程中，应视当地社会、经济发展的具体情况，结合本校的传统和优势、学生的兴趣和需要，开发或选用适合本校的课程。这使得三级课程管理中的学校课程管理研究登上了历史舞台。

有完美的课程管理才有理想的课程实施。目前我国学校课程管理还未进入主流领域，学校对课程管理的内驱力在于行政力量的强制性，从而无法适应课程体制改革。而且，通过文献梳理发现针对学校课程管理的专题研究也较为薄弱。因此，土家族传统文化校本课程管理以民族文化校本课程为切入点探讨学校课程管理，有利于提升民族地区学校课程开发能力；有利于带动与课程建设相关的学校管理、师资建设、教研等活动的调整、变革；有利于激发学校活力，增强学校自我造血功能，为更好地在民族地区落实三级课程管理政策推动民族地区学校课程体系优化变革提供抓手。此外，该研究不仅从理论层面构建了民族文化校本课程管理的模式，而且从实践层面提供了可操作性的建议，能为民族地区传统文化校本课程管理的纵深发展提供指导。

(二) 响应时代召唤：有利于实现文化自信

一方面，将民族传统文化引入学校课程进行管理无疑有利于文化的传承创新。学校是系统传授文化知识的场所，具有保存、传递文化的功能。随着各民族文化的发展，民族文化知识的传递由无意识的、偶尔的传递发展为有意识的、经常性的传递，最后发展为有目的、有计划、有组织的学校教育形式，对各民族文化的发展影响巨大。这使得各民族创造的文化成果得以有效地向后代传递从而得到保存,使新生一代不必重复前人的劳动过程而获得民族文化成果,提高了文化的传承效率,使得民族文化生生不息,世代绵延。此外,在课程管理中对民族传统文化资源进行筛选、整合,实则是对传统文化的批判与继承,使其契合现代语境而不断实现创新性发展。各民族传统文化的传承创新与不断发展是我国实现文化自信的重要前提与保证。

另一方面,一个国家、一个民族的强盛总是以文化兴盛为支撑的。没有文明的继承和发展,没有文化的弘扬和繁荣,就没有中国梦的实现。其一,对土家族传统文化校本课程的管理不仅有利于传承与发展土家族传统文化,而且有利于处理好土家族文化与其他民族文化间的关系。从而实现文化共生教育,培育多元文化理念,促进各民族间的文化交流互动,实现各民族美美与共、天下大同的繁荣景象。其二,中华民族是一个拥有悠久历史和丰厚文化底蕴的民族,由此衍生的凝聚力、生命力是其文化软实力的象征。习近平总书记指出:"不忘本才能开辟未来,善于继承才能更好创新。"[①] 中华民族的优秀传统文化是我们的精神命脉,是现代性的生长点。只有立足传统才能面向未来,只有根基稳健,才能枝叶茂盛。民族文化校本课程管理有利于促进民族文化的传承与繁荣,进而实现文化自信与文化强国。

(三) 复归管理要义:有益于推动主体发展

何为管理的要义?在竞争激烈的现代社会,管理往往指向效率、效益的提升忽视了人的发展。"人"被作为管理中的资源与手段却忽视了其主体性。在管理过程中应尊重人的主体地位,重视人的主体发展。管理的最终旨归应致力于人的全面发展及其价值的充分实现。

本书以文化共生理论为管理理念贯穿课程管理始末,有利于在管理过程中推进主体发展,呼吁人本回归。一方面,土家族传统文化校本课程的一个重要任务就是减小课程落差,尊重差异性和多样化,促进学生发展。民族地区校本课程管理把民族文化作为生长点,能为民族地区学生提供生产、生活技能,使其更好地融入本地生活。有利于民族地区学生学会对异文化的宽容和理解;勇于表达自己的立场、观点和趣味;保持审慎的边界

[①] 中共中央宣传部:《习近平总书记系列重要讲话读本》,学习出版社、人民出版社2016年版,第202页。

意识。促使民族地区学生在主流文化与民族文化之间保持平衡，在为发展主流文化和民族文化的奋斗过程中获得满足感和人生价值。另一方面，土家族传统文化校本课程管理还注重对教师主体的尊重，促进教师的发展。"在以往的管理中教师在学校中存在的全部价值和意义就是实现育人目标，从而导致教师个体的追求被剥夺，个体的尊严和价值得不到体现，师生情感疏离和冷漠，没有体现出生命的意义。"[①] 本书以文化共生为管理理念，其最终旨归为人的全面发展。即在管理中不仅注重学生的主体性发展，也回应了教师的发展需求，有助于使每个个体都能得到全面而充分的发展。

第二节 研究现状

只有对前人的研究进行梳理、分析与总结，才能找到后续研究的逻辑起点与生长空间。因而，本书对土家族传统文化、民族传统文化校本课程以及校本课程管理这三个方面的文献进行了梳理，以期为后续研究提供指导。

一 关于土家族传统文化的研究

土家族历史悠久且文化灿烂。通过文献梳理发现，关于土家族传统文化的研究成果较少，已有研究多集中于以下方面。

（一）土家族传统文化的介绍与解读

介绍土家族传统文化的成果多为民族史志，特别是民族志、地方志等一般性著作。如《鄂西土家族简史》梳理了不同时期鄂西地区土家族政治、经济的发展状况，并对其文化艺术、民族语言、信仰风俗以及文物古迹等逐一做了简述。姜爱所著的《土家族传统生态知识及其现代传承研究》"从认知与适应、管理与约束、利用与治理对土家族的传统生态知识进行了研究，并对其历史传承机理与有效传承路径进行了深入思考"[②]，对土家族传统生态知识的传承与保护意义重大。柏贵喜所著的《土家族

---

① 李春玲：《学校管理视野中的教师发展》，《教育发展研究》2006年第3期。
② 姜爱：《土家族传统生态知识及其现代传承研究》，博士学位论文，中南民族大学，2013年。

传统知识的现代利用与保护》"分别对土家族传统生态知识、农业知识、医药知识、民间文艺等进行了梳理，并提出了保护与利用土家族传统知识的相应措施"①。还有学者分别以土家族不同社区为调查对象，深入该地区探寻其社会发展与文化变迁的现实处境，描绘了该地区的生态环境、经济、社会政治、婚姻家庭、法律、文化、民俗等实际状况，分析、挖掘了其背后的深层原因，希冀对该地区的发展以尽绵薄之力。

解读土家族传统文化的研究多表现为专题文献，即基于不同视角对土家族的某一传统文化元素进行分析。如董珞所著的《与猛虎有不解之缘的土家族》着重阐述了土家族"猛虎信仰"。该文指出："无论在创世神话、民间信仰还是土家族的祭祀、禁忌中，白虎都占有十分重要的地位，是土家族的重要图腾。"②并就白虎图腾随着历史发展而呈现的不同内涵做了详述。《明清时期土家族土司音乐制度考释》则详细介绍了明清时期土司音乐的内容。"不仅包括土家族土司巫术与占卜音乐、土司部族战争音乐、土司消灾禳解音乐，还包括土司自然崇拜和鬼神崇拜时的祭祀音乐，形成一套完整的宗教、民俗、军事仪式音乐制度。"③作者还介绍了这一制度的总体特征与相应机构的变迁，为土家族土司音乐研究提供了详尽的史料。土家族的挑花技艺特色鲜明且历史悠久。学者彭燕、卢瑞生对土家族传统挑花技艺的原材料制作、针法制作、挑花色彩、图案题材、图案构成等作了详细介绍，以期引起社会各界对土家挑花工艺的关注，使其得以流传。冉光辉等在《土家族文化与医药体系构建研究》中着重介绍了土家族的医药体系及其相应的民族特色。该文指出："土家族医药拥有独特的理论基础、简便的治疗方法和具有特色的养生保健手段，是我国传统医药不可或缺的重要组成部分。随着医学模式的日益转变，注重整体、回归自然的传统医药更能迎合现代人的养生治病观念。"④罗晶鑫在《土家族丧葬绘画动物图形研究》中"对土家族丧葬仪式的文化特征、丧

---

① 柏贵喜：《土家族传统知识的现代利用与保护研究》，中国社会科学出版社 2015 年版，第 21 页。
② 董珞：《与猛虎有不解之缘的土家族》，湖北教育出版社 2006 年版，第 300 页。
③ 熊晓：《明清时期土家族土司音乐制度考释》，《湖南第一师范学院学报》2017 年第 2 期。
④ 冉光辉、唐东昕、龙奉玺、杨柱、陈启亮：《土家族文化与医药体系构建研究》，《亚太传统医药》2017 年第 8 期。

葬文化中的动物图腾崇拜,以及丧葬绘画中动物图形形式等进行了详细描述"①。由此可知,不同作者基于不同视角对土家族丰富的传统文化进行解读与介绍。

（二）土家族传统文化内涵与价值的剖析

文化不仅指向外显的可见符号还指向看不见的意义世界。对文化的研究不仅要关注其外在表现形式,还应考量其内在意义与价值。因此,不同学者对土家族传统文化的内涵进行了深入剖析。

首先,学者们对土家族丧葬习俗及其文化内涵进行了研究。丧葬习俗反映了当时的社会生活情况和生活方式,蕴含了人类的社会形态和丰富的文化因子。"对这一土家族独特习俗进行研究,不仅可从中了解民族的发展演变轨迹,对族源的研究提供参考,更能窥视民族的生成凝聚,民族意识形态的形成,民族文化的建构以及各民族文化的影响和交流等文化因素。"② 因此,不同学者分别对土家族地区的丧葬仪式、形式制度、丧葬中的随葬品以及整个丧葬文化的内涵进行了探究。其次,学者们对土家族婚俗的起源、文化形态及其意义进行了探讨。唐侠在其研究中"以伦理学的视野从土家族恋爱伦理、通婚伦理、婚姻缔结伦理、婚姻存续伦理和离婚与再婚伦理五个方面整体论述土家族婚姻伦理,并结合对土家族婚姻习俗的实地调查研究进一步挖掘其所蕴涵的婚姻伦理观"③。杨智则在其《土家族哭嫁习俗中的女性成人教育研究》中对土家族哭嫁婚俗中所蕴含的女性成人教育的要素、意义、价值、内容、目的、方法等相关问题进行了系统研究,肯定了该婚俗对土家族社会的稳定与发展、土家族文化的传承与发扬、土家族女性发展的积极意义和教育价值。再次,学者们对土家族饮食文化及其内涵进行了阐释。学者们在研究中既考察了饮食文化的发展,也论述和分析了饮食文化所隐含的丰富文化内涵以及鲜明的民族特色。同时就如何挖掘资源潜力以发展特色经济进行了思考。如林翠平从土家族传统饮食文化的实例入手探讨了土家族饮食文化的历史内涵,并指

---

① 罗晶鑫:《土家族丧葬绘画动物图形研究》,硕士学位论文,重庆师范大学,2015年。
② 陈正慧:《20世纪90年代土家族文化研究回眸》,《湖北民族学院学报》(哲学社会科学版)2004年第5期。
③ 唐侠:《土家族婚姻伦理研究》,硕士学位论文,广西民族大学,2017年。

出:"在历史的发展进程中,土家族的饮食文化起到了教育下一代,维护社会稳定,建立良好的人际关系以及让生活变得丰富有趣的作用。土家族靠口头和行为方式将饮食民俗代代相传,潜移默化、润物细无声地培养人们尊老爱幼、热情好客、乐于助人等美德,使其产生强烈的民族自豪感和爱国之情怀。"① 最后,学者们对土家族的禁忌文化进行了解析。禁忌文化作为人类广泛具有的文化现象既是一种宗教行为,更是一种精神民俗。游俊分别从宗教学、心理学以及认识论的角度对土家禁忌文化的价值与功能进行了阐述。他认为:"土家族的禁忌文化在本质上是一种宗教行为,是人们信仰和崇拜神秘的异己力量和神圣的悟性体验的感情表现。它具有解释、自我保护、社会整合、精神麻醉等多种文化内涵和社会功能。其基本的目的是确定认识上和社会现实生产与生活中一些不可逾越的界限,将人们的活动纳入有序的制度化的模式之中,从而维护神圣的社会生活秩序。"② 由此可知,学者们不仅描绘了土家族色彩斑斓的文化风貌,还对其内涵与价值进行了探讨,使得研究更为深广。

(三)土家族传统文化传承与保护的探讨

学者们对土家族传统文化的保护方法与传承路径进行了研究。一方面,学者们从整体上对土家族传统文化传承现状进行梳理进而对传承路径进行寻绎。如黄柏权、李学敏梳理了每个阶段挖掘、抢救和传承土家族非物质文化工作的特点,并提出"注重原地保护和整体保护,在土家族聚居区建立一批民族文化生态保护区(村),逐步建立保护传承人的机制"③等一系列的文化保护策略。肖锟、卢玉在《土家族文化数字化传承问题——基于新媒体时代的研究》中试图引入互联网技术,丰富土家族传统文化的传承路径,并提出"新媒体时代发展背景下,运用数字化技术传承土家族文化,要多平台联动,扩展数字化传承场域"④。陈潇翔探讨

---

① 林翠平:《土家族饮食文化习俗及其意义研究》,《四川烹饪高等专科学校学报》2012年第3期。
② 游俊:《土家族禁忌文化研究》,《吉首大学学报》(社会科学版)2001年第1期。
③ 黄柏权、李学敏:《土家族非物质文化遗产保护与传承的历程考察》,《铜仁学院学报》2014年第5期。
④ 肖锟、卢玉:《土家族文化数字化传承问题——基于新媒体时代的研究》,《福建电脑》2018年第9期。

了在文化旅游背景下如何对土家族传统文化进行传承与创新,他提出"土家女儿城民族传统文化传承与创新的方式:本真性表述、再造性陈列、舞台性展演。基于旅游发展背景下民族传统文化传承与创新的路径为:营造良好的文化传播环境,将文化与旅游深度结合,实现传统文化的整体性多元化发展"[①]。还有学者提出了对土家族传统知识进行法律保护的必要性。并针对现行法律在保护土家族传统知识问题上的不足提出了完善建议。

另一方面,学者们对某一具体的土家族传统文化的传承与保护进行了探讨。首先,对土家族传统音乐与舞蹈的传承进行了研究。如徐锦子通过对土家族民歌发展的历时性梳理"阐述了传统人际传播和群体传播日渐消褪背景下,组织(尤指地方政府)要责无旁贷地承担起民歌传播工作的传承与保护工作"[②],并从传播学的角度提出了对非物质文化遗产传承与发展可借鉴的相关思路。陆然、蔡启芬"基于土家族山歌的前期文献研究,总结了土家族山歌的传统传承方式及其在现代化背景下所面临的问题,进而提出了土家族山歌传承的'五进三推'模式"[③]。其次,学者们对土家族传统体育传承路径进行了研究。如沈阳研究了土家族传统体育文化在高校中的教育传承。即以高校为平台,将土家族传统体育文化与高校体育课程相融合,使得"民族地区高校体育课程教学内容更加丰富和具有民族特色;同时土家族传统体育文化在民族地区高校教育中的传承和发扬,使得高校体育教育和土家族传统体育形成了双赢的局面"[④]。其他学者也分别从强化各级政府职能,完善体育管理体系;注重传统体育文化与学校体育教育融合;改善土家族地区体育活动环境,提高民众参与意识等方面提出了保护与传承土家族传统体育文化的相关策略。最后,学者们对土家族梯玛文化的传播与保护进行了研究。向怀安基于文化空间理论提出:"在梯玛文化的保护中应该把握整体性、活态性的原则。梯玛文化目前的生存环境不容乐观,应用文化空间的整体性保护理念,运用新的技术

---

① 陈潇翔:《旅游发展背景下民族传统文化的传承与创新研究——以恩施土家女儿城为例》,硕士学位论文,湖北民族大学,2018年。
② 徐锦子:《湖南土家族民歌传承的传播学研究——以石门县土家族地区为例》,硕士学位论文,华中师范大学,2013年。
③ 陆然、蔡启芬:《沿河土家族山歌保护模式初探》,《铜仁学院学报》2014年第3期。
④ 沈阳:《土家族传统体育文化在高校中的教育传承》,《当代体育科技》2018年第8期。

手段对其进行保护势在必行。"① 胡蔓菁从传播学中"仪式传播"的角度讨论了梯玛文化的传播仪式观，提出了梯玛仪式的传播与保护建议。张恩、刘伦文则从梯玛班坛的组织特征与环境适应性入手，提出"梯玛班坛与血缘世家同构，具有开放性程度低、权威结构弱、职业化水平低、合法化能力差等组织特征。因而该组织在面对外在环境变化与挑战时失去调适性变迁与革新的制度化能力，不可避免地走向了衰退和消亡之路"②。进而提出了国家在民族性、文化性领域的公共治理的问题，值得我们深思。

二 关于民族传统文化校本课程的研究

本书以 CNKI 数据库中民族文化类校本课程相关论文为数据来源，一次检索式为"主题＝民族文化并含校本课程"或"主题＝民族地区并含校本课程"，二次检索式为"主题＝民族文化并含学校课程"或"主题＝民族地区并含学校课程"；时间范围设定为"2003—2018 年"；文献类型为学术论文，不限定期刊级别。将两次检索结果进行删重与整合得到文献共计 750 条，筛选不相关文章、会议综述、著作序言等无意义结果后得到有效数据 648 条。利用 CiteSpace 对文献进行处理，生成民族文化类校本课程主题聚类。该领域的研究主要聚焦于以下九个方面：1. 权利主体、2. 教育人类学、3. 课程资源、4. 开发、5. 校本课程、6. 传承、7. 校本课程开发、8. 现状、9. 文化自信。

借助高频关键词整合、文献质性分析与二次梳理发现，民族文化类校本课程研究的主题可归纳为校本课程开发、校本课程资源、校本课程价值三大方面。

（一）关于民族文化类校本课程开发的研究

民族文化类校本课程开发的研究主要围绕"为什么开发""怎样开发""开发得怎么样"展开，就此又形成了三个子类：（1）理念原则。教

---

① 向怀安：《文化空间视阈下土家族梯玛文化传承研究——以湘西龙山县双坪村为个案》，硕士学位论文，湖北民族大学，2018 年。
② 张恩、刘伦文：《论土家族梯玛班坛的组织特征与环境适应性困境——基于酉水双坪村彭氏梯玛世家的考察》，《湖北民族学院学报》（哲学社会科学版）2017 年第 4 期。

育理念是课程开发的航向标,决定了课程的开发方向,因而学者们对其进行了深入探讨。通过梳理总结发现,民族文化类校本课程的开发多基于以下理念:文化回应性教育理念、文化自觉理念以及多元文化整合教育理念。这些理念倡导以本民族的文化为立足点进行课程开发,回应学生的适切性与发展性,尊重文化差异性。此外,学者们还从不同视角对课程开发原则进行了解读。马志颖"从文化选择的角度提出了校本课程开发中文化对象性、价值双重性、评价必要性的原则"[1]。李祥等从价值取向的视域指出:"在课程开发中应始终坚持发展民族文化、弘扬爱国主义精神、契合学生主体需要三大原则。"[2]李晓华等基于生计教育提出了"原真性、扬弃性、发展性、多样性和实践性原则"[3]。还有学者从文化危机视角提出了目的综合性、主体多元性、资源多样性、形态灵活性和评价主观性等原则。此类原则在实践过程中都值得遵循与探讨。(2)模式构建。我国台湾学者黄政杰在总结西方多元文化课程开发模式的基础上提出了"补救模式、消除偏见模式、人际关系模式、族群研究模式、融合模式、统整模式、社会行动模式"等多种课程开发模式。[4]这对民族文化类校本课程的开发极具借鉴与参考价值。内地学者也专门对民族文化类校本课程开发模式进行了研究。如廖辉构建了"自下而上的草根模式""双语教育模式""本土化建构模式""多元一体课程开发模式"。孟庆军则通过学校工作实践,凝练出了"纵向延伸、横向拓展、激趣益智模式"[5]。龚坚在其博士论文中设计了"少数民族传统体育校本课程开发的多元立体模式"[6]。王鉴提出了"国家专门机构统一协作、多省区联合开发、不同层次民族自治区共同使用的课程开发模式"[7]。这些成果对民族文化类校本课程的

---

[1] 马志颖:《校本课程开发中文化选择的两难困境及其解决策略》,《教育理论与实践》2013年第32期。

[2] 李祥、郭杨:《民族地区校本课程开发:价值取向及实践进路》,《江汉学术》2017年第3期。

[3] 袁凤琴:《生计教育视野下民族地区校本课程开发的问题与对策——以贵州省黎平县为例》,《贵州民族研究》2015年第11期。

[4] 黄政杰:《多元社会课程取向》,台北:师大书苑有限公司1995年版,第97页。

[5] 孟庆军:《构建特色校本课程 传承民族优秀文化》,《甘肃教育》2018年第9期。

[6] 龚坚:《土家族传统体育校本课程开发研究》,博士学位论文,西南大学,2009年。

[7] 王鉴:《我国民族地区地方课程开发研究》,《教育研究》2006年第4期。

开发均有重要指导意义。（3）问题诊断。该类研究多以民族地区中小学为调查对象，通过了解其课程建设的成就与问题，提出相应的对策。文献梳理结果表明，民族文化类校本课程开发存在以下共性问题：首先，课程开发目标过于笼统，无法发挥真正的导向与规约作用。其次，外部支持欠缺。有学者指出："民族文化类校本课程开发所遭遇的苦难是缺乏资金支持与政策保障。"[①] 而"智力支持不足、领导不够重视、缺乏专家指导等，也是其面临的重要问题"[②]。最后，监管体制不完善。"多数民族学校内部不仅没有成立专门的校本课程开发委员会，也未出台配套的督查制度。"[③] 针对以上问题，学者们提出了相应的改进策略：一是加强师资培训，提升教师的专业能力。如："建设民族文化课程团队；增设教师培训机构；组建本土化教师培训队伍。"[④] 二是加强外部保障。如："完善政策法规体系；优化多元治理结构，鼓励多方主体参与。"[⑤] 三是加强组织领导，健全监督、评价、激励、反馈机制。以上问题与策略的探讨有助于民族文化类校本课程开发水平的提升。

（二）关于民族文化类校本课程资源的研究

学者对于民族文化类校本课程资源的研究主要集中于课程资源的分类梳理与筛选整合两方面。一是分类梳理。李定仁等"依据文化的特质将民族文化类校本课程资源分为生活文化、人生礼仪、民间传承文化、科技工艺、信仰崇尚文化、节日文化"[⑥]。每一类又包含了具体的文化内容。朱贺依据文化的存在形态和表现形式，将其分为物质与非物质两大类。也

[①] 王凤英：《依托蒙古族文化开发校本课程的研究与思考——以呼和浩特市蒙古族初级中学为例》，硕士学位论文，内蒙古师范大学，2008年。

[②] 宝斯琴：《少数民族地区民族校本课程实施的个案研究》，硕士学位论文，西南大学，2013年。

[③] 王双全、关健、张艳华：《民族学校校本课程开发民族文化品格弱化成因分析——以赤峰市蒙古族学校校本课程开发为个案》，《赤峰学院学报》（汉文哲学社会科学版）2016年第6期。

[④] 金红仙：《延边地区朝鲜族中小学民族文化课程开发研究》，硕士学位论文，延边大学，2012年。

[⑤] 李祥、郭杨：《民族地区校本课程开发：价值取向及实践进路》，《江汉学术》2017年第3期。

[⑥] 李定仁、马正学：《甘南藏族中小学校本课程开发研究》，《西北师大学报》（社会科学版）2006年第2期。

有研究者提出"应根据各个民族的生产和生活特点开发相应的课程资源，如种植、畜牧、手工艺等，通过这些课程提升民族地区学生的劳动能力与社会生活参与能力"①。二是筛选整合。刘茜提出了民族文化内容选择的三种标准"多元的价值准则；消除对少数民族的刻板印象、偏见和歧视；课程内容应贴近学生生活"②。吴刚平强调，"文化资源需经过教育哲学、学习理论和教学理论的筛选；同时，为了使课程资源的筛选机制更好发挥作用还需坚持优先性原则和适应性原则"③。在对课程资源筛选的基础上还应对其整合，使之具有系统性，并与国家政策、目标具有一致性。只有通过对课程文化资源进行分类、筛选与整合，才能使优秀的民族文化得以进入课堂。

（三）关于民族文化类校本课程价值的研究

通过对文献的深入研读发现，学者对民族文化类校本课程的价值阐释主要体现在学生素质培养、学校特色发展和民族文化传承三个方面。一是培养学生的民族认同感。"民族文化类校本课程可以向少数民族学生展示和传递本民族或其他民族的优秀文化知识。"④"学生通过对民族文化的了解，既可增强民族情感，也可在理解文化多元性与民族多样性的基础上学会尊重不同民族的习俗和信仰。"⑤ 二是推动学校的特色发展。教育人类学家认为，"民族地区学校还应当承担传递民族文化，维护民族共同体生存、稳定和发展的衍生功能"⑥。而这一功能的实现必然要借助于民族文化类校本课程。学校进行民族文化校本课程建设的过程也是学校特色生成的过程。"民族文化类校本课程不仅是学校特色的前提和基础，也是学校

---

① 赵红：《新一轮课程改革背景下民族文化课程资源开发研究：回顾与沉思》，《宁夏大学学报》（人文社会科学版）2013年第6期。

② 刘茜：《贵州省苗族地区中小学民族文化课程开发的现状及对策研究》，《贵州民族研究》2005年第1期。

③ 吴刚平：《课程资源的理论构想》，《教育研究》2001年第9期。

④ 孟立军、吴斐：《论民族文化类校本课程的本质及发展趋势》，《民族教育研究》2016年第1期。

⑤ 袁利平、刘晓艳：《我国民族地区高校校本课程开发的时代意义与路径探索》，《民族教育研究》2018年第1期。

⑥ 孟立军、吴斐：《论民族文化类校本课程的本质及发展趋势》，《民族教育研究》2016年第1期。

特色的载体与学校特色的生命力所在。"三是促进民族文化的传承创新。"民族文化类校本课程内容与学生和学校教育的特点相适应，可对民族文化进行有效传承与再生产。"① 一般而言，国家课程倾向于表达主流价值观的诉求，而该课程则"有利于消解课程的文化霸权，为少数民族文化发声，从而促进少数民族文化的发展，保证少数民族文化的延续性与进步性"②。

三　关于校本课程管理的研究

国外校本课程管理研究兴起较早，研究成果较多。我国由于三级课程管理体制的形成，学校主体地位的提升以及课程改革的不断发展，近年来校本课程管理的研究也不断涌现。

（一）国外研究成果概述

"校本"课程源于20世纪欧美发达国家的民主化教育运动，不同国家对其采取的管理模式风格各异。"这与课程管理体制依托的基本国情以及相应的政治、经济、文化有着很大的关联。"③

加拿大一直实施中央集权的教育制度，其法律一直未对校本课程作出过明确规定。尽管省教育部向地方学校系统下放了部分权力，但它们仍然控制着大部分的课程决策权。在相当一段时间内，加拿大各省课程开发委员会制定的课程大纲对课程设置作了严格规定，学校教师几乎无法获得开发校本课程的机会和权力。美国一直以来倡导的是分权式课程管理体制，州政府享有特别大的自治性课程权力。美国联邦没有管理教育的权限，教育事务归各州自行负责。"州政府把公立学校的大部分实际管理权力委托给了地方学区。"④ 近年来，联邦政府对教育的控制得到了进一步加强，手段主要是立法、统一考试、财政拨款等，逐步呈现出了"中央集权化"的发展趋势。英国很早就确立了"国家体系，地方管理"的课程管理体制。英国的教育由教育与就业部国务大臣掌管，皇家督学团负责监控教育

---

① 施良方：《课程理论——课程的基础、原理与问题》，教育科学出版社1996年版，第113页。
② 李祥、郭杨：《民族地区校本课程开发：价值取向及实践进路》，《江汉学术》2017年第3期。
③ 李志超：《三级课程管理的权力运作研究》，博士学位论文，西南大学，2013年。
④ 王斌华：《校本课程论》，上海教育出版社2000年版，第314—315页。

质量并提出建议。"以国家统一课程管理为主体，地方和学校管理并存是英国课程管理的基本格局，并日趋完善。"① 澳大利亚教育权力主要掌握在州政府手里。各州任命一名教育部部长，由他掌握州教育部门并向议会负责。近年来"澳大利亚的课程策略从单一强调学校和地方特色的校本课程开发转向兼国家、地方和学校三个层面的课程开发策略，课程权力为三级管理体制"②。法国由中央政府以指令性文件统一对基础教育课程的设置作出规定，地方在办学过程中需要做的就是以中央政府制定的方针、政策之马首是瞻。"整个课程组织体系架构中无论是课程政策的设计、抉择还是实施、评价，均由代表中央政府的教育部全权负责。"③ 日本的校本课程实施比较晚，直到 1998 年从小学、初中到高中才逐渐改变这一状况，并且相对于西方国家其自主性和可操作性都要差一些。"他们对课程设置统一要求，赋予学校的权力也不多，导致学校和教师的积极性不高、自主性不强，日本的校本课程的开发和实施相对滞后。"④

总之，学校课程的控制和管理目前正吸引着来自社会许多领域的关注，因为世界各国都在努力改变教育对国家发展进程的贡献。通过 WOS、PubMed、Scopus、ERIC、Springer 等数据库梳理发现，国外对校本课程管理的研究聚焦于以下几点。

第一，将信息技术引入课程管理的探讨。在校本课程管理手段的研究中，绝大多数论文探讨了借助计算机技术进行课程管理与监控。尽管这些技术之间存在细微的差异，但都可为参与课程的各个利益相关者提供相应的技术和信息支持，用于监控或管理课程。

有学者认为课程管理系统（CMS）是一个基于 web 的系统，旨在简化和自动化课程管理的许多方面。但传统的 CMS 在帮助教师收集学生信息方面存在一些问题，基于此有学者设计了一个关联规则应用框架 AR-MOCMS，将专家的经验评价和教师的主观评价整合到系统的知识库中，

---

① 李志超：《三级课程管理的权力运作研究》，博士学位论文，西南大学，2013 年。
② 何明诗：《小学经典诵读校本课程活动管理研究——以中山市番禺区 S 小学为例》，硕士学位论文，广州大学，2017 年。
③ 李志超：《三级课程管理的权力运作研究》，博士学位论文，西南大学，2013 年。
④ 吴健：《农村中学校本课程管理研究——以云南昭通洒渔镇中学体育、艺术校本课程为例》，硕士学位论文，云南师范大学，2018 年。

通过规则挖掘、形成加权精度，加强主观兴趣度评价。实验结果表明，该设计可以帮助教师在课程管理中作出更好的决策。Larue E. M. 介绍了通过 Facebook 来促进课程管理的方法和经验。她将 Facebook 作为唯一的课堂管理软件，使班级成为一个协作学习的团队。"教师将成为课程的促进者和参与者，学生则是信息的生产者，从而提高了管理效能。"① Shi F. 等"通过数据挖掘技术在高校课程设置中的应用分析，发现数据挖掘可以帮助教师合理安排课程，科学指导教学，对提高学校的教学管理水平能起到重要作用"②。Hornby P. A. 将用 POISE-CIS 课程管理和交付软件应用于入门心理学。"即学生采用一种基于掌握自我进度的学习方法来接收作业，进行在线诊断评估，接收反馈，并通过校园网与教师沟通，参加有监督的在线考试，以及进行在线咨询。"③ 这些无疑提高了课程管理的效能。还有学者介绍了将三维电子表格引入研究生助教的教学管理工作以提高管理效率。三维电子表格的功能包括曲线因子的应用、所有课程活动项目的平均值和标准差的确定以及指示缺失数据的诊断字段等。它的优点在于允许对各部分的评分及时性、评分一致性和教学效果进行持续评估。因此，可以及时有效地向研究生助教提供涉及这些问题的反馈和指导。由此可见，国外诸多学者就信息技术引入课程管理进行了深入探讨。

第二，针对不同学科课程管理的阐述。国外学者以不同学科课程为案例进行了具体的管理策略分析。如以物理课程、英语课程为具体的管理对象，阐述了不同学科领域所采用的课程管理方法与策略。

Rowland J. R. "以电路、控制系统和随机信号三门课程为例，阐述了基于反馈系统的课程管理设计原则，以提高学生的学习体验"④。Navaporn Sanprasert 采用定性与定量相结合的研究方法探讨了在混合学习环境下，

---

① Larue E. M., "Using Facebook as Course Management Software: A Case Study", *Teaching & Learning in Nursing*, Vol. 7, No. 1, June 2012, p. 22.

② Shi F., Miao Q., Mei D., "The Application of Data Association Mining Technology in University Curriculum Management", Robotics and Applications (ISRA), 2012 IEEE Symposium on, Kuala Lumpur (MY), 2012, pp. 521–524.

③ Hornby P. A., "Comprehensive course management and delivery using POISE-CIS", *Behavior Research Methods, Instruments & Computers*, Vol. 28, No. 2, 1996, pp. 347–350.

④ Rowland J. R., "Engineering Course Management from A Feedback Perspective", Frontiers in Education Conference of 1994, USA, 1994, pp. 225–227.

将课程管理系统整合进传统的面对面英语课堂,是否能培养学生的自主学习能力这一问题。"通过问卷调查和学生学习日记的数据可知,课程管理系统在促进自主学习的四个方面,即自主感知、自主行为、自主策略和相互依赖的创造和发展起着突出的作用。"① Nunuk Hariyati 等在环境课程管理中采用定性数据分析,旨在以质的研究方法,确定并描述泗水理工大学利大库伦一期环境课程的规划、实施及评估过程。研究表明"课程规划、实施以及评估这三个阶段是环境基础课程管理的基本过程,对这三个环节的把握有助于课程的高效实施,促进学生和学校人员的学习品质的形成"②。Suhaimi 与 Rinawati,Yuli 通过对校长、校委会主任、副校长、班主任、教师和学生的访谈、观察和记录收集数据,交互式数据分析发现"在素质教育课程规划阶段开展需求分析,确定课程总体规划;在组织素质教育课程的阶段制定合理的结构、内容、材料组织、准备教学活动、基础设施,并确定学习成果的衡量指标;在素质教育课程实施阶段制定计划和学习方案,阐述教学材料,确定策略和方法,提供资源、工具和设施,确定评估学习过程和结果的方法与工具,并设置相应的学习环境;在素质教育评价阶段对教师进行评价,对学校面临的障碍、问题进行评价。通过以上步骤实施有助于提升课程管理效能"③。可见,学者们基于不同课程的具体情景探讨了相应的课程管理策略。

第三,对于教师参与课程管理的探讨。诸多学者认为教师是校本课程管理的重要主体,其参与课程管理意义重大。国外就教师参与课程管理的研究主要围绕以下问题展开。

一是教师参与校本课程管理有何意义?《教育管理学——理论与实

---

① Navaporn Sanprasert, "The Application of A Course Management System to Enhance Autonomy in Learning English as A Foreign Language", *System*, Vol. 38, No. 1, 2009, pp. 109 – 123.

② Nunuk Hariyati, Apriliani Hartini Namat, "Environment-Based Curriculum Management In Primary School", Widanarto G. P., Hasjiandito A., Dedi H., *Advances in Social Science Education and Humanities Research—9th International Conference for Science Educators and Teachers*, Paris: Atlantis Press, 2017, pp. 661 – 667.

③ Suhaimi, Rinawati, Yuli, "The Managementof Character Education Curriculum at Vocational High School 2 Kandangan", Rachman A., Winarti A., Arisanty D., Muin F. Misbah, *Advances in Social Science Education and Humanities Research – 1st International Conference on Creativity*, *Innovation and Technology in Education*, Paris: Atlantis Press, 2018, p. 27.

践》一文强调教师作为课程的实践者，不仅要进行教材整合，还须进行教学实践与管理。"所以，无论是在课程管理的理论建设，还是在课程管理的实践环节，都要着重体现教师的作用和价值，将教师作为课程管理工作的主体。"[1] 亨德森在《课程管理的领导者》中指出，从课程建设到课程管理的过程都应该有教师参与其中，他们是课程的实践者，更应该是课程的管理者。由他们通过教学活动的展开结合实际问题进行有针对性的课程调整和优化，将使学校的课程设置更加完善。此外，他还提出"教师之间针对课程的开设和管理工作进行互动和交流，将自身的经验与大众分享，从而产生理念和方法上的转变，深刻体会到课程管理的重要性，有利于进一步扎实推进学校的课程管理实践"[2]。也有学者发现教师的角色随着时间的变化而变化。在殖民时期，香港通过法律手段，除根据管理局批准的教学大纲外，禁止使用课文和教学材料。然而，1997年以后，政府通过在各个重点学习领域选择校本教材，使教师在课程改革和更新中发挥更直接的作用。这一角色是通过一系列所谓的"软"政策创新赋予教师的。这些创新不具有法律效力，但其成功取决于教师的专业决策和说服力。从教师专业发展的角度论述了教师参与学校课程管理的必要性。他们认为教师是学校课程的实践者，应该参与到从课程设计到课程实施、评价等各个环节，管理过程就是领导与教师共同探究课程问题的互动过程。[3]

二是教师参与校本课程管理如何实现？莫里斯在《有效的学校管理》中指出课程管理者不是任何教师都可以胜任的。应该在进行课程管理前期对课程管理者进行专业的知识训练，整合他们对课程管理的技能，激发课程管理者对于课程管理工作的积极性。"使他们能够自主地进行课程管理相关方面的探索，在课程管理的实践过程中体验到乐趣，并加强与其他课程设置和管理教师的交流互动，从而全面地实现课程管理的目标"[4]。Jen-

---

[1] 罗格：《教育管理学——理论与实践》，转引自刘超《N中学舞蹈校本课程管理研究》，硕士学位论文，河北大学，2016年。

[2] [美]詹姆士·亨德森：《革新的课程领导》，转引自刘超《N中学舞蹈校本课程管理研究》，硕士学位论文，河北大学，2016年。

[3] 转引自杨中枢《学校课程管理研究》，博士学位论文，西北师范大学，2004年。

[4] 转引自杨中枢《学校课程管理研究》，博士学位论文，西北师范大学，2004年。

nings Z. 则探讨了20世纪70年代初以来英联邦加勒比海地区中小学课程开发的各种模式。其"强调对教师的培训，使其能够适应不同的教育情况"[①]。还有学者认为影响教师课程开发和管理能力的技能依次为：工作坊、自学、辅导和监督。埃劳伊特、布鲁克、麦克弗森和麦金曼等对影响教师参与课程领导的个人因素进行了研究。他们认为教师对课程领导意识的程度；教师对持续发展课程的承诺；教师对自己的个人信念；教师对学校课程改革的信念以及教师对参与课程领导的信心都会影响教师课程管理的专业性。

第四，不同国家课程管理经验的探索。不同学者从本国或者他国的经验、案例出发探索并总结了校本课程管理的经验。F. Helen 总结了在设计和实施澳大利亚高等职业教育质量课程管理政策和程序方面的经验。他指出："'课程管理系统'一词用于描述构成任何高等教育部门或学院框架的所有政策和程序，这些部门或学院全面负责开发课程、教学和学习资源，确保学生获得高质量的教育成果。为使其顺利实施需要得到组织内所有利益相关者的支持，从而构建一个理解的环境、良好的人际沟通、支持性的团体间关系和普遍的专业氛围。"[②] Robertson P. J. 等在其研究中探讨了学校如何将校本管理引入课程及教学改革。他认为："当权力、知识和技能、信息和奖励的分散化与高参与度组织相关的条件具备时，校本管理可以更加有效。"[③] Mudjito A. K. 等对印度尼西亚的全纳教育进行了研究。其采用文献研究法，通过收集资料、质性分析、总结整理等发现，印度尼西亚在实施学校课程管理方面存在许多问题，这些问题的产生是由于缺乏知识和经验、培训计划和政府支持等因素造成的。"针对这些问题，建议实施以学校为基础，通过规划、组织、实施、监控等阶段组成的质量改进

[①] Jennings Z. , "Curriculum Change in School Systems in The Commonwealth Caribbean: Some Implications for The Management of Curriculum Development", *International Journal of Educational Development*, Vol. 13, No. 2, 1993, pp. 131 – 143.

[②] Bowers H. F. , "Designing quality course management systems that foster intra-professional education", *Nurse Education in Practice*, Vol. 6, No. 6, 2007, pp. 418 – 423.

[③] Robertson P. J. , Wohlstetter P. , Mohrman S. A. , "Generating Curriculum and Instructional Innovations through School-Based Management", *Educational Administration Quarterly*, Vol. 31, No. 3, 1995, pp. 375 – 404.

管理模式"①。还有学者以巴布亚新几内亚的经验为参照，对课程改革战略的国际转移进行了批判性分析。其认为在一个由多种族组成的新独立国家背景下，坚持集中的课程控制和指导具有明显的优势。国家课程以共同的教育哲学为支撑，是国家的统一框架，在促进与合法化国家凝聚力方面发挥着重要作用。从定性的角度看，课程大纲目标、教科书、教师指南和其他材料的集中预先说明，使学科专家能够为该领域的教师提供详细的支持和指导。另一方面，分析还表明"巴布亚新几内亚正在努力在实践中提高教育质量，正是在质量和执行问题凸显之时，才出现了有关教师参与、社区参与和分权等问题"②。Kim S. N. 则探讨了韩国校本课程管理系统的发展方向和任务。校本课程管理的概念可以看作是校本管理的一个子系统。她认为："SBCM 的发展方向在于建立和实施高度自主性、参与性、多样性、创造性的校本课程管理体系，以及高度负责的战略预算管理。"③不同学者通过课程管理的经验总结与分享为其他国家课程管理提供了借鉴，有利于拓宽课程管理研究的视野与格局。

（二）国内研究成果概述

基于 CNKI 数据库，对已有研究以"篇名"为"校本课程"并含"管理"或是"学校课程"并含"管理"进行检索，共得到有效检索 198 条。其年度发文量如图 1-1 所示。对以上研究进行具体梳理可知，我国关于校本课程管理的研究大致可划分为以下四个维度。

第一，校本课程管理的内涵探究。首先，学者们对校本课程管理的概念进行了界定。有学者认为："学校课程管理是指学校作为课程管理的主体机构，根据国家对课程管理的相关规定以及考虑到社会、家长和学生等主体的需要结合学校自身实际情况对学校课程进行规划、实施、评价等管

---

① Mudjito A. K., Sujarwanto, Ashar, Muhammad Nurul, "Management of Inclusive School Curriculum in Indonesia", Widanarto G. P., Hasjiandito A., Dedi H., "Advances in Social Science Education and Humanities Research—9th International Conference for Science Educators and Teachers", Paris: Atlantis Press, 2017, pp. 280–284.

② Crossley M., "The Organisation and Management of Curriculum Development in Papua New Guinea", *International Review of Education*, Vol. 40, No. 1, 1994, pp. 37–57.

③ Kim S. N., "The Developmental Directions and Tasks of The School Based Curriculum Management System in Korea", *Asia Pacific Education Review*, Vol. 6, No. 1, 2005, pp. 41–49.

图 1-1 我国校本课程管理研究年度发文量分布

理手段的过程。"① 张相学从主体性视域下对校本课程管理进行了界定,他认为:"学校课程管理是指中小学校依据国家和地方的课程政策,结合自身的培养目标和办学条件,考虑社区特性、家长期望和学生需要等相关因素,对学校课程设计、决策、实施和评价进行的组织、领导、监督与检查。"② 金东海则认为:"学校课程管理就是指学校根据上级教育行政部门有关基础教育课程的政策规定,结合本校的实际情况,为实现基础教育培养目标而对国家课程、地方课程和校本课程进行的安排、实施、开发、设计和评价的自主管理活动。"③ 杨中枢认为:"学校的课程管理是指学校根据国家有关课程政策,结合学校实际情况,对学校实施的所有课程进行的管理。"④ 可见,学者们从管理主体、管理内容等不同方面分别对校本课程管理进行了界定。

其次,学者们对校本课程管理的意义和价值进行了探讨。课程价值取向与课程管理是密切联系的,它被认为是指导课程管理决策和管理活动的思想基础,能为课程管理理论与课程管理实践的发展确立基本框架。"学校课程管理的合理价值取向应体现和谐发展、以人为本与效能

---

① 王昕旭:《学校课程管理研究》,《长春教育学院学报》2014 年第 23 期。
② 张相学:《学校课程管理:亟待关注的课程研究领域》,《教育理论与实践》2005 年第 19 期。
③ 金东海:《论三级课程管理体制中的学校课程管理》,《西北师大学报》(社会科学版) 2004 年第 3 期。
④ 杨中枢:《我国中小学学校课程管理:意义、问题与对策》,《课程·教材·教法》2003 年第 7 期。

追求的统一。"① 杨中枢认为："良好的学校课程管理有助于提升教师的课程意识，促进教师的专业发展；能够实现学校的课程创新，形成自己的办学特色；最关键的一点，这样的课程管理能为满足学生多样化发展的需要提供更大的可能性。"实施以人为本的学校课程管理必须树立几个理念，即："以人为本是一个职能和价值判断；以人为本也包含着对人的制约；必须处理好以人为本与制度建设、严格管理的关系；以人为本实质上就是以学生为本。"② 由此可见，校本课程管理不仅在于保障课程管理顺利实施，还应关注主体的和谐发展。

最后，学者们对校本课程管理目的、原则、任务进行了阐述。"学校课程管理目的是指学校课程管理活动的意图。学校课程管理目的观是对学校课程管理'为何管'的理解与解释。"③ 因学校内外系统的关系不同，学校课程管理表现为"为顺从而管理""为成果而管理"或"为建立永续的组织生态而管理"的目的观。就课程的信息来源而言，学校课程管理表现为"个人本位""社会本位"和"知识本位"的目的观。此外，"学校课程管理过程的复杂性、管理情境的多变性、管理方法的生成性、管理主体的多元性、管理关系的伦理性以及管理水平的社会文化制约性等特点，要求学校课程管理应坚持专业性原则、分权原则和协调合作原则"④。对于校本课程管理任务有学者认为："学校课程管理的职责是指学校的教学管理人员，包括校长和全体教师在实施课程过程中必须承担的责任。学校要实现课程管理工作的高效化，就必须要形成一个各项规章健全，机构设置合理，开放、可控的组织体系，并要遵循其运行的内在规律。即按照课程的规划、决策、实施、评价的顺序开展管理。"⑤ 也有学者认为："校本课程管理的任务首先在于确保国家课程与地方课程在学校有效实施。其

---

① 刘宗南：《学校课程管理价值取向探析》，《内蒙古师范大学学报》（教育科学版）2009年第7期。

② 杨中枢：《我国中小学学校课程管理：意义、问题与对策》，《课程·教材·教法》2003年第7期。

③ 张相学：《学校课程管理目的观的反思与建构》，《学术论坛》2008年第2期。

④ 郑学燕、杨中枢：《学校课程管理：特点原则与方法》，《西北师大学报》（社会科学版）2011年第2期。

⑤ 金东海：《论三级课程管理体制中的学校课程管理》，《西北师大学报》（社会科学版）2004年第3期。

次在于确保学校校本课程的合理开发与实施。最后是协调、优化、整合国家课程、地方课程与学校课程,实现学校的课程创新,形成体现学校办学特色的课程体系。"①

第二,校本课程管理的方法描述。首先,学者们探讨了利用信息技术进行校本课程管理。随着互联网及信息技术的快速发展,许多学者探讨了如何利用现代信息技术进行课程管理。牟锐提出:"校本课程由于内容调整频率高,教师课题申报及课程管理等都会耗费大量的人力、物力。高校将网络信息技术运用到校本课程建设及管理当中,对提高课程管理效率具有十分重要的现实意义。"②朱英认为:"互联网拥有传统管理手段无法比拟的优势。互联网为校本课程开发提供丰富的信息与资源;互联网各类资源使校本课程教学管理更为高效;互联网使校本课程开发实现了持续延伸与拓展;互联网使校本课程开发管理的评价更直观有效。课程管理要充分发挥互联网优势,不断丰富、落实、传播、创新校本课程管理,有效增加校本课程的管理效益。"③裴林强在硕士论文中"通过对高中校本课程教学与管理全过程进行跟踪分析总结了传统管理过程中存在的缺点和问题,探讨如何将 Moodle 平台应用到校本课程的管理和后继教学过程中"④。张艺从校本课程的目标制定、教学方案设计和教学评价设计三个方面阐述了 Moodle 在校本课程管理中的应用。其认为"基于 Moodle 网络系统的课程开发应当以精炼、科学、高质量为原则,在此原则上调动学生的学习热情,提高学生分析和应对能力,促进学习者各方面能力的提高"⑤。黄海洁在对大量文献和资料数据分析的基础上"所在学校的校本课程实施与管理的过程情况进行了详细分析,说明了校本课程网络实施与管理网络平台建设的可行性和必要性"⑥。其还应用 ASP. NET 语言技术开发、运用模

---

① 董向东:《学校课程管理——学校管理工作的核心》,《甘肃教育》2010 年第 16 期。
② 牟锐:《校本课程信息化管理的实践探索与思考》,《中国市场》2019 年第 24 期。
③ 朱英:《互联网下尝试校本课程管理的研究》,《科学咨询》(科技·管理)2018 年第 9 期。
④ 裴林强:《基于 Moodle 二次开发构建中学校本课程管理系统》,硕士学位论文,四川师范大学,2016 年。
⑤ 张艺:《如何利用 Moodle 课程平台进行校本课程的开发与管理》,《计算机光盘软件与应用》2013 年第 23 期。
⑥ 黄海洁:《校本课程实施与管理网络平台的设计与实现》,硕士学位论文,福建师范大学,2013 年。

块化的程序设计方法，为学校、教师、学生、课程专家提供一个校本课程实施与管理的网络平台。还有学者如张安"对网站建设的理论基础、技术基础以及基本原则做了说明，为学校校本课程管理网站系统设计和开发做了较为详细的描述"①。

其次，学者们探讨了如何通过课程评价来促进校本课程管理。管理和评价是推动课程实施的重要手段，课程管理与评价的目标是学校督促教师在一定时期内与条件下所开展的教学活动或要达到的预期效果。"课程管理和评价是一个充满挑战和创新的动态'旅程'，是基于育人目标及学生发展的需求，在不断评估、不断调整、不断改进中的高效管理。"② 王瑞玉认为："为更好地发挥校本课程对师生成长的助推作用，督导评估时应重点关注校本课程的规划、实施、评价、保障及成果五个方面。"③ 刘婉如则尝试运用文献分析法、专家意见咨询法和专家排序法从课程管理功能的分析视角入手，综合多位课程与教学论专家的看法构建校本课程管理的评价指标体系，以期"通过校本课程管理评价指标体系的使用指南解决谁来评、怎么评的问题，从而提高该指标体系的实用性"④。

最后，学者分别从制度分析、系统论等视角讨论了校本课程管理。学校课程管理制度大致包括：学校课程规划制度、学校课程设置制度、学校课程实施制度、学校课程评价制度、学校课程资源开发与利用制度、教师专业发展制度，还有一些在管理过程中潜移默化、约定俗成的"惯例"，这些都是学校课程管理制度的研究对象。"完善的学校课程管理制度是促进教师专业化发展，教学系统有效运行的重要保障。"⑤ 陈栋提出："基于教育质量保障的校本课程管理制度，能规范校本课程编制、实施的各个环节，保障校本课程管理工作科学、有序地实施。如培训制度、课程准入制度、课程库建设制度、课程共享制度、课程实施申报制度以及备课研修制度等。"⑥

---

① 张安：《小学选修型校本课程管理网站的建设与应用》，硕士学位论文，四川师范大学，2013年。
② 李大成：《以生为本的学校课程管理与评价》，《基础教育参考》2018年第1期。
③ 王瑞玉：《校本课程管理督导评估策略》，《学周刊》2012年第31期。
④ 刘婉如：《校本课程管理的评价指标体系建构研究》，硕士学位论文，淮北师范大学，2019年。
⑤ 杜彩红：《学校课程管理制度建设个案研究》，硕士学位论文，东北师范大学，2009年。
⑥ 陈栋：《基于教育质量保障的校本课程管理制度设计》，《教学与管理》2014年第16期。

此外，学者们认为还应从系统论的角度来探讨校本课程的管理。胥永华认为："校本课程开发是一个以学校为基地、由课程开发的管理者（如校长、教师、学生、家长和社区人士）进行参与决策的动态系统。在这个系统中，涉及人力、物力、财力、时间、空间和信息等资源，涉及系统的计划、组织、领导和控制等行为，需要运用系统的方法进行管理。"① 实施校本课程开发的系统管理其实也就是把信息、能源、材料和人员等没有联系的资源，结合成为一个达到一定目标的整体系统。刘华则认为："校本课程参与式管理就是让课程开发的所有相关人员（特别是学校的普通师生）共同参与校本课程开发的决策和监控。它需要调整领导、专家的角色，改变课程开发的模式，以重建课程开发的'生态系统'。"② 还有许多学者提出了不同的校本课程管理方法与视角值得借鉴。

第三，校本课程管理的内容聚焦。学者们主要从校本课程开发管理、校本课程资源管理两方面探讨了校本课程管理内容。就校本课程开发管理而言，校本课程开发的主体是学校，但需要方方面面的人员参与。校本课程开发的活动领域是课程，但涉及学校教育教学乃至校园文化建设各个方面；校本课程开发强调学校本位，但必须不违背国家和地方课程指南的基本精神，保证基本的质量水准。因此"校本课程开发特别需要高效的内部管理，同时也需要内外课程管理体制的转型"③。徐峰认为："我们知道校本开发复杂而烦琐，但是校本课程的开发是培养领导、教师，促进教师终身专业发展的一条有效途径。在这一过程中管理者、教师成为课程的设计者、课程内容的编制者和评价指标的制定者。这就要求课程管理者、教师深入地认识课程、研究学生、探索社会，需要他们不断学习先进的教育理念，密切关注教育改革的新动向，从而促进自身专业化水平与新课程同步成长。"④ 高翔等指出："校本课程研发要消解校本课程实践活动泛化的形式主义课程观，弱化刻意以教材文本表现的虚无校本课程形式。"⑤ 学

---

① 胥永华：《论系统管理在校本课程开发中的应用》，硕士学位论文，华东师范大学，2002年。
② 刘华：《校本课程：从权威式管理走向参与式管理》，《教育发展研究》2010年第22期。
③ 徐玉珍：《浅谈校本课程开发的管理》，《上海教育科研》2001年第4期。
④ 徐峰：《高校体育校本课程开发管理研究》，《山西煤炭管理干部学院学报》2009年第4期。
⑤ 高翔、吕运法：《县域高中校本课程研究与管理路径》，《中国教育学刊》2009年第6期。

校指导校本课程开发的思路应是"自上而下"的演绎模式，形成校本课程的方式应是"自下而上"的归纳模式。分层赋责、突出备课组是校本课程研发、实施和学业评价管理的行政单元，教师合作共同体是校本课程开发和实践的责任人。刘会贵指出目前我国许多地区和学校在校本课程开发方面难有作为，"缺乏校本课程开发的相关条件，比如高素质的师资、足够的经费、丰富的课程资源等是重要的原因。为此，地方教育业务指导部门应着力加强区域校本课程的开发与管理。区域校本课程开发与管理的过程，其实是一个在专家引领下各校重新审视办学资源、梳理办学思路、树立办学品牌的过程，也是一个避免与其他学校之间雷同办学、跟风办学、低效办学的过程"[①]。李岩通过重新梳理国家课程、地方课程、活动课程以及校本课程，从校本的角度入手，以聋生的实际发展需要为基点，开展了一系列校本课程开发与管理的实践探索，有力地促进了学生的学和教师的教。并提出"通过校本课程这条路来完善我们的课程体系，解决聋校、普校教材衔接的问题，更好地发展聋生的语言能力，提高他们的整体素质"[②]。王晓红等在研究中提出"南湖区教研室自成立专项课题组以来，通过创设专项指导，拓展教研职能；实施专项引领，提升课程开发能力；运用评价手段，促成校本课程的有效开发等多方面的研究实践，为区（县）级教研机构在引领中实施校本课程开发管理，探索出了可资借鉴的成功经验"[③]。

校本课程资源管理就是在一定基础上对校本课程资源进行选择、分类、整理，然后再有效运用于课程教学活动的过程。"校本课程资源开发与利用的直接目的在于更有效地完成教学目标，实现学生的全面发展。"[④]李焕岭等指出："学校在校本课程开发和实施的过程中遇到了诸多不和谐之处。针对校本课程在开发和实施过程中面临的校本课程资源的分配、利用情况所存在的问题，应以系统论策略和可持续发展策略对校本课程资源

---

① 刘会贵：《区域校本课程开发与管理的实践探索——以重庆市南岸区为例》，《教学与管理》2014年第21期。
② 李岩：《校本课程开发与管理的实践探索》，《现代特殊教育》2012年第5期。
③ 王晓红、查杰慧：《关于校本课程开发管理的实践研究》，《上海教育科研》2007年第4期。
④ 徐玉珍：《浅谈校本课程开发的管理》，《上海教育科研》2001年第4期。

进行合理整合、有效利用。"① 程云讨论了怎样开发适合中西部农村中小学实际教学情况的教育资源，解决农村教育资源不够用、不好用的难题。其提出："以农村中小学现代远程教育工程为背景，针对当前工程建设中较突出的资源问题，详细分析和设计了校本课程开发与资源管理平台，并加以技术辅助，旨在给农村中小学校本资源建设带来一定的指导和应用价值。"② 黄英姿在其硕士论文中分析了校本课程、课程资源及校本课程资源等基础概念，提出了校本课程资源具有广泛性、特色性、多质性、实践性等特点。这些特点为开发、编制、设计和构建校本课程提供了依据。同时她提出了校本课程资源开发的基本路径："总结教师的教学经验，在启发中发掘适合学生特点的校本课程资源；鉴别、开发和利用各种校内外课程资源；跟踪和预测社会需要的发展动向，以确定有效参与社会生活和把握社会机遇而应具备的知识、技能和素质；借助现代教育技术手段，重视传媒信息，发挥网络资源的作用，开阔视野，拓展资源。"③ 还有学者从资源挖掘、整理、筛选等维度提出了校本课程资源的管理路径。

第四，校本课程管理的策略寻绎。在校本课程管理研究中，诸多学者以具体学校为例，通过揭示问题以寻找解决策略。如，徐能在其论文中以 S 小学菜单式校本课程为研究对象，采用案例分析法和调查研究法探明了 S 小学菜单式校本课程管理的问题。并以课程管理理论为指导，结合 S 小学菜单式校本课程管理的实际需求，提出了相应的管理策略："转变观念、加强理论研究、重视交流合作、提升教师管理能力与兴趣、加强资源意识、创新管理方式、完善管理体制、确定评价机制、营造氛围、构建激励机制。"④ 刘超在其硕士论文中提出了当前中等学校在校本课程建设中存在的主要问题。基于存在的问题提出了以下改进策略："1. 完善管理机制：梳理课程开发理念、实施全程管理；建立科学、民主的课程管理与评

---

① 李焕岭、杜宏静：《新课改背景下校本课程资源管理研究》，《当代教育论坛》（校长教育研究）2008 年第 10 期。
② 程云：《校本课程开发与资源管理平台的设计与实现——以农村中小学现代远程教育工程为背景》，硕士学位论文，华中师范大学，2008 年。
③ 黄英姿：《校本课程资源的开发与管理》，硕士学位论文，广西师范大学，2004 年。
④ 徐能：《小学校本课程管理的策略研究——以 S 小学菜单式校本课程管理为例》，硕士学位论文，宁波大学，2017 年。

价机制;增强课程开发与学生的互动性、参与性。2. 完善课程内容设计:引入传统舞蹈,丰富校本课程内容;将舞蹈文化与审美意识融入课程。3. 营造氛围:依靠制度管理保障校园文化氛围的营造;打造精品性的舞蹈主题类课外活动机制。"① 周海银等则对山东省4所小学的课程管理现状进行了全面的考察,发现其存在以下问题:"概念不清,理念模糊;途径不明,方法不当;缺少专业的视野与高度;缺乏配套的规范。并提出了建立学校终极的愿景,实施渐进的改革;建构立体的学校课程管理模型等相关建议。"② 也有学者针对小学校本课程管理问题提出了"凸显校长的课程引领;利用榜样的推进作用;建立必要的规范制度;明晰相关责任;增强培训的实效性等策略"③。还有学者认为在多年的校本课程实践过程中,学校积累了丰富的教学经验。校本课程管理理应与校本课程一起成长,在探索中不断发展,形成以"全"为特征的校本课程管理体制。即"全员管理:包含校本课程开发领导小组、校本课程开发指导小组、校本课程开发教师小组等多元管理主体;全程管理:包含对课程生成编制阶段、课程教学实施阶段、课程总结评价阶段的管理,体现管理时间的延展性;全面管理:包含对课程目标、内容、资源、教师、学生等多域管理"④。

此外,还有诸多学者从不同视角对校本课程管理提出了相关策略,其主要包含以下方面:"坚持育人为本的课程观,正确理解、规划实施与管理校本课程;建立健全组织机构,督导检查、申报与审议等相关管理制度和必要的支撑系统;真正建立起凸显学校特色、满足学生需要的校本课程体系;"⑤ "获得社区、家长和学生的支持;合理配置校本课程开发所需资源;及时对校本课程进行评价"⑥。综上可知,学者们基于实践研究从不

---

① 刘超:《N中学舞蹈校本课程管理研究》,硕士学位论文,河北大学,2016年。
② 周海银、任绪斌:《学校课程管理:基于问题、成因及思路的实证分析》,《辽宁教育研究》2007年第7期。
③ 于晓琳:《长春市小学综合实践活动校本课程管理的问题与对策》,硕士学位论文,东北师范大学,2009年。
④ 黄文武:《优化校本课程管理 提升校本课程品质》,《江苏教育研究》2008年第22期。
⑤ "北京市中小学校本课程开发与管理研究"项目组、李群:《对北京市校本课程开发与管理推进策略的思考》,《中国教育学刊》2006年第10期。
⑥ 谷丽洁:《我国公立中学校本课程开发管理模式及策略》,硕士学位论文,华南师范大学,2004年。

同视域提出了校本课程管理的改进策略。

四 文献评析

基于文献梳理可知，关于土家族传统文化与课程管理问题，研究者已从不同的视角和层面进行了探讨，不仅为本书提供了重要的参考资料，还带来了诸多有价值的启示。但相关研究也存在不足，有必要对以下方面予以重视，并作进一步探究。

第一，注重理论建构的纵深发展。理论基础是研究的基石，可为其提供一种观察的角度、思考的方法与解释的依据。然而纵观民族文化类校本课程以及土家族传统文化的研究，其理论视角较为单一且对实践成果的批判性反思、规范性矫正和理想性引导不足，使得诸多研究往往陷入"就事论事"的藩篱，因缺乏学理支撑而略显单薄。为此，在后续的研究中一方面应注重理论研究的丰富拓展。即在实践过程中注重从复杂的现象背后提取关键因素以凝练成本领域的特色理论，同时积极倡导其他学科理论的迁移运用与融合创新，使其得以不断丰富。另一方面注重理论研究的深入完善。即理论通过自身与现实的"间距性"而批判性地反思实践活动，同时借助实践的"反驳"以实现自我的否定之否定，从而实现理论研究的纵深发展与自我超越。

第二，倡导研究范式的多元融合。通过文献计量法分析可知，民族文化类校本课程的研究范式并未出现其他人文社科研究中重思辨轻方法的现象。该研究领域虽然走出了以定性研究方法为主的传统格局，但在具体研究方法的采用中略有偏置，且混合研究方法的使用率不高。在土家族传统文化的研究中却多以思辨、阐释为主，缺乏实证研究。因而，在未来土家族传统文化类校本课程的研究中一方面应倡导多种研究方法的齐头并举。如此，方可从实证主义、解释主义与批判主义等多元视角实现对民族文化类校本课程的真实理解与把握，提高研究质量，拓展研究深度。另一方面应加强多种研究范式的交汇融通。每一研究范式都有其优势与局限性，但他们各自并非相互对立、非此即彼，各研究范式之间有着内在逻辑的历史的联系，是互为补充、相互支持的。为此，应积极搭建桥梁使得多种研究范式在规范中发展、扬弃中继承、融合中创新。

第三，力促合作力量的多方联动。民族文化类校本课程管理的研究机构集中于西南大学、云南师范大学、中央民族大学、广西师范大学、贵州师范大学、东北师范大学等，且以教育学院为主。而研究作者多以所在单位为依托，以师承关系或同事关系为媒介进行合作研究。同时课程管理的研究者多数为高校教育专业的教师与学生，基础教育学校教师参与研究较少，呈现研究主体偏置的局限。就此而言，民族文化类校本课程研究以及课程管理的相关研究跨学校、跨地区、跨层级的合作较少，并未形成密切的知识生产网络。为此，一则应加强研究者的横向联动，拓展研究力量，推动多元合作，使得研究者能够资源共享、信息互通，以产生合作研究的整体效应；二则是积极鼓励多元主体共同参与。如，激励中小学教师参与相关研究，凝聚政府、高校和基础教育学校多方力量形成 G-U-S 研究共同体，特别是发挥中小学教师参与校本课程开发、实施的主体价值，以便为研究提供翔实的一手资料并注入新的活力。

第四，逻辑起点的人本复归。无论是民族文化类校本课程建设、还是校本课程管理，其逻辑起点在于通过校本课程的建设以适应不同经济、文化差异背景下学生的发展，增强课程的适应性。然而就目前研究而言，其内容多偏重于课程开发内容与形式的探讨，课程管理效能的提升，往往忽视了学生与教师的需求。这使得民族文化类校本课程或是流于形式成为学校特色的标杆，或是成为各类民族文化的陈列柜。在课程管理中，将教师、学生单纯视为客体加以管理，缺少对人的关注。因此，后续对课程管理以及民族文化类校本课程研究的逻辑起点应指向人本回归。"即课程要义应回归到人的培养上，保证个体生命的成长，满足其适应社会发展所需要的能力和自身精神文化的追求。"[1] 首先，应根据学校所在地区的经济文化类型开设"民族生计类"校本课程，使学生能掌握适应本地区生存、发展的基本技能，以满足课程对学生实际需求的适切性。其次，民族文化类校本课程的开发可从学科耦合的角度进行知识结构的分析，从教育学、人类学、心理学等不同学科视角为切入点，使其符合学生发展规律。最后，在课程实施过程中，教师应带领学生进入民族文化场域，使其发挥主体性和能动性，以培养学生丰富多彩的社会属性和个性。

---

[1] 范勇、田汉族：《我国教育目的的人本内涵的诠释与演化》，《教育理论与实践》2017 年第 13 期。

第三节　研究思路与方法

　　研究思路与研究方法是研究的基石。研究方法是指研究者通过一定的手段，借助相应的工具对研究对象进行深入分析，以发现问题，解决问题。研究思路是研究过程的逻辑性安排。本书综合运用文献研究法、调查研究法、个案研究法与观察研究法，依据发现问题、解决问题的思路进行系统研究。

一　研究思路

　　本书是依据理论支撑—发现问题—解决问题—实践检验这一逻辑思路铺陈展开的。首先是概念界定与理论分析。概念是构成思维的砖瓦，是所有研究的基础命题。理论分析是指导本研究进行的框架，因而必先厘清概念、构建理论，为后续研究做好铺垫。其次，对恩施州地区中小学土家族传统文化校本课程管理现状进行调查，并对所存在的问题进行扫描与归因。再次，基于现状调查与原因分析，本书致力于构建土家族传统文化的校本课程管理的理论模式，以指导该课程的管理。最后，通过结合学校的具体问题提出实践策略，以验证该模式的可行性。

二　研究方法

　　研究方法是揭示研究对象内在规律的工具和手段。本书根据自身特点和研究目的，基于研究方法对研究问题的适切性，采取了文献研究法、调查研究法与观察研究法。

　　（一）文献研究法

　　本书为了收集相关资料，了解已有研究基础，采用了文献研究法。即在研究过程中通过 CNKI、WOS、PubMed、Scopus、ERIC、Springer 等数据库查阅相关文献资料，并研读有关教育史、课程论、校本课程开发、民族志、教育人类学、文化生态学等方面的书籍。通过分析、整理、鉴别相关资料，了解现有研究基础，形成对研究问题的科学认识。

　　（二）调查研究法

　　根据研究需要，本书通过问卷调查与访谈来了解土家族传统文化校本

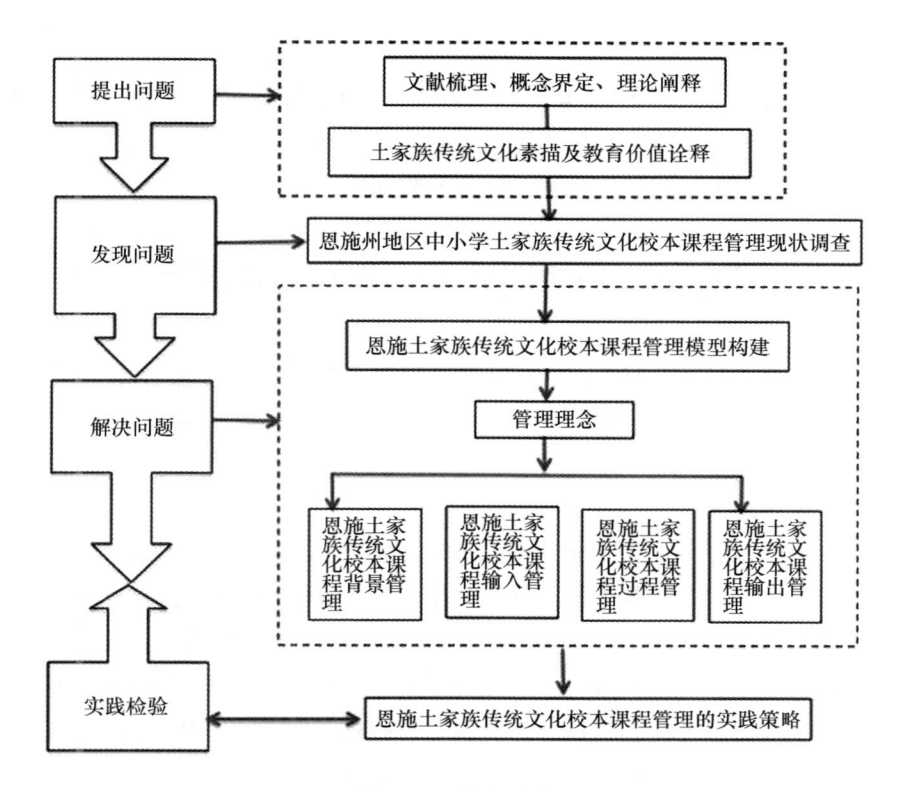

```
┌──────┐      ┌─────────────────────────────────────────┐
│提出问题│─────▶│  文献梳理、概念界定、理论阐释             │
└──────┘      │                                         │
   │          │  土家族传统文化素描及教育价值诠释          │
   ▼          └─────────────────────────────────────────┘
┌──────┐      ┌─────────────────────────────────────────┐
│发现问题│─────▶│ 恩施州地区中小学土家族传统文化校本课程管理现状调查│
└──────┘      └─────────────────────────────────────────┘
   │          ┌─────────────────────────────────────────┐
   ▼          │  恩施土家族传统文化校本课程管理模型构建    │
┌──────┐      │              管理理念                    │
│解决问题│─────▶│  ┌────┐ ┌────┐ ┌────┐ ┌────┐         │
└──────┘      │  │背景│ │输入│ │过程│ │输出│           │
   │          │  │管理│ │管理│ │管理│ │管理│           │
   ▼          └─────────────────────────────────────────┘
┌──────┐      ┌─────────────────────────────────────────┐
│实践检验│◀───▶│ 恩施土家族传统文化校本课程管理的实践策略   │
└──────┘      └─────────────────────────────────────────┘
```

图 1-2 研究思路

课程的管理情况。一方面，本书设计了教师问卷与学生问卷，并采用纸质问卷与电子问卷同时发放的形式进行调查与回收。另一方面，通过召开座谈会和走访的形式，向教育学、民族学、体育学、课程论等领域的专家以及恩施土家族苗族自治州的中小学教师、行政管理人员、民族宗教事务委员会等相关人员进行咨询与访谈，了解他们对于土家族传统文化校本课程的态度与看法，倾听他们对民族传统文化校本课程管理的意见和希望，给本书以科学指导。

（三）观察研究法

观察法是指研究者与被研究者生活在一起，在日常的生活和工作中与被研究者一样在一种自然的生活与交流状态下对研究对象进行观察。从而对有关研究的具体状况有一个大概了解和认识。笔者运用参与式和非参与式的方式相结合，来观察学校在进行土家族传统文化校本课程管理过程中的人、物、事、境，以便获得深层次、更多有价值的信息和现实资料。

（四）统计分析法

本书主要采用SPSS19.0将问卷调查所得数据录入其中，对不同数据进行描述性统计分析、相关性统计分析以及线性回归分析等，探明恩施州地区中小学土家族传统文化校本课程的现实水平。

第四节　研究的重点、难点与创新点

通过系统设计、具体实践与较深入的思考探讨，本书逐步确定了研究过程中的重点、难点，并凸显出自己的创新点。

一　研究重点

本书的研究重点在于土家族传统文化的校本课程管理理论模式的构建。首先，该模式是基于恩施州地区中小学土家族传统文化校本课程管理中所揭示的问题而构建的。其不仅要致力于对现存问题的解决，还应对恩施州地区中小学在土家族传统文化校本课程的管理中具有普遍指导作用。其次，该模式包含课程管理的宏观理念与微观实践两个部分，每一部分又涵盖诸多维度。如管理理念方面不仅包含可感知的符号象征的维度，还包含不可感知的意义指向维度。微观实践部分则包含了针对课程程序而形成的背景管理、输入管理、过程管理与输出管理四个维度。最后，该模式还应处理好课程管理理念与管理实践之间的关系。管理理念应是管理过程中所呈现出来的核心价值观，对管理行为具有引领、指导的意义，应渗透于每一管理实践之中。如果该模式仅仅把二者强行杂糅在一起则失去了本真意义。因此，在该研究中如何构建具有普适性、逻辑性与实践性的理论模式是本书的重点。

二　研究难点

第一，关于土家族传统文化校本课程管理的专题研究资料较少。一方面，针对土家族传统文化进行论述的文献较少，将土家族传统文化引入课程领域的研究更是薄弱。另一方面，从已有研究来看，多围绕某类土家族传统文化资源进行校本课程开发的研究为主，对土家族传统文化校本课程管理进行研究的专题较少，且研究视点离散，系统性不强。

第二，对于恩施州地区中小学土家族传统文化校本课程管理现状调查难度较大。一方面，恩施州有八个县市，每一县市又有诸多中小学，调查范围较广。且恩施州地处山区，交通不便，使得调查难度增大。另一方面，在调查过程中，由于师生重视程度不够，配合调查的意愿不强也给本研究的开展增加了难度。

第三，土家族传统文化校本课程管理模式构建难度较大。该模式不仅应致力于解决土家族传统文化校本课程管理中所存在的问题，而且须对恩施州地区中小学在土家族传统文化校本课程管理中具有普适价值与实践指导意义。此外，该模式所涵盖的维度较多，内部关系复杂，因此构建难度较大。

三 研究创新点

本书的创新点主要在于：首先，基于前人的研究将土家族传统文化划分为饮食居住、衣冠服饰、民间技艺、禁忌崇拜、文学艺术、民俗礼仪六大类。并在此基础之上阐释了其"四生教育价值"，即生存技能训练价值、生活规序引导价值、生命境界领悟价值以及生态意识理解价值。其次，基于问卷调查与访谈探明了恩施州地区中小学土家族传统文化校本课程管理的现状。通过数据分析挖掘了问题背后的原因。再次，基于前期调查结果，为了改进问题、提升管理水平构建了土家族传统文化校本课程管理的理论模式。该模式是基于文化共生理论与 CIPP 评价模式，将二者进行迁移、融合而形成的。这是本书的主要创新部分。最后，基于土家族传统文化校本课程管理中的现实问题，结合理论模式提出了恩施州地区中小学在土家传统文化校本课程管理中的实践策略。这些策略包含了理念架构、背景评估、输入多元、过程优化以及输出推广五个维度，每一维度又包含了如何促进主体与文化和谐发展的具体策略。这也是本书的创新点之一。

第 二 章

核心概念界定与理论基础解读

土家族传统文化校本课程管理研究,一方面需对核心概念进行界定。概念是研究的基石,厘清相关核心概念有利于后续研究拥有稳固之基。另一方面,还需对相关理论进行阐释与说明。研究的进行必然以相关理论为框架,其是研究的骨骼与基础,体现着研究的内在价值与最终旨归,是研究顺利进行的重要保障。

第一节 核心概念界定

对核心概念进行准确的描述与界定是后续研究的基础。为了更准确地把握土家族传统文化校本课程管理,需对传统文化、校本课程与课程管理这些相关概念予以界定。

一 传统文化

要了解何为传统文化,必先厘清文化是什么。据大英百科全书统计,全世界关于文化的概念有160种之多。到现在仍没有定论。文化拆开来从各自的词源进行分析。在甲骨文中"文"的象形是"手执棍棒","化"是"人"和"匕"的组合,意为"以棍棒教化"。随着时间演变,文化不再以棍棒、匕首去约束人、强迫人,转而成为以习俗、理念、信仰深入人的精神内核去规约人,以诗词歌赋的精美形式去影响人。"文"与"化"并行使用,较早见于战国末年的《周易》,其中有述:"刚柔交错,天文也;文明以止,人文也。观乎天文,以察时变,观乎人文,以化成天下。"其已经内涵着以文化人的现代语义。"文化"翻译为英文即为"culture"源于拉丁语的cultura,原意指耕耘、耕作,蕴含着对大自然的开拓。直至现代"culture"也含有"修养""栽培"之意,但多引申为对人的训练与培养。在古罗马"culture"含有人们参与文化活动的意味,"西塞罗将其隐喻为智慧的耕耘以及心灵的教化"①。在法语中,文化被译为"La culture",早期被定义为一种在种植和培育过程中所采用的耕耘或改良措施。直至18世纪,"人们逐渐认为文化是一种培育心智、情趣以及强化思维的活动"②。"在19世纪末期以前这种'自我培养'的含义一直占据着主导地位。"③ 1870年爱德华·泰勒在《原始文化》一书中将其作了以下定义:"文化或文明是一个复杂的整体,它包含知识、信仰、艺术、道德、法律、习俗以及作为社会成员的人所习得的其他一切能力和习惯。"④ 这一定义在西方学界一直被视为第一个具有现代意义的文化定义。泰勒之后,对文化的界定异常纷繁。20世纪美国人类学家阿尔弗雷德·克洛依伯(A. Kroeber)和克莱德·克拉克洪(C. Kluckhohn)于1952年出版的《文化:概念的定义批判分析》收集了166条由世界著名的人类学家、社会学家、历史学家、教育学家、哲学家等对文化的定义。并将其分为七组,即"描述性的定义、历史性的定义、行为规范性的定义、心理性的定义、不完整性的定义"⑤ 等。文化是一个"多话语"的概念,其意义不可能是固定不变的,每一条文化定义都有其具体语境,因此只能从其语境和渊源来对文化概念进行解读。至17—18世纪,此概念内涵已有相当的扩展,指一切经人为力量加诸自然物之上的成果。

至现代,随着文化问题的复杂性以及人们对文化认识的不断深入,学者们从不同学科出发,提出了多种关于文化的界说。总的来说关于文化的定义主要存在以下三种:第一种认为文化是一种生活样态。如梁漱溟所说:"文化,就是吾人生活依靠的一切。"第二种认为"文化是人类创造

---

① Goddard Cli,"The Lexical Semantics of Culture", Language Sciences, Vol. 27, 2005, p. 54.
② [美]费尔南·布罗代尔:《文明史纲》,肖昶等译,广西师范大学出版社2003年版,第25页。
③ 吕长竑、夏伟蓉:《文化:心灵的程序——中西文化概念之归类和词源学追溯》,《青海民族学院学报》2009年第3期。
④ [英]泰勒:《原始文化》,连树生译,广西师范大学出版社2005年版,第1页。
⑤ 陆扬、王毅:《文化研究导论》,复旦大学出版社2006年版,第3页。

的物质和精神成果的总和"[1]。张岱年等在《中国文化与文化论争》一书中将文化定义为"物质与精神成果的总和，是精神活动与实践活动的融合，也是活动方式与成果的辩证统一"[2]。第三种将文化定义为精神成果。如贺麟先生将文化、武化、工商化加以区别，从精神层面对文化进行界定。其认为"文化即人化，是精神活动对人所产生的影响，故文化即精神文明"[3]。本书则对文化采用第三种定义，认为文化是与政治、经济有别的精神活动及其产品，其主要包括语言、艺术、精神、信仰、思想、道德、文学、风俗等。

在文化的基础上，我们可进一步探讨何为传统文化。首先我们需明确何谓传统。传统即传而统之，其核心要义在于"传"，证明其是一种传递与传承，亦是一种承前启后的自觉。学者们从不同角度对其作出了界说。从语义学的角度讲，传指前人以传后人；统，继也，是指后人继承前人。因而所谓传统无非是人类社会生活中的前后相承、世代相传的东西。从民族学、文化学等学科的角度讲，由于历史的延续和积淀，这种传统成为某一地区或民族具有一定特色的风俗习惯、文化观念、伦理道德、情感方式、思维方式、心理特征以及语言文字的总和。"传统不仅裸露为表面的物，还凝聚成种种制度与习惯，更深藏在人们的心理结构中。传统既已成为传统，自有它内在的价值，也有它外在的根据。作为传统固有蚀痕斑斑的时代烙印，但也饱含根深叶茂的民族精神。"[4] 因而，传统文化必是与现代文化相对应的，是一种传递、继承而来的文化。如，徐玩邦等将传统文化界定为"各民族在历史进程中沉淀、发展、流传而来的固有文化，有其内涵和占主导地位的基本精神"[5]。还有人将传统文化与文化等量齐观，指出："传统文化是文化稳定结构和形式化的结果，它是与文化有内在联系，但又相互区别的概念。"[6] 总的来看，传统文化是与现代文化相

---

[1] 梁漱溟：《中国文化要义》，上海人民出版社2018年版，第9页。
[2] 张岱年、程宜山：《中国文化与文化论争》，中国人民大学出版社1990年版，第3—4页。
[3] 贺麟：《文化与人生》，商务印书馆1988年版，第32页。
[4] 庞朴：《文化的民族性与时代性》，中国和平出版社1988年版，第55页。
[5] 徐玩邦、祁庆富：《中国少数民族文化通论》，中央民族大学出版社1996年版，第3页。
[6] 申晓辉：《地方高校弘扬地方传统文化研究——以河南三所地方高校为例》，博士学位论文，华中师范大学，2013年。

对应的，历经时代的沉淀传承而来的固有文化。

了解了文化、传统文化，那何为民族传统文化呢？民族被界定为在一个较大的社会里有着真正的或假定的共同祖先和共同对以往历史的集体记忆。这种记忆并非简单事件的叠加，而是一种关于情感与行为的本能、期望及模式，是一大堆有关活过的个人和整个人民的故事。由此可见，民族传统文化是各民族在长期的历史发展过程中基于实践而创造、沉淀与传递下来的文明成果。它表现于物质载体或是各种知识信息的积累、储存。它是民族得以维系的基础，也是民族生存发展的重要条件，更是民族独特性的体现。文化作为人创造的总体，是人在劳动或实践过程中创造的，它既是人本质力量的外化又是人本质力量的证明，表明了人与动物的本质差别。"文化一旦被创造出来，便会对人本身及其生产实践产生重大的影响，特别是千百年来经过长期的文化积淀所形成的传统文化对于新生代的成长。"[1] 本书依据对文化、传统文化的定义，认为土家族传统文化是指土家族（此处特指恩施州地区的土家族）在长期历史发展中形成并保留在现实生活中的、世代传承的、稳定的各种思想文化与观念形态的总体表征。如民族服饰、生活习俗、信仰崇拜、民间技艺等。它是一种反映土家族民族特质和风貌的文化，具有悠久的历史和鲜明的民族特色。

二　校本课程

我国对课程的理解早已有之，且具有一定的深度，但与现代对"课程"的定义还有一定的出入。在改革开放初期课程概念较为明晰，被认为是"教学计划""教学知识"或是"各门学科的总和"。如上海师范大学编写的《教育学》将课程定义为"学生所学习的所有科目"[2]。《中国大百科全书·教育》也沿用了此定义来界定课程。这一课程定义的形成与我国长期以来单一的学科课程结构是密不可分的。然而这一界定却将课程所涵盖的内容窄化，忽视了受教育者其他方面的发展。自20世纪90年代，学者们基于实践关怀开始将活动纳入课程定义之中。如《教育大辞

---

[1] 朱俊杰、杨昌江：《民族教育与民族文化发展研究》，湖南教育出版社2006年版，第22页。

[2] 上海师范大学《教育学》编写组：《教育学》，人民教育出版社1979年版，第97页。

典》在定义课程时将课外活动也囊括在内,认为"课程是学校所有教育内容的总和"①。同样,钟启泉教授也认为课程是"旨在保障青少年一代的健全发展,由学校所实施的施加教育影响的计划"②。这一计划以教育目标为指导,显示为学校有组织地编制的教育内容。这一时期,人们不再拘于将课程定位为"学科""内容""计划"的统一界定,而认为课程是受教育者基于课内外活动以获得知识、技能、行为、素养等各方面发展的过程,开始从更广阔的层面对课程概念进行探讨。随着素质教育理论的提出与实施,人们在重新审视课程内涵时,潜在课程这种过去只被称为一种静态的无足轻重的教育环境,如今已日益被看作是同样具有多方面教育教学功能的课程,是整个课程体系的有机组成部分。"于是,由学科课程、活动课程、潜在课程构成的'大课程'思想逐渐形成。"③ 还有许多学者,从不同维度对课程概念进行了表述。迄今为止,随着理论研究的不断深入,不同学派对课程的界定众说纷纭。有的从知识维度将课程定义为教学科目或有计划的教学活动;有的从学生维度将其定义为学生的相关活动或学习经验;有的从社会维度将课程定义为社会文化的再生产或社会改造。每一概念都有其形成的内在逻辑与社会背景,有其可取之处也有不足,然而随着社会的不断发展,人们将不断对其进行修正与研讨。

课程概念的实质是教育思想与理念的映射,从不同的教育观念出发会有不同的课程定义。因而,期望寻找或界定一个大家公认完美的课程定义只是徒劳。"课程的任何定义必然会根据要实现的目的而变化。在实现某种情境的目的时最有用的课程定义,在于它对那种情境是最正确的。"④ 据此,依据本书需求课程概念可采用如下表述:"课程是在国家培养框架的指引下,由不同层级的育人目标、学习内容及活动方式组成。具有组织结构和育人计划性能、育人信息载体性能,用以指导学校教育、教学活动,传递与创新文化的学校教育活动。"⑤

---

① 顾明远主编:《教育大辞典》(简编本),上海教育出版社1999年版,第257页。
② 钟启泉:《现代课程论》,上海教育出版社1989年版,第177页。
③ 王冬凌、朱琼瑶:《现代课程论》,辽宁师范大学出版社1998年版,第3页。
④ [美]蔡斯:《课程的概念与课程领域》,李一平、陆忻译,转引自瞿葆奎《教育学文集·课程与材料(上)》,人民教育出版社1988年版,第259页。
⑤ 廖哲勋、田慧生:《课程新论》,教育科学出版社2003年版,第43页。

在课程概念之下，我们则可进一步讨论何为校本课程。校本课程是英美等国在反思国家课程弊端的过程中提出的。20 世纪 50 年代末至 60 年代初，美国进行了一场规模空前、影响深远的课程改革——学科结构运动。施瓦布（Schwab J. J.）认为，"泰勒原理"是科技理性的产物，其普遍主义的特征与特殊的情境存在必然的矛盾，以此为基础开发的课程脱离学校实际和学生需要。他主张在具体教学实践中开发课程，提出了"学校本位的课程开发（school-based curriculum development）"的思想。此后，校本课程逐渐为人们所熟知。"校本"顾名思义，就是以学校为本。也就是说任何关于课程的决定或所采取的上述任何的课程开发活动方式，其立足点、出发点和落脚点都必须是学校自身。即：为了学校、在学校中和基于学校。为了学校，是指以改进学校实践、解决学校所面临的问题为指向。在学校中，是指学校自主自发地解决学校自身的问题。基于学校，是指要从学校的实际出发解决学校存在的种种问题。在校本课程的问题解决过程中倡导学校领导、教师甚至是学生共同参与、讨论，通过问题的阐述、学校实际情况的摸底以及校内外资源的充分挖掘，从而形成切合学校实际的解决方案。因此校本课程实质上是一个以学校为基地进行课程开发的开放民主的决策过程，即校长、教师、课程专家、学生以及家长和社区人士共同参与学校课程计划的制订、实施和评价活动。在整个校本课程开发的过程中，教师应当是参与性的，最终的决策应当由所有参与教育经验综合的人共同决定。"它涉及学校教育经验的各个方面，如学校组织结构优化、教师在岗培训、教育资源选用和社区参与等多种措施。"[1]

众所周知，校本课程是与"三级课程"相伴而生的。1999 年颁发的《中共中央 国务院关于深化教育改革全面推进素质教育的决定》明确指出要调整和改革课程体系、结构、内容，建立新的基础教育课程体系，试行国家课程、地方课程和学校课程。要厘清校本课程的具体含义则必须了解国家课程、地方课程以及校本课程的不同。国家课程，是指国家委托有关机构制定的基础教育的必修课程（或称核心课程），它是专门为培养未来的国家公民而设计，并依据这些未来公民接受教育之后期望达到的共同素

---

[1] 鲁艳：《校本课程：概念必须正确理解》，《教育发展研究》1999 年第 12 期。

质而开发的课程。地方课程是指地方根据本地的实际或特殊需要而开发或设计的课程。它反映了各地经济、文化发展的实际,也反映了不同的地域特征,具有明显的地域性与特殊性。校本课程指的是学校本位课程,如本校开发、制定的具体选修课程及为此而编写、选用的教材,也包含国家课程与地方课程的校本化实施。国家课程的主体与管理权限集中于国家层面。国家课程有利于传承思想、文化、道德和政治法律等共同的价值观念。地方课程有利于地方经济和文化的发展,其主体为地方教育行政部门。校本课程有助于满足基于特殊环境中的学校实际需要,是国家课程与地方课程的重要补充。校本课程能结合地方经济、文化发展的特点,结合学生的文化背景和认知特点,搭建起学习内容与学生生活之间的桥梁,为学生提供更加合适的学习内容,提升学习者的主动性和积极性,从而满足学校"个性化"发展需求,凸显学校办学特色。"三级课程之间相互补充、有机结合和良性互动,必将促进国家和个人的共同发展。"[1] 通过梳理可以发现,三者的区别如表 2-1 所示。即国家课程是国家意志的体现,是由国家教育行政管理机构组织专家编制的课程,体现了国家对教育内容的基本要求。但是国家课程不可能充分考虑到地方社会经济、文化发展的差异,不可能充分考虑到各地方、各学校的具体实情,更不可能充分考虑到不同学习者的文化背景及认知特点。因此,需要地方课程与校本课程作为补充。由此可见,三级课程缺一不可,三者须在逻辑上保持一致。

表 2-1　　　　国家课程、地方课程与校本课程的区别统计

	含义	主体	地位	目的
国家课程	国家课程是指国家委托有关部门或机构制定的基础教育的必修课程或称核心课程的课程标准或大纲	教育部	在义务教育阶段学校课程应以国家课程为主、地方课程和校本课程为辅	1. 确保所有学生学习的权利;2. 明确学生在接受学校教育期间应达到的标准;3. 提高学生在接受学校教育期间的连续性和连贯性;4. 为公众了解学校教育提供依据

---

[1] 胡献忠:《校本课程:概念、意义与地位》,《淮南师范学院学报》2002 年第 1 期。

续表

	含义	主体	地位	目的
地方课程	地方课程是指地方政府根据国家课程政策和地方经济、政治、文化等对人才的要求而制定的课程计划和开设的具体课程	地方教育主管部门	在高中阶段应加大地方课程和校本课程的比例	1. 促进国家课程的有效实施；2. 弥补国家课程的空缺；3. 加强教育与地方的联系；4. 调动地方参与课程改革与课程实施的积极性
校本课程	学校在实施好国家课程和地方课程的前提下自己开发的适合本校实际的、具有学校自身特点的课程	学校	在高等教育阶段学校课程应以地方课程和校本课程为主，国家不宜对学校的课程设置及内容做过多要求	1. 确保国家课程的有效实施；2. 照顾学生的个别差异，满足学生多样化的需要；3. 促进教师专业能力的持续发展

就"校本课程"的定义而言还没有一个统一的准绳。不同学者从不同视角基于权力关系导向、历程导向或是成员导向对"校本课程"进行了界定。其中较有代表性的表述如表 2-2 所示。

表 2-2　　　　　不同学者对"校本课程"的界定统计

作者	观点	出处
钟启泉等	校本课程由学校自行决定。目的是满足学生和社区的发展需要，强调多样性和差异性，学生有选修的权利。一般比较侧重学生兴趣类、学校特色类和乡土类课程。课程开发的主体是教师，通常以选修课的形式出现	钟启泉、崔允漷、张华：《为了中华民族的复兴，为了每位学生的发展——〈基础教育课程改革纲要（试行）〉解读》，华东师范大学出版社 2001 年版，第 390 页
教育部基础教育司	校本课程是以学校教师为主体，在具体实施国家课程和地方课程的前提下，通过对本校学生的需求进行科学的评估，充分利用当地社区和学校的课程资源，根据学校的办学思想而开发的多样性的、可供学生选择的课程	教育部基础教育司编写：《走进新课程：与课程实施者对话》，北京师范大学出版社 2002 年版，第 200 页

续表

作者	观点	出处
叶澜	校本课程顾名思义就是以学校为课程编制主体，自主开发与实施的一种课程，是相对于国家课程与地方课程的一种课程	陈玉琨、沈玉顺、代蕊华、戚业国：《课程改革与课程评价》，教育科学出版社2001年版，第111页
郑金洲	校本课程指的是学校根据自己的教育理念，在对学校学生的需求进行系统评估的基础上，充分利用当地社区和学校的课程资源，通过研讨设计与专业人员或其他力量合作等方式编制出的多样性、可供学生选择的课程	郑金洲：《走向"校本"》，《教育理论与实践》2000年第6期
白云霞	学校本位课程发展系由课程主体——学校相关成员，考虑相关规范、地区及学校特色需求、各项资源与制度因素，在共同合作下，在不断地诠释对话沟通与抉择中，形成有意义之课程网络的一种动态、循环、开放的历程	白云霞：《学校本位课程发展理论、模式》，台北：高等教育文化事业有限公司2003年版，第93页
黄政杰	学校本位课程发展是学校创始的发展活动，以学校为中心，以社会为背景，透过中央、地方和学校三者权利、责任之再分配，赋予学校教育人员权利和责任，由他们充分利用校内和社区内的资源，主动、自主而负责地去计划、试用和评鉴学校课程。必要的话，可以寻求外界专家协助，争取其他学校合作，以满足校内学生的学习需要	黄政杰：《课程改革》，台北：汉文书局1985年版，第4页
蔡清田	学校本位课程发展，是以学校自发的活动或课程需求为基础，包括学校为达成教育目的所采取的方案与学校指导下学生所具有的一切经验。因此，课程发展范围包括课程内容、教学方法、师生关系、教学情境等要素	蔡清田：《课程领导与学校本位课程发展》，台北：五南图书出版公司2005年版，第11页
杨龙立	校本课程是提升学校教育质量的一种方式，也是校内人员（校长教师、学生、行政人员）与校外人员（家长、社区人员、地方人士、行政官员、学者专家、有关资源单位人士）共同努力，综合考虑学校内部的需求、学生学习、教师教学、社区需求、上级单位要求及国家与中央之要求等因素，并研究设计、发展、实施、评价及修正等途径建立起的恰当的教材与方案	杨龙立：《校本课程的设计与探讨》，广东教育出版社2005年版，第89页

续表

作者	观点	出处
张嘉育	学校本位课程是指学校为达成教育目的或解决学校教育问题，以学校为主体，由学校成员如校长、行政人员、教师、学生、家长和社区人士主导所进行的课程发展过程与结果	张嘉育：《学校本位课程发展》，台北：师大书苑有限公司1999年版，第1页

资料来源：杨子秋：《以校本课程领导促进学校改进之研究》，博士学位论文，华东师范大学，2007年。

由以上众多界定可知，"校本课程"也称"学校本位课程"，是与国家课程相对应的课程形态，指在国家的课程设计中预留的、允许学校自主开发的课程。它是国家课程计划中一项不可或缺的组成部分，其与国家课程和地方课程共同组成在学校实施的课程。三者拥有共同的培养目标，实现不同的课程价值，承担不同的任务，履行不同的责任，从不同方面促进学生的发展。在本书中所涉及的校本课程是指：以学校为中心，通过对学校环境的考量、对各方主体需求的评估，对当地政府、社区、高校以及其他中小学等主体的联动，依据学校的办学理念以及文化传承与创新的需求而形成的具有多样性、系统性、可供学生选择的一种课程形态，它是"校本课程开发"的产品与结果。

三　课程管理

对"课程管理"理解的向度不同，内涵也必然不同。有的学者认为这一概念应从管理学的范畴对其进行定义，也有学者则坚持从教育学的范畴来讨论其内涵。然而，课程管理本就需从多种学科入手才能掌握其本质。

课程管理是课程的发展和组织从概念化到实施以及革新的整个过程。日本教育学者高野圭一认为："课程管理可通过其编制的课程管理 P-D-S 模式反映出来，即课程编制、实施、评价的流程及其反馈的循环系统。"[①]罗伯特·欧文斯（Robert G. Owens）认为："课程管理是把组织视为一个权

[①] 钟启泉：《现代课程论》，上海教育出版社2009年版，第418—421页。

力和信息集中于高层的等级体系，是一种分层组织的管理模式。"① 由于我国长期以来的集中管理体制，学校只需依据计划进行课程安排与教学，往往忽视了课程管理问题。随着课程改革以及三级课程管理体制的建立，课程管理研究开始受到重视。如廖哲勋在其《课程学》中对课程管理的体制、原则、队伍建设以及课程管理的具体内容都进行了详述。随着课程理论研究的深入与实践需求的增多，我国学者开始越来越关注课程管理，他们从不同视角对课程管理的内涵进行了探索。具有代表性的论述如下所示：

表 2—3　　　　　　　　课程管理内涵界定统计

作者	观点	出处
顾明远	课程管理是对课程编订、实施、评价的组织、领导、监督和检查	顾明远：《教育大辞典》（第 1 卷），上海教育出版社 1990 年版，第 201 页
廖哲勋	课程管理是在一定社会条件下有领导、有组织地协调人、物资和课程的关系，指挥课程建设与课程实施，使之达到预定目标的过程	廖哲勋：《课程学》，华中师范大学出版社 1991 年版，第 203—206 页
王志良	课程管理是学校管理者遵循教学规律，行使管理职能，对教学活动各因素进行合理组合，使教学活动有序高效地进行，从而完成教学计划和教学大纲规定的教育、教学任务的过程	王志良：《浅议我国大学课程管理》，《高教研究与实践》1995 年第 2 期
许象国	课程管理就是在一定社会条件下，课程管理者依据一定的管理原则和运用一定的管理方法，对课程系统中诸如人、物等相关因素进行决策、计划、组织、指挥、协调、控制以达到预期目标的活动	许象国：《基础教育课程管理概论》，上海教育出版社 2002 年版，第 2—3 页
范国睿	学校课程管理是指在学习管理过程中对课程采取的经营措施，这中间既有课程管理制度问题也有课程选择和实施问题	范国睿：《学校管理的理论与务实》，华中师范大学出版社 2003 年版，第 355—364 页
钟启泉	课程管理是系统地处理编制技法和人、物条件的相互关系，以教育目标为准绳，加以组织的一连串活动的总称	钟启泉：《现代课程论》，上海教育出版社 2009 年版，第 418—421 页

---

① ［美］罗伯特·G. 欧文斯：《教育组织行为学》，窦卫霖、温建平、王越译，华东师范大学出版社 2001 年版，第 56 页。

续表

作者	观点	出处
张新平、褚宏启	学校课程管理是指学校依据国家和地方的课程政策，结合自身的培养目标和办学条件，考虑社区特性、家长期望和学生需要等相关因素，对学校课程设计、决策、实施与评价的组织、领导、监督和检查等一系列的管理活动	张新平、褚宏启：《教育管理学通论》，高等教育出版社2012年版，第405页

综观课程管理的定义，其主要包含三方面的内容：一是关于课程管理的主体，即由"谁来管"。二是关于课程管理的客体，即"管什么"。三是关于课程管理的目的，即"为何管"。

首先，"谁来管"即对课程管理的主体的探讨。校本课程、地方课程以及国家课程的管理主体不尽相同，但也需要相互支撑方能使得课程管理顺利进行。如校本课程的管理主体在于学校，但也需在国家管理的框架下进行；国家课程的管理主体为国家，但也需要学校的具体运作才能得以落实。如果各主体相互割裂，则会造成混乱局面。彭虹斌从宏观与微观角度将课程管理分为两个层面。宏观层面为行政管理，即国家、政府通过立法、政策制定等行政手段对课程进行评价、监督，对教科书进行审定以及对课程标准进行制定。微观层面为学校管理，即学校对课程顺利实施实行的计划、组织、协调、控制等。中国台湾学者高新建则从行政角度分析，认为政府对学校课程所采取的管理措施即为课程管理。他提出："课程管理是政府或相应的行政机关基于课程政策的制定、管理机制的运作以及课程策略的实施而单方面影响学校课程事务，落实国家课程，实现自身意图的过程。"[1] 他忽视了学校作为管理主体的能动性，将政府及其相关机构作为唯一管理主体，缺少全局观。

其次，"管什么"即对管理内容的界定。纵观不同学者对课程管理的定义可以发现无论管理主体是国家、地方还是学校，其管理内容都涵盖了对课程开发、课程实施以及评价的管理。英国学者戴·约逊和惠特克等提

---

[1] 李朝辉：《从管理走向领导——小学校长课程领导的个案研究》，博士学位论文，东北师范大学，2006年。

出由于不同国家课程管理体制与历史文化的不同其课程管理的层面、任务和类型也有所不同。然而，课程管理的内容却都大同小异，主要聚焦于对课程生成、课程实施以及课程评价三方面的管理。游长松认为："高校课程管理的过程是确保课程编订、课程实施、课程评价和课程改革的顺利进行。"① 白月桥认为："课程管理的内容主要包括课程标准的制定、课程的编制、课程的实施、课程的评价以及保障条件。"② 唐德海则将课程管理理解为"涵盖着课程生成、课程实施与课程评价等不同内容的管理系统"③。崔允漷认为："课程管理是管理主体运用相应的管理手段对课程设计、课程实施、课程评价等活动以及其相关的资料、文件等进行规划、组织、协调、指挥和控制的活动。"

最后，"为何管"即对管理目的的探究。理查兹在学校课程管理的探讨中归纳了三种不同的管理目的。一是"为顺从而管理"。即管理是为了得到奖赏或规避惩罚而形成的顺从的管理形态。这里的顺从是指管理风格、管理行为都依据上级指示而规行矩步。二是"为成果而管理"。即管理是基于组织内部的技术型知识，而非外在控制。具体来讲，管理的目的不再囿于外部的控制，更多地转向于内部及地方性的专业自主。三是"为建立永续的组织生态而管理"。这是一种基于生态学的管理目的观，内存于两种对立的学校（课程）组织研究。一种是"封闭系统"目的观，即将学校视为一个较少涉及外部关系的封闭系统。另一种是"开放系统"目的观，即把学校组织（课程）视为一个开放系统。其认为"组织为了生存，必须与外部环境产生互动。通过与外部系统进行物质与能量的交换，一方面可适应外部需求，维持适当平衡"④；另一方面可通过对外部压力的回应，进行自我调适。张圻福认为："课程管理是指学校对教育教学工作所实施的管理，目的是完成教学计划和教学大纲规定的教育、教学任务。"⑤ 也有学者认为："课程管理是由多个相关利益者所构成，他们基

---

① 游长松：《大学英语课程管理体制问题与改进对策研究》，博士学位论文，武汉大学，2016 年。
② 白月桥：《课程变革概论》，河北教育出版社 1996 年版，第 413—419 页。
③ 唐德海：《大学课程管理引论》，《现代大学教育》2001 年第 6 期。
④ 钟启泉：《现代课程论》，上海教育出版社 2009 年版，第 418—421 页。
⑤ 张圻福：《大学课程论》，江苏教育出版社 1992 年版，第 22 页。

于共同的准则对课程编制、课程实施、课程评价以及在整个过程中所涉及的相关要素所实行的全方位管理。"① 由此可知，持有不同论点的学者对课程管理目的的阐述也各不相同。

在理解上述诸位学者论点的基础上，本书认为：课程管理是在一定社会条件下有领导、有组织地协调人、物资和课程的关系，指挥课程建设与课程实施，使之达到预定目标的过程。校本课程管理则是指学校依据国家和地方的课程政策，结合自身的培养目标和办学条件，考虑社区特性、家长期望和学生需要等相关因素，对学校课程设计、决策、实施和评价的组织、领导、监督及检查等一系列的管理活动。因而土家族传统文化校本课程管理是在国家宏观政策与方针指导下，以"文化共生"为管理理念，以学校为主体，以土家族传统文化校本课程的规划、开发、实施与评价为管理内容，以计划、组织、协调、控制等为手段的一系列活动。由于其特殊性土家族传统文化校本课程管理还应内含三个方面的内容，即知识管理、文化管理与信息管理。首先是知识管理。"狭义的'知识管理'主要是对知识本身的管理，包括对知识的创造、获取、加工、存储、传播和应用的管理。而广义的'知识管理'不仅包括对知识的管理，而且还包括对与知识有关的各种资源和无形资产的管理，涉及知识组织、知识设施、知识资产、知识活动、知识人员。"② 知识管理是实现土家族传统文化校本课程管理的有效举措。其是以学校课程领导所需的显性知识与隐性知识为管理对象，以促进有关学校课程管理的知识交流与共享为核心任务，以构建学习型组织为目标。"通过辨别关键知识，建立学校课程领导知识库；发挥学校课程领导者的知识管理职能；依托学校课程领导中的知识社群，培育共生协同的组织文化而实现的。"③ 其次是文化管理。土家族传统文化校本课程管理还应从文化管理维度来理解。学校课程的文化管理是以人为出发点，并以人的价值实现为最终管理目的、尊重人性的管理。这种管理是通过管理者与管理对象之间所形成的文化力的互动来实现的。④

---

① 张相学：《学校如何管理课程——主体论视野下学校课程管理的思考》，博士学位论文，南京师范大学，2006 年。
② 刘萍、郭怡婷、寇继虹：《"知识管理"课程内容本体构建》，《现代情报》2014 年第 8 期。
③ 罗生全、靳玉乐：《学校课程领导：知识管理的视点》，《中国教育学刊》2007 年第 8 期。
④ 康万栋：《文化管理：学校管理的新走向》，《教书育人》2009 年第 35 期。

在土家族传统文化校本课程中其主要体现为管理理念的文化性与人本性，管理手段的"以文化人"，最终实现文化的共生、共存与共觉。最后是信息管理。现代学校的信息管理通常要借助学校管理信息系统来完成，"这个系统是由输入、处理、输出、反馈四个要素有机组成的一个整体，是由收集、整理学校信息，加工、传输学校信息，贮存、反馈学校信息等基本环节构成的一个信息处理过程"[①]。"土家族传统文化校本课程管理中，中小学要借助互联网突出本校及本地特色，突出校本课程的价值，有效发挥校本课程教学的作用；不断丰富、落实、传播、创新校本课程管理，有效增加校本课程的管理效益。"[②]

第二节　理论基础解读

理论基础能为研究提供一种观察视角、思考方法、解释依据。本书以CIPP评价模式理论与文化共生理论为基础，尝试构建研究框架，从而指导与规范整个研究。

一　CIPP评价模式理论

CIPP评价模式由背景评价（Context Evaluation）、输入评价（Input Evaluation）、过程评价（Process Evaluation）和输出评价（Product Evaluation）四个要素的英文单词首字母组合而成。它是一种具有全程、全面和全息性特征的评价模式理论。

（一）提出背景

20世纪60年代，美国受苏联人造卫星发射的影响，全国上下掀起了一场教育改革运动，希冀通过教育改革推动科技事业的发展从而赶超苏联。"此次教育改革催生了对教育评价的需求，因此教育评价活动广泛开展。"[③] 斯塔弗比姆（Stufflebeam D. L.）在其领导的教育评价活动中发现

[①] 赵敏：《论学校信息和学校信息管理》，《教育理论与实践》2004年第19期。
[②] 朱英：《互联网下尝试校本课程管理的研究》，《科学咨询》（科技·管理）2018年第9期。
[③] 张意忠：《教育评价的理论与实践》，高等教育出版社2012年版，第72—73页。

"单一的目标评价模式对于不同环境、不同学生需求难以适用"①。他认为"泰勒提出的作为评价中心和依据的评价目标本身也需要受到评价。评价不应局限于测量目标的达成度,而应通过为决策者提供反馈信息,致力于工作的改进,从而更好地为教育服务"②。在这一思想的指导下,斯塔弗比姆建立了 CIPP 评价模式。随后,他在由国家评估研究委员会(National Study Committee On Evaluation)出版的《教育评估和决策》中通过对多层次评价、评价标准、技术成熟度三个方面的探讨,深入阐述了 CIPP 模式。多年来,这一模式已经在美国和许多其他国家得到了调整和应用,并跨越了广泛的学科和服务领域得到了进一步发展。CIPP 评价模式是建立在"边做边学"的基础上,也就是说在评估实践中不断努力识别和纠正错误,发现和测试所需的新程序,保留特别有效的策略。"与其他新的评估方法一样,它的创建是基于目标评估、同行或专家评审、现场考察等经典评估方法的有限性而形成的。"③ 其发展历史与 20 世纪 60 年代中期的评估模式和评估程序的发展历史相似,是评估模式发展史的一个主要部分。

(二)理论内涵

CIPP 评价模式由背景评价、输入评价、过程评价、输出评价四个步骤构成。通过以上不同评价步骤将诊断性、形成性和终结性三种评估职能有机结合,形成一个整体性、全息性的评价模式。CIPP 评价模式不仅关注评价的成果,也同样观照评价的过程。其评价的主旨在于通过评价提供反馈信息,从而支持决策、改进工作。就此,"在教育评估工作中 CIPP 评价模式突出强调其改进功能,对于持续提高教学质量或管理工作具有指导作用"④。

斯塔弗比姆在其著作中总结了 CIPP 模式的特征及要素间的相互关系,进而形成了图 2-1 所示的模式图。内圆表示应定义并用于支持评估的核心价值观。围绕价值观的外圆被分成四个与每一计划或其他程序

---

① 肖远军:《CIPP 教育评价模式探析》,《教育科学》2003 年第 3 期。
② 蔡晓良、庄穆:《国外教育评价模式演进及启示》,《高教发展与评估》2013 年第 2 期。
③ Stufflebeam D. L., Coryn C. L. S., *Evaluation Theory, Models and Applications*, San Francisco: Jossey-Bass, 2014, p.318.
④ 高明伟、李律和、许云峰:《基于 CIPP 评估模型的中韩高校环境设计培养体系研究》,《山东理工大学学报》(社会科学版)2019 年第 6 期。

相关的评价焦点：目标、计划、行动和结果。外轮表示服务于四个评价焦点的不同评价类型（背景、输入、过程和输出评价）。每个双向箭头表示特定评估焦点和评估类型之间的相互关系。目标设定为背景评估提出问题，其反过来又为验证或改进目标提供信息。计划改进工作为输入评估提出问题，相应地评估又为计划方向提供判断以增强计划可行性。程序操作为过程评估提出问题，过程评估提供对活动的判断和反馈。结果的好与坏需要输出评价来判定，其产生的判断有益于辨别出满足何种需求才能实现更好的结果。这些关系是通过评估的核心价值观而发挥作用的，位于图示的内圈核心。评估的核心价值观这一术语是指一个社会、团体或个人所持有的一系列理想。CIPP 评价模式要求评估者识别并澄清支持评估的核心价值观。如美国公立学校项目评估中则以成功地帮助所有学生达到国家规定的学术标准；帮助所有儿童发展基本的学术技能；帮助每个儿童发挥其教育发展潜力等教育价值观为指导。本质上，评估人员在评估项目或其他实体时，应考虑一系列相关的社会、机构、项目以及专业和技术的价值观。

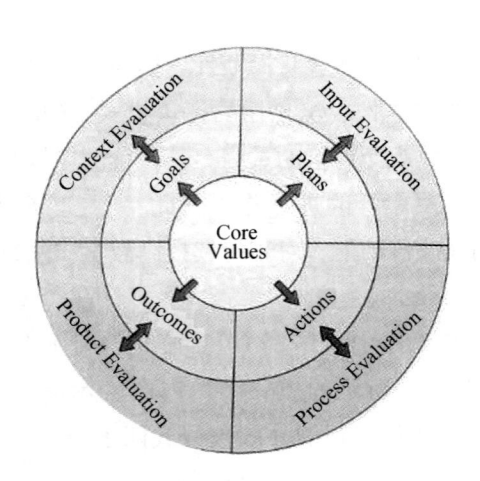

图 2 – 1　CIPP 评价模式的主要组成要素及相互关系

资料来源：Stufflebeam D. L., Coryn C. L. S., *Evaluation Theory, Models and Applications*, San Francisco：Jossey-Bass, 2014, p. 318.

此外，CIPP 评价模式还具有以下特点：

1. 评价主体的广泛性

CIPP 评价必须以公平和公正的民主原则为基础。模式中使用的一个关键概念是"利益相关者",它指那些打算使用调查结果的人,那些可能会受到评价影响的人,以及那些希望对评价作出贡献的人。该理论认为评估者应该找出所有利益相关群体,或至少让他们的代表参与解释和建立共识的过程。他们应该敦促利益相关者助力于确认和澄清基础价值,定义评价问题,澄清评价标准,获取所需信息,解释评价报告,传播和使用结果。因为信息赋予了信息持有者权力,所以 CIPP 评价模式强调公平参与和保持利益相关者知情权的重要性。CIPP 评价给予受益人和其他利益相关者的不仅仅是被动接受者的角色。评价人员应随时向利益相关者通报情况,并为他们提供适当的机会作出贡献。因为持续的、间接的参与使利益相关者能够为评估提供有价值的信息和见解,并使他们不断对评估报告进行研究、理解与评价。

2. 评价目的的改进性

相较于泰勒目标评价模式的诊断性,斯塔弗比姆的 CIPP 评价模式更注重评价的改进性。即该评价模式以决策为中心,以社会效用为价值取向,以工作改进为最终目的。正如斯塔弗比姆所言:"评价最重要的目的不是证明而是改进。"[①] 评价首先被认为是一项着眼于长期激励、帮助以及支持、改进的职能活动。因此,CIPP 模式的评价重点并不局限于通过评价发现问题,其重点更倾向于基于评价改进问题、解决问题。如基于背景评价和输入评价改进目标、指导工作;基于过程评价发现问题、反馈信息、改进工作流程;基于输出评价了解工作结果、及时解决问题。

3. 评价标准的客观性

CIPP 评价模式的认识论取向是客观的,它独立于个人或单纯的人类情感。进行这种评价的工作者在评价中以道德原则为坚实基础。他们在进行评价和得出结论时努力控制偏见和利益冲突;他们援引并证明适当性;他们通过多途径获得并验证结果;他们提出并证明关于评估的最佳可用结论;他们对所有有权了解的受众诚实、公正、谨慎地报告调查结果;他们

---

① Stufflebeam D. L., Coryn C. L. S., *Evaluation Theory, Models and Applications*, San Francisco: Jossey-Bass, 2014, p. 319.

根据相关标准对评估过程和结果进行独立评估,并确定进行进一步调查的需求。从根本上说,客观主义的评价是为了随着时间的推移得出的结论仍是正确可信的,而不是相对于评价者或政党的偏好、立场、观点而确定结论的正确或不正确。该评价模式认为,当不同的客观主义评价聚焦于给定环境中的同一对象时,当他们被一个自由社会的基本原则和商定的价值标准所左右时,当它们符合评估领域的标准时,即便是不同的评估人员也将得出基本上相同的、有辩护力的结论。

4. 评价内容的丰富性

CIPP 评价模式将背景评价、输入评价、过程评价与输出评价囊括其中,对项目由规划到结果进行了全面、全程的评价,富有系统性、科学性。一方面,该模式把整个过程作为评价对象,对不同进程、不同维度都进行了评价。如在教育评价中将规划、组织、实施与结果等环节的评价都涵盖其中。且在评价过程中,相关的教育主体也都被作为评价对象。由此可知,该评价模式覆盖范围较广,评价内容丰富。另一方面,该模式还依据不同的评价对象,将形成性评价、诊断性评价融于其中,可充分发挥二者的优势。① 此外,该评价模式由四个评价环节构成,每一评价环节既可单独使用也可相互结合,使用方式灵活。据此可知,该评价模式依据项目的进程进行管理兼具层次性、灵活性与科学性。其不仅评价内容丰富,使用范围广泛,且整个评价流程清晰、操作性强。

(三) 理论的适切性阐述

教育评价是教育管理的理论基础,基于评价内容进行课程管理有利于提高管理效率,改进管理工作。CIPP 评价模式具有全息性,土家族传统文化校本课程管理具有全程全面性,因而将 CIPP 评价模式引入本书具有适切性。此外,CIPP 评价模式在本书中能指导土家族传统文化校本课程管理框架的搭建及管理内容的拟定。一方面,教育评价与教育管理具有互动性。"在教育活动中,教育评价服务于教育管理与决策,教育评价是管理的理论基础。"② 教育评价的根本目的在于改进教育管理。教育评价既

---

① 彭瑞娟:《CIPP 评价模式综述》,《今古传奇:文化评论》2019 年第 2 期。
② 邱均平、王碧云、汤建民:《教育评价学理论·方法·实践》,科学出版社 2016 年版,第 35 页。

是科学管理与决策的基础与依据，也是课程管理与科学决策的重要环节。一则，教育评价须依据相应的理念与价值，通过对收集的资料进行分析与整理从而对管理活动进行判定。教育评价是对教育管理活动效绩与结果的有效衡量。二则，教育评价通过信息反馈为教育管理活动提供决策依据与管理信息，从而有效改进教育管理活动。教育评价是提高教育管理质量的关键环节。就此，基于以评促管的思想，可借助评价理论构建土家族传统文化校本课程管理的具体框架。CIPP评价模式具有全息性，即对项目的所有要素进行评价。土家族传统文化校本课程管理内容具有多域性，管理时间具有延展性，管理主体具有多元性。因而，可借鉴CIPP评价模式实现对该课程全程全面的管理。

另一方面，CIPP评价模式可通过以下路径指导土家族传统文化校本课程管理框架的搭建及内容的拟定。一则，CIPP评价模式分为背景评价、输入评价、过程评价与输出评价。据此可将课程规划、课程开发、课程实施、课程评价这一系列课程建设环节划分为背景管理、输入管理、过程管理以及输出管理四个不同管理维度。从而构建土家族传统文化校本课程的管理框架。二则，可依据CIPP评价模式中不同环节的评价要素拟定课程管理的具体内容。如土家族传统文化校本课程背景管理可划分为校内外各主体的需求分析；运用SWOT法分析校内外相关环境的优势、劣势、机会和威胁；进而基于内外环境与需求设置合理的管理目标。土家族传统文化校本课程开发管理则包含资源获取、人员编排与程序设定，即拟定计划及进度。土家族传统文化校本课程的实施管理可包含要素整合；信息的沟通、反馈；以及过程的督导、协调等。土家族传统文化校本课程输出管理在于收集各方信息对结果进行判断，在评价过程中注重评价的方式多样、主体多元、标准多维，最终能促进课程的发展性与推广性。

由此可见，本书将CIPP评价模式引入其中，可借助该模式搭建土家族传统文化校本课程管理框架并确定管理的内容与方式。

二 文化共生理论

塞缪尔·亨廷顿指出："在这个新的世界里，最危险的冲突是属于不同文化实体的人民之间的冲突。"① 世界上不同文化进行着交流、碰撞、冲突与融合,随着文化的加速发展,文化共生将成为必然趋势。

(一)提出背景

共生思想是文化共生理论观照的起点。对文化共生理论进行梳理首先必须探明共生思想的渊源。生物学是"共生理论"的发源地。日本生物学家石川统在《共生与进化——生态学的进化论》中指出,德国的植物学家安东·豆·培里最先提出了"共生"这一词语。然而,他从广义上认为"共生"是不同生物一起生活。在生物学中"共生"被分为两类,"一类是指互相得到利益的'相互受益共生';另外一类是一方受益的'单方受益共生'"②。日本学者石川认为生物学中的"共生"是"安定的封闭系统的表象",其中包含着以相互干涉、抗争、矛盾为契机的思想。"之后柯勒瑞、刘威斯分别对共生及相关理论进行了深入研究,共生理论被进一步深化,更加深刻的社会历史意义也被注入其中。"③ 日本的黑川纪章在其《共生的思想——走向未来的生命形态》中提道:"共生思想是力图承认相互的圣域思想。"④ 并将共生思想运用于建筑领域,取得了巨大的成就。然而日本哲学家尾关周二却从哲学的视角对其提出了批判。他认为黑川主张的圣域论虽可说是"共栖"但不能说是"共生"。因为"共生"不仅蕴含异质物的共存,还必须包含其交往,应是一种动态的过程。在社会人类学领域,学者们认为民族的共生是不同文化类型且互不触犯的两个民族共同体,以各自生成不同生活必需品的传统性交换为基础的和平共生。

在我国虽未明确提出"共生"这一词语,但这一思想早已有之。我国传统文化中提出的"天下大同"思想反映了人与人共生的思想。《齐物论》指出"天地与我并生,而万物与我为一",强调人与天地本为一体,

---

① [美]塞缪尔·亨廷顿:《文明的冲突与世界秩序的重建》,新华出版社2002年版,第6—7页。
② [日]石川统:《共生与进化——生态学的进化论》,转引自[日]尾关周二《共生的理想》,卞崇道译,中央编译出版社1996年版,第134—135页。
③ 尹博:《基于文化共生理论的渝东南学校民族文化教育发展研究》,博士学位论文,西南大学,2015年。
④ [日]黑川纪章:《共生的思想——走向未来的生命形态》,转引自[日]尾关周二《共生的理想》,卞崇道译,中央编译出版社1996年版,第133页。

只能同在才能共生存,故曰"并生"。《周易》指出:"至哉坤元,万物资生,乃承顺天。"还有我国古代所倡导的"天人合一"思想,无不体现了人与自然的共生意识。至现代,社会学领域,共生思想早在许多著名学者的著作中就有体现。中国著名社会学家费孝通早在《乡土中国》中的"共生与契洽"一节,就谈到"共生"。但是,共生理论在中国社会学领域正式拉开序幕是 2000 年复旦大学社会学系胡守钧教授的"社会共生论"思想的明确提出。其认为"共生是人的基本生存方式,要以共生论来指导社会,告别以'阶级斗争为纲'的斗争哲学,走向呼唤和谐的社会共生论"[①]。他在《社会共生论》一书中列举了五个社会共生的原理,即"人与人之间的互斥与互补性;人与人之间的平等性;人与人之间斗争与妥协的方式;法律为其提供的度以及社会发展所带来的关系改善"[②]。我国学者还从哲学视域对"共生"这一思想提出了不同论断。罗安宪则认为:"哲学意义的'共生',是以人类的视角对生态系统、社会系统二者间的关系,以及这些系统中包含的各层次的'共生现象'做探讨。即把世界作为一个开放的系统,构成的各分支各元素间相互独立又相互联系,不仅有同质也包括异质,是多样性的融合。"[③] 南昌大学郑晓江教授认为:"'和'乃是'共生'的本质与前提,即不同的甚至是对立的要素间相互渗透、相互融合,最终形成互为彼此、不相分离的状态。"[④] 随着共生理论研究的不断深入,其被广泛应用于经济、医学、社会科学等不同领域。

共生理论在文化领域的应用,便产生了"文化共生理论"。而共生理论在文化领域的强势崛起主要基于以下原因:第一,经济全球化促使文化全球化的步履加快。社会文化学者约翰·汤姆逊在其著作《全球化与文化》一书中指出:"文化的非领土扩张是当前世界文化发展的基本状况。"[⑤] 随着文化冲突论的日益蔓延,文化霸权积极推进文化殖民主义,保护民族文化多样性显得更为紧迫。文化共生为不同民族不同地区的文化

---

① 杨玲丽:《共生理论在社会科学领域的应用》,《社会科学论坛》2010 年第 16 期。
② 胡守钧:《社会共生论》,复旦大学出版社 2012 年版,第 8 页。
③ 罗安宪:《和谐共生与竞争博弈》,当代中国出版社 2018 年版,第 2—3 页。
④ 张斌峰、郭金林:《共生思想研讨会综述》,《哲学动态》1999 年第 10 期。
⑤ [英]约翰·汤姆逊:《全球化与文化》,转引自邱仁富《文化共生视域下少数民族地区和谐文化构建研究》,上海交通大学出版社 2014 年版,第 9 页。

形态发展提供了可能性空间。在这一背景下，多元文化共生是文化发展的必然趋势。第二，文化发展的内外驱动力。一方面是文化发展的内在需求。马克思指出，需要是事物发展的根本动力，并且这种动力是无限扩张和永无止境的。"已经得到满足的第一个需要本身、满足需要的活动和已经获得的为满足需要而用的工具又引起新的需要。"① 任何一种有自觉意识的民族文化都内在地要求文化的不断创新与发展。任何一种文化想要在文化竞争中赢得自己的地位，必须不断自我发展，跳出"文化裂谷"，捍卫自己的文化空间。另一方面，由于受到外来强势文化的空间挤压，弱势文化须化压力为动力，不断提升自我。文化全球化的来临，使得弱势文化摇摇欲坠。他们想要在这一浪潮下获得生存空间，就必须将外在压力转化为动力，不断进行发展与创生。由此可见，文化共生是在文化全球化的背景下基于内外因素的作用，促使不同文化通过交流、碰撞进而不断实现发展与融合的状态。

（二）理论内涵

何为文化共生？不同学者对其进行了丰富的界定。李昊原将文化共生现象界定为："同时性文化现象，即基于某些原因（不包含民族间的交往）在不同地域的民族产生了相同的文化现象与文化行为。"② 其据此提出了文化共生的不同类型：阶段性共生、互补性共生以及合璧式共生。其对文化共生的探讨更倾向于对共存的解释，忽视了文化的交流与互动。邱仁富认为："文化共生是指文化的多元化存在，是不同民族、不同区域、不同时代、不同形态等多元化之间的多元共存、相互尊重、互补互惠、兼容并包、相互汲取与协调发展的过程。"③ 尹博认为："各民族间文化的交流、碰撞是以实现各民族间互感、互通、共融、共存为目的，以道德信仰、价值理念、意识形态为主导的。"④ 孙杰远则指出，文化共生的内涵

---

① 《马克思恩格斯选集》，人民出版社 1995 年版，第 79 页。
② 李昊原：《文化共生现象与命运共同体构建》，《四川日报》2019 年 11 月 7 日第 7 版。
③ 邱仁富：《文化共生视域下少数民族地区和谐文化构建研究》，上海交通大学出版社 2014 年版，第 24 页。
④ 尹博：《基于文化共生理论的渝东南学校民族文化教育发展研究》，博士学位论文，西南大学，2015 年。

在于实现多元文化的异质共存。① 周炳群则将文化共生定义为在多元文化背景下，不同文化之间经由"相互作用、和谐共存、平等交融，以实现文化的共同进步、共同繁荣"②。张晗在其博士学位论文中指出："'文化共生'指的是族群间在'差异'面前呈现出承认与尊重的双重态度，并能够按照各自与共同的生存需要协商分配资源，从而建构一个在多元与复杂中求'共同'、在和解与互助中存'差异'的和谐关系与共生景象。"③姚闯耀等概括地指出："文化共生是指不同民族、不同文化之间存在的一种平等交流、相互共依、兼容并包的文化形态。"④

通过对文化共生理论的梳理发现，其内容十分丰富，现有研究中文化共生理论的内涵主要包括以下方面。

第一，传承创新，凸显时代性。文化传承的重点不在于"文化基因复制"，而在于为文化注入时代活力，凸显创新精神，进而以更为开放、多元、自信的态度去推动文化的创新与发展，释放强劲而持久的精神驱动力。⑤ 一方面，文化共生理论提倡以扬弃的原则推进文化传承。文化传承不是简单的文化复制与保存，而需要以扬弃原则为前提，依据时代的发展对民族文化进行筛选、吸收与整合。使民族文化在保持其独特性、民族性的前提下能张扬时代性。另一方面，文化共生理论要求各文化在交流互补中实现创新。文化共生要求不同文化通过人们的自由活动与相互参与积极建立起文化连结。文化共生并非静态共存，而是一个互动交流的过程。各文化只有在相互交流与借鉴中才能被注入新的活力，实现创新性发展。

第二，多元一体，倡导包容性。中国各民族由于其地理环境、历史发展、民族变迁等形成了各具特色的文化。每一民族都有其民族特征与性格、历史与文化。一方面，承认并尊重各民族的文化特性是文化共生的基础。文化共生是以承认异质共存为前提，如若失去文化的特性与多样性，

---

① 孙杰远：《文化共生视域下民族教育发展走向》，《教育研究》2011 年第 12 期。
② 周炳群：《文化共生与民族地区文化发展》，《广西民族大学学报》（哲学社会科学版）2008 年第 6 期。
③ 张晗：《"回"邻"彝"家的文化共生观——高粱冲穆斯林的伊斯兰实践与族群认同》，博士学位论文，云南大学，2018 年。
④ 姚闯耀、杨维平：《文化共生理念下民族数学教育问题反思性研究——兼议民族数学文化融入数学教育思想》，《数学教育学报》2019 年第 4 期。
⑤ 吕健：《地方文化的传承和创新》，《人民论坛》2018 年第 12 期。

所有文化呈现为统一样态，文化共生共荣则无从谈起。另一方面，各民族需不断交流融合，互鉴互补才能形成各文化的共生。文化是一个动态、发展的开放系统，其发展壮大不仅与政治、经济等系统息息相关，而且需要与其他文化系统进行互动、交流方能获得发展与壮大。① 在交流的过程中不同民族与文化之间应相互学习、取长补短，推己及人，以健康、豁达的心态对待本族文化与其他文化。只有坚守兼容并包、和而不同，才能形成多元一体、美美与共、天下大同的格局。

第三，以文化人，体现育人性。文化来自人，它本质上是个体灵魂对外界投射的集合，它是在人类族群的不断觉醒中逐渐由人类自己构建起来的。人同样来自文化，人的个性在很大程度上是外在的文化塑造的，特别是在文明社会，外界对人的"教育"是构成个体灵魂的主要因素。一个文明的人，或者说一个已经社会化的人，他在很大程度上是其所认同的文化的载体。文化共生理论强调各种文化的交流互补、兼容并包与共荣共存，最终实现文化的大繁荣、大发展。而文化创造与繁荣的最终目的是实现人自由而全面的发展，文化的实质是"以文化人"。2014年2月24日习近平总书记主持学习"培育和弘扬社会主义核心价值观、弘扬中华传统文化和美德"时明确指出："努力用中华民族创造的一切精神财富来以文化人。"② 因此，无论是人的全面发展，还是社会的和谐发展，都离不开文化的广泛滋养。文化的传承创新、继承发展都应以"以文化人"为旨归，体现其育人性。

第四，人本回归，尊重主体性。现代多元文化主义创始人巴蒂斯塔·维柯认为："每一种真正的文化都有它自己独特的世界观，都有它独特的价值。文化多样性的存在，为人类文化实现类似于生物学意义上的'杂交优势'创造了必要的条件，同时也为特定文化的选择提供了多种可能性。"③ 因而，文化共生理论的前提是尊重每一种文化。只有以尊重为前提，才能实现文化间的平等交流与互动，进而才能实现文化的繁荣与共

---

① 苏国勋、张旅平、夏光：《全球化：文化冲突与共生》，社会科学文献出版社2006年版，第104页。

② 王振：《习近平"以文化人"思想探析》，《思想理论教育导刊》2018年第1期。

③ 符艺：《油画教育民族化创新的基石：多元文化共生与融合》，《民族教育研究》2014年第2期。

生。同样，文化共生理论强调尊重各种文化的多样性与差异性，其实质也蕴含着对拥有不同文化背景的主体的尊重。在教育实践中，则表现为对人主体性的尊重。在全球化背景下，随着分工的细化教育被认为是培养劳动者的工具或手段，教育的统一性与工具性被高扬，个体的文化差异与本真发展却被忽视。文化共生理论通过对多元文化的尊重与发展有益于唤醒人们对不同主体的尊重，从而使教育主旨复归人本发展。

（三）理论适切性阐述

土家族传统文化校本课程管理不应囿于保障课程的顺利进行，还应立足于民族传统文化的传承创新以及人的发展。文化共生理论内含文化的传承发展、多元一体、以文化人以及人本复归多维度内容，对课程管理具有适切性。因此，可依据文化共生理论构建土家族传统文化校本课程管理的核心价值追求。

一方面，教育管理问题不是"价值无涉"的，它凸显了教育问题的文化特性与价值特性。土家族传统文化校本课程作为民族文化课程其管理要义必然内含文化性与人本性。而文化共生理论通过符号世界与意义世界的双重指向阐述了其促进文化共荣与人本发展的旨归。因此，该理论与土家族传统文化校本课管理理念具有天然的适切性。

另一方面，文化共生理论可通过以下路径指导土家族传统文化校本课程管理理念的建构。首先，土家族传统文化校本课程管理应致力于文化的传承创新。文化共生理论认为只有以各文化的传承创新为基点，才能实现文化的共存共荣。即，其一，必须尊重每一文化的独特性，保护各文化的发展，促进其传承。其二，各民族在交流互通中取长补短，促进文化的创新。因而在课程管理中要处理土家族传统文化与其他民族文化的关系。"要使师生正确地看待本民族文化与其他民族文化的差异，促进其对本民族文化的热爱与认同，对异质文化的尊重与学习，从而培养多元文化素养"[①]。其次，土家族传统文化校本课程管理应促进人的全面发展。文化共生理论强调对文化多样性和差异性的尊重，其实质也是对人的多样性和差异性的尊重。同时，文化共生共荣的最终指向是人的全面发展。因而，

---

① 尹博：《基于文化共生理论的渝东南学校民族文化教育发展研究》，博士学位论文，西南大学，2015年。

在土家族传统文化校本课程管理中应始终坚持促进人的全面发展。不仅要注重教师素养与专业能力的发展，还应注重学生知识、技能、情感全方位的发展。最后，土家族传统文化校本课程管理应注重文化潜移默化的作用。文化共生理论强调文化创造与繁荣的最终目的是实现人自由而全面的发展。实现这一目的的手段在于"以文化人"，即运用文化的涵濡浸渍与润物无声的力量去感染人、培养人。因此，土家族传统文化校本课程的管理同样需要借助文化的力量去引导人、教育人。在对教师的管理过程中不应只注重激励、监控等管理手段，而是应积极构建良好的组织文化，通过共同价值观的构建去凝聚人心；在对学生的管理过程中应注重校园文化与课程文化的构建，带领学生积极参与文化实践，通过隐性文化与第二课堂的力量去引导学生。不仅使学生了解与习得民族传统文化，更能领悟其精髓，提升自我境界。

三 理论分析框架

基于核心概念界定与理论基础阐释，本书以期搭建相应的理论分析框架从而指导后续研究。管理应是"道""器"结合的完整体系，即不仅具备指导管理目标与方向的宏观理念，还应囊括指导具体实践的微观策略。如此才能使得管理理论与管理实践相结合，从而在具体情境中发挥积极的作用。

基于此，本书将文化共生理论与 CIPP 评价模式相结合，构建了土家族传统文化校本课程管理的理论分析框架，如图 2-2 所示。土家族传统文化校本课程管理不仅要促进主体发展，还须兼具文化传承创新的目标。因而，可依据文化共生理论的内涵构建土家族传统文化校本课程管理理念。即该课程管理必须以文化的传承创新、多元一体以及以文化人与人本复归为理念。在具体的管理情境中，基于以评促管的思想，可依据不同评价内容与维度进行管理。因而依据 CIPP 评价模式中的背景评价、输入评价、过程评价与输出评价等不同维度，结合土家族传统文化校本课程建设程序可将其划分为课程规划管理、课程开发管理、课程实施管理以及课程评价管理不同环节。其中每一管理环节又包含不同的内容以指导土家族传统文化校本课程管理的具体活动。在这一框架中，管理理念与具体的管理策略并非相互割裂、各自为政，而是相互渗透、互相支撑的。即管理理念渗透于每一具体的管理策略中,使其以管理理念为指导,并沿此方向正确前行。同时,每一管理策略都体现、彰显并落实着管理理念,二者协同并进,共同致力于课程管理的纵深发展。

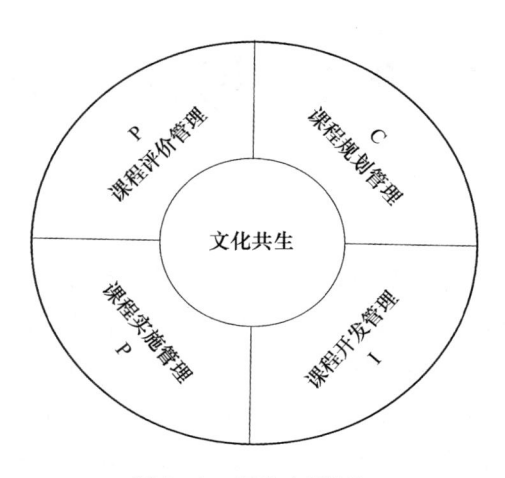

图 2-2　理论分析框架

第三章

土家族传统文化特色素描及教育价值诠释

民族文化是一个民族特性的本质表达，是其经过历史沉淀与打磨而形成的民族特质。恩施州地区土家族因地缘性与民族性其传统文化呈现出自身特质。通过对土家族传统文化本源特征与教育价值的阐述，一方面论证了恩施州土家族传统文化校本课程建设的可行性，为课程管理提供了重要资源。另一方面彰显了土家族传统文化校本课程建设的重要意义，凸显了课程管理的必要性。

第一节 土家族传统文化特色素描

国内外对文化结构以及中国少数民族文化结构的讨论众说纷纭。我国民族学界对民族文化结构的分类由早期一般主张物质文化与精神文化的二分法，发展为主张物质文化、精神文化和社会组织/社会结构的三分法。进而"把少数民族传统文化结构划分为基础结构（包括生态结构、经济结构、政治结构）和价值结构，又根据传统文化的内容和功能把民族传统文化分为衣食住行方面的生活文化、婚姻家庭和人生礼仪文化、民间传承文化、科技知识工艺文化、信仰崇尚文化、节日文化6个门类"[1]。本书基于前人的研究和分类基础将土家族传统文化划分为饮食居住、衣冠服饰、民间技艺、禁忌崇拜、文学艺术、民俗礼仪六大类，并对每一类文化的特色与精华进行梳理与凝练。

---

[1] 韩雪军：《多学科研究：民族教育研究的新理念》，《民族高等教育研究》2016年第5期。

一 房屋悬挑、喜食酸辣的居住饮食文化

土家建筑历来以吊脚楼而闻名，其完全采用木质结构，依山悬空而建。它是一种底层架空用木柱支撑，或豢养牲畜或储藏东西，上层居住的建筑形式。吊脚楼的外形多为翼角飞翘，走栏周匝，向外悬挑。其建造多以木料为主，且完全采用榫卯结构嵌套不用一钉一铆，连接处用木塞木楔固定。依据吊脚楼与主体的结合方式其可分为一侧吊脚楼、左右不对称吊脚楼、左右对称吊脚楼，而一侧吊脚楼在恩施州地区最为常见。恩施州地处山区，蛇类鼠蚁众多，为了躲避蜈蚣、毒蛇的袭击，土家人悬空建造房屋，以此形成了吊脚楼。正如《旧唐书》中所述："土气多瘴疠，山有毒草及沙蛩蝮蛇，人并楼居，号为干栏。"[1] 此外，恩施州地区属于季风气候，雾多湿重，常年潮湿。土家人在与自然抗衡的过程中利用自己的智慧所建造的吊脚楼，不仅能躲避虫兽的袭击，还能起到防湿防潮作用。吊脚楼多依山而建，呈虎坐形，以溪流或坪坝形成群落，使其居住环境冬暖夏凉。恩施州土家吊脚楼不仅是土家人智慧的象征，也体现了土家人的禁忌崇拜、风水信仰等观念，是土家文化的物质表征（见图3-1）。

图 3-1 土家族吊脚楼

资料来源：《咸丰蒋家花园 吊脚楼花园建筑的奇葩》，土家族文化网（tujiazu.org.cn）。

除吊脚楼外，恩施州地区土家族的饮食文化也别具特色。恩施州地区

---

[1] 《旧唐书》卷101。

土家族饮食以大米、苞谷、洋芋、红苕为主,以杂豆、小麦、高粱为辅,且在日常饮食中呈现出喜食酸辣,爱好喝酒饮茶的特点。一方面,恩施州地处山区,雾多湿重,所以人们喜食酸辣,有利于祛湿除寒、温胃健脾。如"来凤姜""鲊广椒"以及家家户户都会做的"酸辣椒"都是土家人饭桌上必不可少的菜肴。其中较为著名的有苞谷饭(见图3-2)、鲊广椒、粑粑、土家腊肉、张关合渣等,受到各地人民的极高评价。另一方面,恩施州土家人爱好喝酒饮茶。恩施州地区气候适宜且土壤富含硒元素,茶叶为其主要种植物。该地区的土家人日日饮茶,不仅清热解毒,还能补充有机硒。因而,恩施州地区土家人有"好吃不过粗茶淡饭,好看不过穿衣打扮"的民间习语。此外,恩施州土家人还好饮酒,其摔碗酒闻名遐迩。摔碗酒就是喝一碗酒就将盛酒的碗摔碎于地,不仅显示了土家汉子的豪气,也预示着碎碎(岁岁)平安。恩施州土家人好酒,几乎家家户户都会自酿"苞谷酒",待到水果成熟,也会酿上许多果酒。土家人喝酒十分豪爽,更是有"酒席场上无父子"的说法,显示了少数民族儿女的豪情与胆量。

图3-2 土家族苞谷饭

资料来源:苞谷饭,土家族文化网(tujiazu.org.cn)。

二 男女一式、头包青丝的衣冠服饰文化

土家族服饰最初为"男女一式"的百褶裙,即为一帘式,类似于围裙的形状。随后由于改土归流,其服饰特征也不断受到限制与影响。土家男子身着琵琶襟上衣,衣服上安铜扣,衣边上贴梅条和绣"银钩"。头缠青丝帕,白布帕长2—3米,包成人字路。鞋子是高粱面白底鞋,鞋底厚。

第三章　土家族传统文化特色素描及教育价值诠释 / 67

妇女常着左襟大裥，衣服上镶嵌有花边，下身常穿裙褶多而直的八幅罗裙，或镶边筒裤，整个穿着以宽松舒适为主。在鞋子方面，女性的比较讲究，不仅鞋口滚边，颜色艳丽，且鞋面绣有各种花草植物、蜜蜂蝴蝶等以作装饰。在土家族中，绣花鞋垫则是姑娘赠给意中人的礼物，意义非凡。如今，随着时代的发展，土家族的服饰不断改良，已无统一定式。虽多以俭朴实用为原则，样式简单宽松，以舒适为主，但却十分注重细节，如滚边、刺绣等都十分精致，绣工精彩，色彩艳丽。

图 3-3　土家族传统服饰

资料来源：土家族的服饰特色，土家族文化网（tujiazu.org.cn）。

土家族服饰虽然在外在形制上受到了文化融合的冲击，但其衣着服饰在绣花、审美以及图腾样式上却仍保留着民族特征，彰显着民族性格。土家人好"五色衣"，喜欢色彩斑斓。在土家文化中十分推崇红色，不仅在服饰花纹中常常用到红色，而且在生活中也形成了无红不成喜，有喜必有红之俗，体现了其纯真、质朴、热烈的民族性格。图案是土家族服饰的重要组成部分，不仅能为服饰添彩，也蕴含着土家人的民俗文化、图腾崇拜等。如小孩子穿的虎头鞋、戴的虎头帽，体现了土家族的尚虎习俗，也体现了长辈对孩子健康成长，不受邪物侵害的美好祝愿。在婚嫁的服饰或物件上，土家人爱绣鸳鸯、并蒂莲、富贵白头以及蝶恋花等民俗图案。这将人们对爱情的期盼、祝福隐喻进视觉语言之中。图案起着传情达意的作用，在土家族的服饰文化中刺绣图案是大千世界在土家人眼中生机勃勃的律动，无不彰显着土家人对自然的热爱，对美好生活的追求，以及对内心禁忌崇拜的坚守，体现了其纯真朴素的审美追求。

三 喜耍锣鼓、独具智慧的民间技艺文化

恩施州土家族有着众多民间技艺，如花鼓、耍锣鼓、咚咚喹、墨石雕刻、西兰卡普等，都是我国重要的文化瑰宝。

花鼓亦名三棒鼓，流行于来凤、宣恩、咸丰、鹤峰等县，是一种走唱、立唱兼手技表演的曲艺形式。演唱主要为单人和双人两种形式。单人演唱者左手持马锣，右手用鼓棒同时击马锣和鼓。双人则一人击鼓，一人击马锣。或一人击马锣和鼓，另一人抛3根竹棍或3把短刀，二人同时表演。花鼓艺人既讲究唱功又讲究抛功，常用的抛刀、抛棍花样众多，如雪花盖顶、金线吊葫芦、狮子摇铃、白蛇吐箭、鹤魔展翅、犀牛望月、白马悬蹄、金鸡独立、观音坐莲等有40余种。

建始的花锣鼓又称耍锣鼓，取玩耍之意。以鼓、唢呐、锣（3面）、钹（2副）为演奏器材，吹打相间。成套连缀、节奏鲜明、旋律活泼，广泛运用于婚嫁迎娶、修房盖屋、祝寿、玩花灯等活动。

图3-4 土家族三棒鼓

资料来源：三棒鼓（土家族花鼓），恩施州人民政府门户网站（enshi.gov.cn）。

咚咚喹是土家族的一种简易吹管乐器，亦称竹唢呐。乐器做法简单，取5寸长、小指粗的竹管，在一端斜开1道口，插上薄竹片或竹叶做唢片。然后，将正面开3个孔，背面开1个孔即成。咚咚喹音色纤细，可演

奏 5、1、2、3 四个音，有十多支曲牌。它是一种自娱乐器，常为放牛娃放牛或青年农民坡上劳动休息时制作演奏。吹木叶，顾名思义就是摘下树叶进行吹奏，它也是深受恩施州土家人喜爱的一种娱乐活动。"树叶和竹叶到处皆是，人们随手摘来，信口而吹，便成曲调，其音色尖厉、穿透力强，在恩施州土家族中十分流行。"①

墨石雕刻盛产于利川。墨石质地温润坚细，长期以来，广大艺人以此制作人物、神佛、器皿、砚台，刀法细腻、做工精细、自成流派。中华人民共和国成立后，利川石雕百尺竿头更进一步。1956 年，艺人向海云雕刻的龙凤杯，先后在武汉、北京展出，获二等奖。向海云被省授予艺人职称，吸收为中国美术家协会湖北分会会员。1973 年，墨石台灯出口赞比亚。1973—1978 年，以墨石制作的"楚砚"先后出口英国和日本，其款式有池头高浮雕、走马荐诸葛、环形雕花、荷塘蛙声等十余种，造型别致、刻工精美。②

图 3-5　土家族咚咚喹

资料来源：土家族咚咚喹，土家族族源网（xxz. gov. cn）。

西兰卡普在土家文化中意义非凡。其在木织机上编织，经线纬线先着

---

① 恩施州志编纂委员会：《恩施州志》，湖北人民出版社 1998 年版，第 911 页。
② 恩施州志编纂委员会：《恩施州志》，湖北人民出版社 1998 年版，第 917 页。

色，边编边挑图案，织成后无须染色，图案绚丽多姿，颜色经久不褪。其图案式样很多，最常见的百余种，大致可分为5类。一是用连续纹样抽象描摹，如船船花、香炉花、粑粑架、桌子花、椅子花；二是用几何纹样描绘花卉形态，如并蒂莲、梅花、梨花、绣球花等；三是描绘各类飞禽走兽，如小马、小狗，也有老虎等其他动物；四是表现土家族历史和习俗，如白虎图、土王五颗印、四凤抬印、迎亲图等；五是各种吉祥图案，以表达对美好生活的期盼与向往。如花开并蒂、福禄双喜、龙凤呈祥、吉祥如意等。各种图案通过取意或变形，使其在"似"与"不似"之间，独具特色。西兰卡普不仅做工精细，而且使用粗经大纬，加以使劲敲打，质地厚实。西兰卡普一般每幅宽约50厘米，单幅可做枕巾、围裙、桌垫、脚被，三幅联缀可做被面。① 可见，在土家族中西兰卡普虽样式古朴但色彩艳丽，不仅极具审美价值且有很高的实用价值。

图3-6　土家族西兰卡普

资料来源：土家织锦的色彩特点，土家族文化网（tujiazu.org.cn）。

四　崇拜白虎、禁忌诸多的图腾信仰文化

土家人在长期生活中形成了本民族独特的图腾崇拜文化。由《山海经》记载可知"白虎"为古代巴人想象的神兽，并非动物界中的白虎。

---

① 恩施州志编纂委员会：《恩施州志》，湖北人民出版社1998年版，第916页。

它是以白虎为图腾的白虎夷,传说中具有降服鬼物的能力。《夔府图经》中有记载:"巴氏祭其祖,击鼓为祭,白虎之后也。"又云:"夷事道,蛮事鬼,初丧,肇鼓以道哀,其歌以号虎,其众必跳,此槃瓠白虎之勇也。"[1] 即土家族自认为是"白虎之后",与其渊源深厚,并将白虎作为本民族的图腾象征。在日常祭祀与跳丧中,土家人常常模仿猛虎搏斗之状,以崇尚白虎的勇猛与力量。老虎既可怕又可敬,可怕因其会食人畜,可敬在于其威猛无比,能够辟邪。因而土家人对"虎"表现出"崇"与"忌"不同的原始信念,并沿袭至今。土家先民早已把虎奉为神灵。在武陵山区的考古中发掘出不少虎钮錞于。虎钮錞于是古时行军打仗用来鼓舞士气的一种随军乐器,上端铸有老虎。后来,凡土家人的祠堂正中,往往画有一只白虎,用来坐镇避邪。现如今,在土家人的居所中也常见门顶雕白虎、门环铸虎头;在日常生活中,小孩子戴虎头帽、穿虎头鞋。可见,啸啸白虎,早已成为土家族世世代代的图腾。

图 3-7 土家族白虎图腾

资料来源:土家族图腾,白虎-咸丰文苑-咸丰新闻网(xfxww.com)。

土家族在历代的生产与生活中还形成了独具特色的禁忌崇拜文化。如"正月忌头,腊月忌尾",即从腊月二十四过小年起到正月十五日前忌说不吉利的话语。吃团年饭忌泡汤,否则出门办事要下雨;正月初一忌扫地,扫地会把财喜扫掉。忌戊日动土,戊日是土之命日,动土则犯土之本

---

[1] 杨海艳:《巴文化与九歌》,硕士学位论文,山东大学,2009年。

命会招来五谷不得之祸；建房忌面对白岩，民间视白岩为白虎，俗语"白虎当堂坐，无灾必有祸"等。具体来看可分为交际禁忌、出行忌讳以及言语忌讳等不同方面。在人际交往中，土家人提倡尊卑有序，言行有礼有节，故而忌讳用语粗鄙。如直呼长辈姓名，用"喂"等词来呼喊他人。此外，在婚丧嫁娶中也有诸多忌讳。如有人去世，必须用"走了""归天"等词代替，切勿直说"死亡"。在婚礼喜庆之际，不能分着吃梨，更不能说有关分离的词语。在出行中，土家人有"七不出门八不归，逢九出门惹是非"的谚语。意思是说出门时间不能选在七九日，回家时间不能定在逢八的日子。土家人还有"出门遇红煞，一去不归家"之说，即"红煞日"切不可出门远行。土家人在长期的生产、交往活动中形成了诸多禁忌，以此来约束人们的言行，从而使得生产、生活有序进行。

五　源于生产、乐观豁达的文学艺术文化

恩施州土家族的文学艺术丰富多彩，不仅有诸多民间传说，还有享誉中外的民歌、舞蹈、诗词、画作等，极大地丰富了土家族的传统文化。

土家族的传说可以分为人类起源传说、祖先传说、人物传说、地名传说、风俗传说、动物传说、植物传说七大类。关于人类起源的传说各地大同小异。主要有《佘氏婆婆》《廪君神与盐神》等。《虎伞》和《风雨桥》则反映了民族的迁徙历程。民间故事多以赞誉正人君子、青天大老爷，嘲讽刻薄财主、吝啬鬼、嫌贫爱富者；宣扬善有善报、恶有恶报，有情人终成眷属等题材为主。"风俗传说主要围绕土家族的岁时节令展开，如《牛王节》《过赶年》《蛮子月半》《摸秋》等。"[1] 在优美的地理环境和厚重的历史文化积淀中，土家族先民们创造了具有自己独特风格的"民歌文化"。如描绘土家人日常生活的"黄四姐"以及"龙船调"传唱很广。还有土家人在田间劳动时所形成薅草锣鼓，是一种独特的民族民歌艺术形式，能够提高劳动效率。土家族民歌是由歌词与乐曲结合而成，它通过情义的表达、生活的刻画，使得土家人的形象以及生产劳作的景象被生动地描绘出来，不仅是土家族重要的艺术瑰宝，也承载着土家族绵延悠久的历史。"土家族的民间歌曲按照传统习惯大致可以分为山歌、劳动号

---

[1] 恩施州志编纂委员会：《恩施州志》，湖北人民出版社1998年版，第912页。

第三章　土家族传统文化特色素描及教育价值诠释　/　73

子、薅草锣鼓、哭嫁歌、哭丧歌等等类型。"① 其凸显了土家族的特色，经过世代的传唱而历久弥新。

山歌：《唱歌十里有人听》

唱歌要唱哎，高山音哎，

骑马要骑哎，响铜铃哎。

马行十里哎，铜啊铃儿响啊，

歌唱十里啊，有人听。

劳动号子：《丁丁调》

日头渐渐哟，往下沉啊，

送你妹子哟，送你妹子哟哎。

送你妹子来呀来，

送你妹子呀来呀来。

郎采荷嘞，奴的哥哎哥，

丁子丁，旦子旦，丁丁旦旦送你妹子哟。

郎采荷嘞，奴的哥哎哥。

哭嫁歌：《哭爹娘》

哎呀我的爹耶，

哎呀我的娘呀。

慈母怀里我长大，

养育之恩儿难忘啊。

离别之心如刀割，

父母保重永安康啊。

薅草锣鼓：《挖田》

捆起腰嘞嗬哎，要攒劲，

把它挖起嗬哎，要斗行。

---

① 恩施州志编纂委员会：《恩施州志》，湖北人民出版社 1998 年版，第 895—896 页。

>　　哥哥边挖哟嗬，要攒劲，
>
>　　一步一步哟嗬，往前行。

　　土家族是个能歌善舞的民族，拥有灿烂的艺术文化。其中摆手舞最为著名。摆手舞土家语叫舍巴舞，是土家族独有的舞蹈，主要流传于来凤、鹤峰、宣恩等土家族聚居的地方。传统的摆手舞在八部庙或摆手堂举行。摆手舞有大摆手和小摆手两种。大摆手规模宏大，小摆手规模较小，其举行场所也各不相同。基本动作是以身体的扭动带动手的甩动，双臂摆动的幅度不超过双肩。动作前后衔接紧凑，风格古朴、粗犷、刚劲、清新。摆手舞的伴奏乐器仅一鼓一锣。基本鼓点有《单摆鼓点》《双摆鼓点》《鹤鹰展翅鼓点》《撒种鼓点》等。节奏鲜明紧凑、音调雄浑深沉，给摆手舞增添了一种既欢乐又庄重的气氛。摆手舞按内容又分为狩猎舞、农事舞和生活情趣舞等。狩猎舞表现打猎活动，仿飞禽走兽行动的姿态，包含白鹤展翅、跳蛤蟆、犀牛望月等动作。农事舞有撒种、纺棉花、挖土、砍火焰、挽麻坨、种苞谷等动作。"生活情趣舞有擦背、打粑粑、打蚊子、水牛打架等动作。还有表现打仗的军营舞和朝拜土王的宴会舞，现已失传。"[①]

图 3-8　土家族摆手舞

资料来源：土家族摆手舞，恩施州人民政府门户网站（enshi.gov.cn）。

[①]　恩施州志编纂委员会：《恩施州志》，湖北人民出版社 1998 年版，第 905 页。

土家族的跳丧舞也别具特色。跳丧又叫打丧鼓、打绕棺，巴东叫撒尔嗬，是土家族为亡人办理丧事活动时表演的风俗歌舞，流传极广。早在隋唐时，土家先民巴人就有"其父母初丧，击鼓以道哀，其歌必号，其众必跳"的习俗。一般由两名男子或八名男子围绕着棺材载歌载舞。舞蹈多以田间劳作或是狩猎动作为主，也有模仿猛兽搏斗的场景。动作有升子底、猛虎下山、凤凰展翅、牛擦痒、犀牛望月、野猫上树、燕子衔泥、靠手、美女梳头、苏秦背剑、古树盘根、双狮解带等。这种形式的跳丧鼓有舞有歌有曲牌，一人唱众人和，每唱完一句和声为"跳撒尔嗬喂"，体现了土家人豁达的生死观。

六 民风淳朴、尊天敬命的习俗礼仪文化

恩施州土家人民在长期的生产生活中形成了淳朴的习俗文化。如有着浓厚地方特色的生产习俗。土家人开张插秧那天为"开秧门"，开秧门要办栽秧酒，中午必须有包馅的大汤圆，所以又称吃"栽秧汤圆"。这天除主户接三亲六戚吃栽秧汤圆外，参加插秧的人还要到秧田去举行祭祀仪式，求神灵保佑赐予五谷丰登。土家人在生产中还形成了"草把龙"。秧苗于田间生产，如遇瘟症、虫害，多以玩"草把龙"除之。"草把龙即以稻草扎成龙头，草绳为龙身，由数人举着在田边游转，并以彩纸作三角小旗插田边，7天后收回烧毁。"[①] 土家人在生产中还有"赶开园""赶仗"等多种习俗。此外，土家族在生产活动中还形成了多种节俗。如花朝节。农历二月十五（一说二月十二）称为"花朝节"，相传是"百花的生日"，预示百花盛开的春天到来了。人们认为这天是给女儿穿耳、蓄发、取名的吉日。广大农民特别关心这天的天气。晴天预示春天晴天多，下谷种时气温高，出芽率就有保证。下雨预示春季多阴雨，俗称烂了花朝，将有48天阴雨，造成低温天气，不利于农业生产。春社也是土家族的重要节日。立春后第五个戊日为春社。《来凤县志》（同治版）载："社日，作米祭社神。值成日，禁锄犁，否则贻妨农事。切腊肠和糯米、蒿菜为饭，

[①] 恩施州志编纂委员会：《恩施州志》，湖北人民出版社1998年版，第1064页。

日社饭，彼此馈遗。凡祭扫新坟，不过社。"① 农谚云："先社后分，谷米倒崩；先分后社，有谷莫借。"这些都是土家人在生产中智慧的总结。女儿会是土家族较为盛大的节日。农历七月十二为恩施州石灰窑、大山顶一带的女儿会会期。每年这天，宣恩、建始、鹤峰一带各族青年男女都盛装打扮前往赶会，并携带各种土特产交易。未婚男女穿来挤去，寻找满意情侣，彼此中意者，约定地点交谈，定终身之好。② 这些习俗无不体现了土家儿女的真挚与淳朴。

　　土家族虽为少数民族生性豪放，但在生活中却十分注重礼仪。其中最重要的有四大礼，即诞生礼、婚礼、寿礼、葬礼，体现了对生命的尊敬与热爱。诞生礼，是为了庆祝新生命的到来而举行的仪式。在诞生礼中，土家人最为重视的就是"洗三"与"满月酒"。"洗三"是小孩诞生三天后，以艾蒿、鸡蛋煮水为孩子和产妇沐浴。土家人认为艾蒿有祛病祛邪的功效。"洗三"也意味着祝福产妇和小孩健康、平安之意。"满月酒"则是邀请所有的亲朋好友为小孩讨"口彩"，也是对孩子健康成长的希冀。土家族婚礼别具风采。土家女儿出嫁前举行的"十姊妹"特别隆重。"发展到高潮时，对唱、联唱、猜猜调各种形式杂糅，各自盘古论今、各显其能、热同非凡。"③ 哭嫁则是土家族古老而独特的婚俗。哭嫁歌中有别离爹娘的悲伤，有对花言巧语的媒人的咒骂，歌词与现实生活血肉相连，生活气息浓郁。寿礼也是土家人较为重视的礼仪之一。特别是为老人庆祝六十大寿，尤为隆重。在寿礼上要为老人敬寿桃、煮寿面，祝福老人健康长寿，体现了土家人对老人的尊敬与爱戴。葬礼，几乎是任何一个民族都具有的悼亡仪式和祭祀活动。土家族曾有"丧三日、殡三月而葬"的风习，葬祭的等级制度森严，因职分尊卑定葬期之长短。官七、舍五、民三日。祭也有七献、五献、三献的区别。土家人在举行葬礼时，其主要活动是跳丧也称跳"撒尔嗬"。即围绕死者的棺材载歌载舞，体现了土家人乐观豁达的生死观。这四大礼是土家族民俗礼仪的集中体现，既有对生老病死的豁达，也蕴含着

---

　　① 《来凤县志》，转引自朱芸《湖北建始方言词汇研究》，博士学位论文，华中师范大学，2015年。
　　② 恩施州志编纂委员会：《恩施州志》，湖北人民出版社1998年版，第1065页。
　　③ 恩施州志编纂委员会：《恩施州志》，湖北人民出版社1998年版，第1081页。

对生命的热爱；既是社会伦理的体现，也暗含了土家族的信仰及崇拜。

第二节　土家族传统文化的教育价值诠释

"教育价值是指作为客体的教育现象与作为社会实践主体的人的需要之间的特定关系。它所体现的是一种关系范畴，即主体的需要与客体的属性二者之间的关系。"[①] 从现代逻辑学分类的角度来说，传统文化具有描述的、解释的、规范的、情感的等各种功能，他们浑然地糅杂在一起，构成一种生动的教育意象，给人以直接的教育启迪。

一　个体发展：生存技能训练价值

"学校的责任是帮助生长着的个人不断地并前后一致地保持一种最切合实际的生活方式。"[②] 土家族传统文化中关于生产与生活实践的文化是历代土家人关于生存与生活智慧的总结，有助于学生更好地适应本地区的生活。

（一）培养生产技能

我国著名教育家陶行知先生在《中国乡村教育之根本改造》一文中指出："中国乡村教育走错路了！他教人离开乡下向城里跑，他教人吃饭不种稻，穿衣不种棉，造房子不造林。他教人羡慕奢华，看不起务农。他教人分利不生利。他教农夫子弟变成书呆子。"[③] 现如今，这种现象在少数民族地区仍十分常见。少数民族地区的诸多课程为国家规定的统一课程与民族地区的社会、经济严重脱节。这使得一些少数民族学生在学业上无法取得突出成就，也无法习得能在本地区谋生的技能。而土家族传统文化的学习有助于当地学生习得生产劳动技能，更好地融入当地生活。

一方面，土家人在长期的生产生活中积累了大量的实用技能与知识，能很好地指导生活实践。土家人可依据候鸟迁徙、草木枯荣、风吹云动以及星相变化来预测天气，安排劳作，估算收成。如："清明要明，谷雨要

[①] 王全宾：《教育功能、教育价值、教育目的论》，《山东师大学报》（人文社会科学版）2001 年第 5 期。

[②] 熊杨敬：《论教师参与课程审议》，硕士学位论文，信阳师范学院，2016 年。

[③] 中央教育科学研究所编：《陶行知教育文选》，教育科学出版社 1981 年版，第 57 页。

淋。""三伏不热，五谷不结。"这些谚语反映了每一节气的天气状况所预示的收成。土家族还有许多其他类似的俗语，蕴含着大量的农业及种植知识。如"耕得深，耙得烂、一碗泥巴一碗饭"就是告诉人们耕地必须要深耕，才能使得收成更好。"深栽洋芋浅栽秧，红苕栽到皮皮上""宁栽秋苕，不种秋荞"则是教授人们相应的种植技巧与种植时间。同时，该地区一直是茶叶的重要产地，种茶制茶技术世代传承，即便机器技术的兴起，传统的制茶手艺仍受到推崇。

另一方面，土家人在生产过程中劳动工具及生产方法的使用也是世代传承的重要劳动技能。恩施州地区土家族历代以种植业为主，辅以养殖业。由于地处山区，农业的机械化程度不高，多以传统生产方式为主。农业生产中常用的传统工具有刀、斧头、撮箕、扁担、钉耙、连枷、板斗、石滚、石磨、石锥、风车、水车、水碾、龙骨车、筛子、簸箕、背笼等数十种。随着牛耕技术的推广普及，犁、耙成为耕田整地的主要工具，在生产中占有重要地位。通过对农具的学习与使用有利于掌握相应的劳动技能。此外，土家族传统文化中对于其他农事活动也有相应涉及。除了一般生产劳动如犁田、栽秧、打谷和采摘等，还有织麻、纺纱、织布等。无论是种植、养殖还是其他农事活动技能都是土家族传统文化的重要内容，对下一代的生存发展具有重要意义。

（二）习得生活知识

生活知识是人类生存发展最初的知识，是人类数千年文化传承的产物。生活知识覆盖范围较广，包含人们衣、食、住、行等方方面面。生活知识是一定社会生产力和一定文化背景下的产物，不同发展水平下的不同民族，其生活知识不尽相同。对土家族传统文化的学习有利于促进个体的社会化进程。

年青一代要融入民族地区生活则必须了解其相关的生活知识。一方面，在诸多的生活知识中首先应掌握相应的饮食与居住文化。在土家人的饮食文化中不同的节日会做相应的食物。如立夏会吃汤圆，过社会吃社饭，新年家家户户都会吃腊肉等。土家饮食口感多以酸辣为主，在招待朋友时多在家做饭，以显隆重。在饮酒时，对长幼尊卑有不同的座次安排，对斟酒也有不同的讲究。诸多规矩传承已久，不容僭越。土家人在建造房屋时不仅房屋朝向有讲究，而且房屋多以白虎镇宅，房屋不可面对白岩。

因为白岩为白虎的象征，如此会冲撞白虎，带来不祥。如若要建造吊脚楼，则讲究更多。另一方面，学习土家族传统礼仪与禁忌，在生活中能减少摩擦与障碍。土家人重礼仪，其传统仪式有严密的组织程序与人员安排。如土家族婚礼仪式诸多，十分复杂。同时，土家人无论在出行、交往、节俗中都有诸多禁忌，若不懂，犯了别人的忌讳小则引起不愉快，大则引起祸端。因此，只有通过对土家族传统文化的学习来掌握相应的生活知识，才能形成共同的民族心理趋向，更好地融入当地生活。

（三）塑造健康体魄

数千载以来，土家人在世世代代与自然抗衡、与野兽搏斗中明白强健体魄的重要性。故而，在土家族传统文化中诸多健身、竞技运动世代相传，促使人们积极参与其中，不断增强身体素质。

恩施州地区的土家人在长期的生产、生活中形成了许多富有民族特色的体育竞技项目。人们通过参与相关项目，能在共同娱乐中增强身体素质，促进身心健康发展。一方面，参加传统体育竞技活动有利于土家人强身健体。土家族体育项目是在社会发展中，根据生产和生活需要，遵循身心发展规律，以身体练习为基本手段而形成。通过该类运动能提高人体代谢水平，促进运动机能，改善神经系统，从而达到增强体质的目的。此外，许多具有民族特色的体育项目也适合作为娱乐健身手段，便于学习与推广。如土家摆手舞的改进与推广已成为恩施州地区一种全民健身的方式。还有珍珠球、打陀螺、斗鸡等项目，能很好地提高土家人的运动技能，增强身体素质，塑造健康体魄。另一方面，土家族传统体育活动能起到修身养性的作用，使人心情愉悦。恩施州地区位于山区，交通闭塞，土家先民与外界接触较少，文化娱乐项目也较少，精神生活较为贫乏。就此，诸多竞技娱乐项目应运而生。其不仅能增加人们的交往互动，还能满足人们享受、发展的需求，使人们在生产劳作之余精神与身体得到调节与平衡。时至今日，土家族的传统体育竞技活动仍然是人们强身健体、自我娱乐以及修养身心的最佳途径。[①] 因而，通过学习土家族传统体育竞技活动有利于塑造健康体魄，满足精神需求，从而实现健心健体的价值。

---

① 张渊渊、杨玲：《鄂西土家族传统体育文化的现代价值及传承策略》，《运动》2018年第12期。

二　社会教化：生活规序导引价值

经由传统文化的熏陶能造就出按道德准则行事，遵循社会秩序的谦恭而又独立自主的个体。通过对土家族传统文化的学习能使人习得社会伦理、遵循社会秩序、提升道德素养。

（一）习得社会伦理

伦理一词常与道德相联系，但二者有本质的区别。"伦理是现实生活世界及其秩序，而道德是主观精神操守。不是主观精神决定现实生活世界及其秩序，而是现实生活世界及其秩序决定道德的内容。"① "'伦理'一词主要是指客观的宗法等级'关系'范畴，是既亲亲又尊尊的客观人际'关系'。"②

土家族传统文化主要从"家庭""市民社会"两种形态体现其伦理观。一方面，从家庭层面来讲，土家人十分注重宗族伦理。宗族即为同宗同族之人，其中等级制度森严。土家人热衷于寻根问祖、修建祖坟、祭祀先祖、编修族谱。土家人在宗族中十分重视长幼辈分，其中长者拥有较大的话语权，对宗族事务起着决定作用。宗族伦理成为规范、管理和凝聚血亲宗族的准则和戒律。"如今，大多数土家族人的宗族观念仍然根深蒂固，对宗族立法仍严格恪守。"③另一方面，在社会生活中土家人始终秉持着善恶报应、社会正义的伦理观念。苍天终会开眼，善恶总有报应，人的一切社会行为都必将受到苍天的道德评判，这是土家族社会正义观的委婉表达。土家人始终秉持着善恶有报的观念。因而，在日常生活中他们坚持行好事、做好人的原则。他们认为善恶到头终有报，恶人自会食恶果。土家人认为最大的"恶"是不孝，其次为贪婪。人间诸多恶行，均生于贪婪。土家人的善恶观其实是社会正义观及伦理观的体现，他们所秉持的这一信念也形成了约束人们行为的伦理规范。因此，通过习得土家族传统

---

① 高兆明：《心灵秩序与生活秩序：黑格尔〈法哲学原理〉释义》，商务印书馆2014年版，第28页。

② 朱贻庭：《"伦理"与"道德"之辨——关于"再写中国伦理学"的一点思考》，《华东师范大学学报》（哲学社会科学版）2018年第1期。

③ 瞿州莲：《论湘西土家族传统伦理道德的现代转型》，《贵州民族学院学报》（哲学社会科学版）2001年第1期。

文化中的伦理观,有利于构建良好的家庭与社会规序,不仅使得社会良性运转而且能使各成员不断向上、向善发展。

(二) 遵循社会秩序

卢梭在研究法律时曾指出:"具体的规章不过是拱顶上的拱梁,而缓慢诞生的风俗习惯才是拱顶上难以撼动的基石。"① 可见,传统文化中的观念、习俗对人的影响颇为深远。

土家族传统文化中的民俗礼仪及习惯法会逐渐成为人们内心所恪守的准则,对其言行举止产生无意识但却深刻而广泛的影响。正如列维－斯特劳斯所认为的那样,人们的思维、言行都依据风俗、惯习而产生,很少会出现偏离。这是受人们内心的惯性影响,而并非出于有意识的思考或者需要。土家族传统文化无意识地规范着人们的言行。一方面,土家族民俗发挥着规范调控功能。土家族现有的诸多民俗、礼仪都彰显了土家族的行为准则与精神内核。其对土家族人在生产、生活中的行为规范形成了最广泛的干预与影响,是土家族人内心所认同的精神契约,具有强有力的遵从性与价值规定性。如,土家族在婚礼仪式中的"哭嫁",以及丧葬仪式中的"跳丧舞"都是自先辈传承下来的习俗,具有规范且完整的仪式程序。这不仅能对人们的行为在特定场合进行规范统一,而且能对人们的思想进行塑造与制约,进而影响人们的言行。另一方面,"在土家族传统文化中禁忌崇拜所体现出来的习惯法同样约束、规范着人们的行为,并内化成为人们内心遵从的守则,使得人们的行为更加合乎礼仪规范"②。如在土家族文化中不仅提倡长幼有序,而且十分注重宗族辈分。因而,我们常常见到耄耋老者给毛头小孩叫爷爷。在土家族的社会生活中辈分是切不能打乱的。由此可见,土家族传统文化的学习不仅能使土家族在发展过程中始终保持自身特色与精髓,而且能在土家族内产生向心力,凝聚精神、规范行为。

(三) 提升道德素养

"土家族传统文化的道德规约性使得人们在传承该文化的过程中能接

---

① 石中英:《教育的文化性格》,山西教育出版社2005年版,第151页。
② 安静:《彝族民俗的思想政治教育功能研究》,博士学位论文,中国矿业大学,2018年。

受德育文化的熏陶从而形成较强的意识品格。"①

土家族传统文化中诸多的道德伦理与行为规范能形成人们心中的理性自觉，敦促人们认同与遵守道德准则，提升道德素养。一方面，传承与学习土家族传统文化能增强个体的道德修养。如土家族的交往礼仪中提倡尊卑有序、诚信互助；土家族的寿礼充分体现了孝顺父母的优良道德传统；土家族的传统体育项目抢"贡鸡""竹铃球"等也蕴含着勇于拼搏的精神、顽强的毅力、协作共赢的团队意识以及对规则的遵守、对公平的彰显等，这些都有助于个体道德修养的提升，同时也有助于社会的进步与发展，契合了现代社会对思想道德建设的要求。另一方面，学习土家族的传统文化还有助于个体道德境界的提升。如土家族的诞生礼，不仅是对新生命的祝福，也是对民族发祥繁衍的纪念。展现了对生命的热爱，体现了土家人积极向上的人生观；土家族的婚礼和成年礼，彰显了人们对社会责任的自觉，体现了土家人勇于担当，敢于承责的价值观；土家族的葬礼，充分体现了乐观旷达的生死观。这些思想道德观念不仅能规范人们的行为，而且有益于提升人们对生命价值、个体意义的认知，使人们在实践中充分发挥自身潜能，实现有意义的人生，具有积极的德育功能。土家族传统文化作为一种内涵博深的精神文化遗产，富含良好的品德教育资源，对其进行传承与学习能塑造、规范人的行为，增强人们的道德素养，提升人们的道德境界。

三 圣典承传：生命境界领悟价值

土家族传统文化凝结着土家人世世代代的智慧，通过对土家族传统文化的学习不仅能保证文化价值、信念和行为的延续，而且还能增强人们对生命的认识与领悟。

（一）培育对生命的热爱

"生育文化由生育态度、生育偏好、生育期望以及生育观念所构成。"② 对传统生育文化的描述能揭示少数民族民众的现实生活，反映出它们对生命的价值取向。

土家族安土重迁，世世代代注重子嗣繁衍、重视家庭观念。他们认为

---

① 李咸洁：《论少数民族传统文化的德育价值》，《智库时代》2018 年第 24 期。
② 郑卫东：《生育文化研究述评》，《南方人口》2005 年第 4 期。

结婚生子繁衍后代是人生最重要的事情。由此可知，土家族的生育文化表现为多子多福的生育观念。他们认为，儿女是上天的恩赐，是请不来的客人，越多越好，在日常生产与生活中则表现为对生殖繁衍的重视与崇拜。正因如此，土家族人在没有儿女时采取多种方式来求得孩子，形成了各种各样的求子习俗。如，礼拜神佛，祈求子嗣。在诸多神佛中，土家人尤其信奉观音菩萨，将其认作主管人世间生儿育女的送子娘娘，常常对其进行祭拜。[①] 此外，土家族的生育文化还表现为对生命的重视与期待。土家族传统文化中极为重视诞生礼，是为婴儿出生举办的仪式。常常是一家有喜，百家来贺。土家人通过诞生礼借以表达对生命的期盼、热爱与精心呵护。既含有为新生命的祝福，也蕴含着祈祷健康长寿之意，昭示了人们对生命的热爱。这些习俗既是对新生命的期盼与祝福，也是对民族起源的回顾与纪念，包含着最初的生命哲学。"从现今的教育理论重构及教育改革来看，生命教育应成为教育的必然趋势。"[②] 土家族传统文化中生育观念、求子习俗等有着重要的教育内涵，将教育空间拓展到对人生命成长及生命价值的关注，充分体现了积极向上的人生观，有助于激发人们热爱生命、尊重生命的意识。

（二）形成对生死的理解

庄子认为"方生方死，方死方生"是一切事物的普遍规律。所有的事物都经历着诞生直至消亡的过程，生命也不过如是。土家族人对生命的热切期盼，对待死亡的坦然，对死后世界的刻画与想象，以及对生死关系的认识等，这一切都蕴含在民族传统的丧葬文化中，影响着社会生活的方方面面。

一个民族对于生命的价值取向决定了该民族的生死观，并外显于人们对待生死的行为观念之中。土家族传统文化中的丧葬文化蕴含着对生死的理解与感悟，反映了土家人对生死问题的思考以及对生命起源的认识，是一种独特的生死观教育。土家族丧礼是在人过世后由一系列下榻、入殓、

---

① 刘琼：《文化人类学视野下的土家族生育习俗——基于两个传统土家村寨的田野调查》，《湖北民族学院学报》（哲学社会科学版）2011年第1期。

② 李姗泽：《生育文化的田野调查与教育内涵分析——沾益炎方苗族教育人类学解读》，西南师范大学出版社2003年版，第66页。

伴灵、打丧歌等活动组成。这是土家人对待死亡的处理方式与传统习俗，包含了亲朋好友对待死者的所有行为，反映了人们对死亡的态度。土家人认为人死后灵魂是不灭的，当躯体殒落后，灵魂会进入新的轮回。有的灵魂会进入地狱，有的则会转世为人或是成为动物。"人死后会进入哪一种轮回不仅依据此人生前的事迹也需要法师的帮助。"① 因此，土家族形成了一套复杂的丧葬制度与仪式习俗。其中最主要的活动是跳丧，即土家人所称的"撒尔嗬"，这是土家人在亲友去世时在丧礼上所跳的舞蹈。故土家族的葬礼又称为"喜葬"，其认为肉体已死，灵魂未灭，人的生老病死被视为一种应然存在。土家族的葬礼作为一种特殊的教育场所，对所有人是一种教化。它能为人们树立正确的生死观，让人用正确的态度面对生命的客观规律。即通过生死的理解与感悟教育让人们对生命充满敬畏，能热爱生活、珍惜生命，也能坦然接受生命的消亡。

（三）造就对意义的追寻

"一个自然生命体的人要发展成为社会生命体的人，就必须在其自然生命体的基础上获得文化、智慧、道德和人格等精神方面的发展。"②

一方面，土家族传统文化中的英雄故事、神话传说、舞蹈、谚语都阐述了人们对理想人格的追求。先民们通过艺术手法将善良、公平、正义、高尚与恶毒、偏私、邪恶、卑鄙进行对比与烘托，以此告诉后来者，在日常生活中应如何选择、如何追求。如《羊石滩》讲述了向王天子惩恶扶弱的故事。其以白胡子老人通过惩戒恶霸地主，帮助贫苦农民为故事主线，反映了土家人对公平、正义、善良等理想人格的追求。这些民族传统文化指引着人们去追求理想的人格，去追寻生命背后最本真的价值与意义。③ 另一方面，传统文化中各种民族礼仪、节日庆典等活动能使人们在和风细雨、润物无声中接受洗礼，从而探寻生命的意义。海德格尔认为："人是一种多维度的存在，是'此在'在其存在中领悟与世界的因缘关系。'此在'只有在对与世界的因缘关系的先行领

---

① 齐柏平：《鄂西土家族丧葬仪式音乐的文化研究》，博士学位论文，中央音乐学院，2003年。
② 冯建军：《论生命化教育的要义》，《教育研究与实验》2006年第5期。
③ 康高磊、齐彦磊：《新加坡中小学生命教育探析及启示》，《中国教育学刊》2018年第12期。

悟中才发现其本质居于何处。"① 如土家人在婚姻的缔结过程中更为重承诺而不是法律的束缚,土家人的婚礼就是某种强化形式的诺言。通过这一习俗的参与能让人体会到诺言与责任的重要。可见,通过土家族传统文化的学习,能使人们在无形中受到影响,从而不断追寻理想人格、完善自我。

四 环境保护:生态文明理解价值

土家族传统文化中关于人与自然关系的阐述能使人们不断将其与自身的知识、经验相联系,并在这一互动过程中不断批判、比较、反思、领悟,以形成自身对事物的理解。

(一)提倡平等互利观念

土家先民在历代与自然抗衡的过程中形成了"天人合一""平等互利"的朴素生态观。虽然其中蕴含着部分非理性的成分,但无疑是土家人智慧的结晶。他们认为人与其他万物平等互利,每一个要素都是构成生态系统的重要环节,只有环环相扣才能保持生态平衡。

土家族先民在对自然现象无法解释、意识模糊的阶段,曾把某种植物、动物,甚至自然现象当作自己的祖先,或将生产生活中的相关事物尊为神灵,向其祈求平安康健。如,土家人曾将民族的起源与动植物联系在一起,将树木与老虎作为自己的祖先加以崇拜。在土家族的传说中曾提到,洪灾来临之际,土家先民通过爬上直冲云霄的水杉树而躲过灾祸,于是自此之后禁止全民砍伐水杉树。同样,他们将白虎形象外化于生活,处处体现出对白虎的崇拜,严格禁止族人对虎类的猎杀。他们将自身命运与动植物紧密相连,并加以保护,虽带有盲目崇拜的成分,但体现了土家人对其他物种的尊重。此外,土家先民在狩猎的过程中认识到动物为其提供皮毛取暖,提供血肉果腹;土家人在砍伐树木的过程中意识到树木为自己提供了原料。因此也需对动物、植物进行保护,以便来年能获得大自然的馈赠。于是他们制定了严格的狩猎制度、轮伐制度以及封山育林制度,以上种种正是土家人与大自然互惠互利的表现。从

---

① [德]马丁·海德格尔:《马丁·海德格尔选集》,转引自张毅、刘魁《生命教育的现代性困境与本质回归》,《中国教育学刊》2018年第3期。

科学的角度来看，虽然这些少数民族的自然崇拜有诸多非理性的成分，但其朴素的生态价值观有助于人们形成保护自然、尊重自然、平等互利的生态文明理念。

（二）树立自然保护意识

恩施州地处山区，这里的土家族长期生活在"八山一水一分田"的武夷山区，他们世世代代以农耕为主，过着靠山吃山的生活。然而，即便经历世代的耕作、砍伐，这里仍未出现大规模的林地毁坏现象。这无疑与土家人的耕作方式与耕作制度息息相关。土家人从刀耕火种的轮息休耕式到依靠肥料补充土地营养的重复定耕式都是土家人智慧的凝结，更是土家人在探索生产方式过程中始终坚守环境保护意识的体现。

土家族在传统生产中注重循环利用，有序耕种。如土家先民的耕作方式是刀耕火种，开垦林地以种植粮食作物。在开垦林地时人们并不是在原始森林里漫无目的地放火烧荒，而是有着长时间的精心规划和一套完善的轮歇制度。其根据土壤、坡度的不同将耕作方式划分为无轮作刀耕火种、短期轮作刀耕火种、长期轮作刀耕火种几种类型。[1] 通过不同的方式的轮作使得耕地得以休养恢复，从而达到生态平衡。土家族的"赶仗"即狩猎活动，也体现了土家人的环境保护与可持续发展意识。"土家族赶肉时间的选择性和围猎场所的规定性，为野生动物的生息提供了必要的时间和场域。"[2] 在"赶仗"活动中，对狩猎的范围、对象、时间都有明确的限制。如，动物幼崽不能捕杀，五脚动物不能捕杀，春季不能进山等，以免影响物种的繁衍，从而导致生态平衡被破坏。土家族历经世世代代的生产与生活实践，渐渐形成了生态保护意识，在生活实践中时时践行生态保护理念。土家族传统文化中彰显出的生态意识，既无外力的压迫，也无权威的驱使，而是土家族经历时间的沉淀，在约定俗成中逐渐内化于民族精神之中。因而，通过对土家族传统文化的传承有助于个体形成良好的生态伦理观，重视人与自然的和谐相处。

---

[1] 冉红芳：《土家族传统文化中的生态意识探析》，《湖北民族学院学报》（哲学社会科学版）2005年第4期。

[2] 车越川、罗钰坊：《土家族传统生态知识多样性表达及现代价值》，《铜仁学院学报》2015年第3期。

（三）形成生态共生主张

恩施州土家族居于山区，其民族发展离不开与自然的抗衡、纠缠、索取与互利。纵观土家族的发展轨迹，可知其经历了由盲目崇拜自然、依附自然、利用自然到适应自然、改造自然、与自然和谐共生的历程。

土家族传统文化中无不蕴含着人们对自然的顺势而为以及共荣共生的意识。如恩施州地区由于地势险峻、沟壑纵横，居于其中的土家族则置于悬崖峭壁之上修建了吊脚楼，并通过向外悬挑来扩大空间。此外，吊脚楼还常常依地势而建，面临溪流或坪坝以形成群落，这些都体现了土家族居民注重地理风水，与自然生态和谐相处的建筑文化。"其内涵着天人合一、人化宇宙、和谐共生的原始文化思想与人文生态观。"[1] 由于特殊的地理环境，恩施州地区的土家族形成了"靠山吃山、靠水吃水"的传统生活方式。通过利用自然、保护自然形成了"生命一体化"的观念及与自然和谐相处的生态意识。如土家族的轮休制度、轮伐模式以及"赶仗"中的约定与规范，都体现了人们依赖自然，同时合理利用与保护自然的状态。随着生产力水平的提升，人们的认知与行为也发生了变化。开始采用机械生产与劳作，但仍不忘祖祖辈辈教诲，恪守人文生态意识。如，在农耕中仍会通过"烧火食"来产生肥料，养护耕地；在狩猎中仍沿袭传统，谨遵规范，无不体现出人与自然和谐共生的意识。"土家族在约定俗成中逐渐培育出的、为全族人民所一致达成并坚持的环境共生意识成为族人们熔铸在血脉中公认的价值追求。"[2] 通过对土家族传统文化的研习，有助于传承土家族已有的全族性生态共生意识，从而致力于生态文明建设。

---

[1] 金子求：《少数民族传统文化内核及其教育价值论析——以黔东北为例》，《传承》2015 年第 10 期。

[2] 宫长瑞、张迎：《土家族生态自然观的实践特点及启示》，《社会科学动态》2019 年第 4 期。

第 四 章

土家族传统文化校本课程管理现状调查

为客观呈现当前土家族传统文化校本课程管理的基本情况，本书针对学校教师、领导及学生进行了问卷调查与访谈。以期在客观事实的基础上对土家族传统文化校本课程管理现状进行深入分析，从而为后续课程管理提供指导。

第一节 调查设计与实施

本书调查对象为恩施土家族苗族自治州（以下简称恩施州）地区中小学校的领导、教师与学生。调查内容为该地区土家族传统文化校本课程管理的现实样态。由于教师及学校领导为主要调查对象，学生问卷只做应证与辅助分析，故学生调查问卷不在此进行赘述。

一　问卷设计

本次问卷调查的目的在于了解恩施州地区中小学土家族传统文化校本课程管理现状。故问卷依据本书所构建的理论分析框架进行设计，按照管理理念、背景管理、输入管理、过程管理以及输出管理五个维度展开。问卷设置分为三部分：第一部分为人口学统计。第二部分为选择题，主要调查课程开设的现实状况，共计10题。由于课程设置与实施的现实样态也能反映出该校的课程管理水平，因此为了客观呈现当前恩施州地区各中小学校土家族传统文化校本课程管理情况，本书从课程设置、课程数量、课程内容、授课方式、评价方式等方面对课程开设现状进行调查。第三部分为量表题，依据李克特5点评分法，分为"非常不符合""比较不符合"

"一般""比较符合""非常符合"5个级别，分别赋予1—5分的评判标准。量表题又分为两部分：第一部分为现状调查量表，共计31题。主要从管理理念、背景管理、输入管理、过程管理以及输出管理五个维度调查土家族传统文化校本课程的管理现状。第二部分为影响因素量表，共计26题。从教师的能力与意愿；学生的认同与兴趣；学校的领导风格、校园文化以及学校愿景；外部行政部门、高校、社区、家长的支持等方面进行题项设置，以了解影响课程管理水平的主要因素。

二 问卷检测

信度检验是测量问卷可靠性的重要手段，是评价问卷调查结果一致性和稳定性的重要指标。当测量误差越小时，测量结果的信度越高。为了客观评价问卷效果，本书针对问卷调查实施的结果进行信效度检验，以此来反映问卷的有效性。

（一）信度检验

信度测量方法包括再测信度、复本信度、折半信度和内部一致性信度。本书采取的信度估计方法是测量内部一致性的克隆巴赫 α 系数。运用SPSS22.0统计分析软件，得到本次问卷各维度量表及总量表的克隆巴赫系数如表4-1所示。

表4-1　　　　　　　量表的可靠性统计

量表维度	Cronbach's Alpha	项数
管理理念	0.954	6
背景管理	0.916	5
输入管理	0.947	7
过程管理	0.978	7
输出管理	0.972	6
总量表	0.988	31

量表信度高低取决于量表所得的信度系数。内部一致性系数越高，量表的可靠性越强。一般认为，当信度系数大于或等于0.8时量表的可信度高；当信度系数大于或等于0.6小于0.8时量表信度较好。从表4-1可

以看出，管理理念、背景管理、输入管理、过程管理、输出管理各维度系数均高于0.9，总量表信度系数接近1，表明量表信度较高。

（二）效度检验

问卷测量是否具有好的效度，可以通过测量问卷各部分的取样适切性量数（MSA）的平均值 KMO 量数（Kaiser-Meyer-Olkin）和 Bartlett 球形检验（Bartlett Test of Sphericity）进行判断。运用 SPSS22.0 统计分析软件对问卷进行 KMO 和 Bartlett 球形检验，其数据结果如表4-2所示。

表4-2　　　　　　　　问卷 KMO 值和 Bartlett 球形检验值

取样足够度的 Kaiser-Meyer-Olkin 度量		0.988
Bartlett 的球形度检验	近似卡方	134231.903
	df	465
	Sig.	0.000

研究结果表明，该问卷量表的 KMO 值为0.988，Bartlett 球形检验统计量为134231.903，对应的相伴概率值 Sig. =0.000，小于5%显著性水平。一般情况下，当 KMO≥0.7 时，表明问卷结构效度可以接受。本次研究 KMO 值为0.988，表明问卷结构效度较好，在可接受范围内。通过问卷的信效度分析可知，针对土家族传统文化校本课程管理的调查问卷具有较好的信度和效度。

三　问卷实施

湖北省恩施土家族苗族自治州是土家族人口聚集的主要区域，也是土家族文化保留相对完整的城市。鉴于样本代表性原则和研究的可行性原则，本书主要对恩施州八大县市的中小学展开调查，调查对象为恩施州地区中小学教师与学生。通过分层随机抽样的方法，按照行政区域划分进行分层，在每一层内随机抽取中小学校师生进行调查，共计30所中小学的师生参与了问卷填写。问卷多采用网络发放和实地发放的形式展开。网络调查是基于问卷星平台展开，系统自动提示填写所有题项，并进行数据统计。实地调查是研究者去各个学校发放并及时回收问卷，后期进行数据整理与录入。其中教师问卷共计发放1050份，回收965份，剔除无效问卷

33 份，有效回收问卷 932 份，回收率为 88.7%。学生问卷共计发放 600 份，有效回收 550 份，经过筛选与过滤，实际回收有效问卷 515 份，回收率为 85.8%。

本次教师问卷调查对象中男性教师占比 1/3，女性教师占比 2/3；在年龄分布上多集中于 31—50 岁；在学历分布上，大多数教师为本科学历，少部分为研究生学历；在教龄分布上，超过半数的教师教龄超过 10 年，整体来说教师教龄丰富；从学校分布区域来看，大多数调查对象所在学校位于乡镇和县城，少部分调查对象学校所在区域为市区和村落以及城乡接合部；在调查对象的教授科目上，主科教师占比较多，语文、数学和英语教师占比超过 70%；在教授年级分布上，小学和初中教师基本上各占一半；在教师的职务分布中，超过 40% 的调查对象担任行政职务，其余为专任教师。总的来看，本次的调查对象分布较为均匀，涉及的调查对象较为广泛，调查样本具备一定的代表性。本次学生调查对象中男生为 266 人，女生为 249 人，总体比例为相当；在学生年级分布中，小学生比例相对较少，共 81 人，占总体人数的 15.7%，初中生占比 38.1%，高中生占比 46.2%；在民族分布中，土家族学生占比 62%，具体情况如表 4-3 所示（小学一至三年级学生因认知水平有限故不做调查）。

表 4-3　　　　　　学生问卷调查基本情况分析　　　　　　单位：%

维度		频率	百分比	有效百分比	累计百分比
性别	男	266	51.7	51.7	51.7
	女	249	48.3	48.3	100.0
民族	汉族	165	32.0	32.0	32.0
	土家族	320	62.1	62.1	94.2
	其他少数民族	30	5.8	5.8	100.0
年级	小学 4—6 年级	81	15.7	15.7	15.7
	初中	196	38.1	38.1	53.8
	高中	238	46.2	46.2	100.0

四　访谈设计与实施

基于样本分布均衡性考虑，本书对访谈对象的选取采用了分层抽样的方法。首先依据行政区域划分将调查总体按照县市分为八层。其次，在每一县市的层级中又按照小学、初中、高中将调查对象分为三层。最后，在最小层级中按照随机抽样的方法抽取样本。实际抽取30人，建始县6人，恩施市4人，巴东县5人，利川市、咸丰县、宣恩县、来凤县、鹤峰县各3人。其中科任教师16人，班主任2人，教研组长4人，校长2人，年级主任6人，具体情况如表4-4所示。

表4-4　　　　　　　　访谈对象基本情况统计

编号	受访人	性别	学校所在地	担任职务	编号	受访人	性别	学校所在地	担任职务
1	H老师	男	建始县	年级主任	16	W老师	女	利川市	科任教师
2	T老师	男	建始县	教研组长	17	W老师	女	利川市	科任教师
3	L老师	女	建始县	科任教师	18	Z老师	女	利川市	科任教师
4	H老师	女	建始县	科任教师	19	G老师	男	咸丰县	教研组长
5	C老师	女	建始县	年级主任	20	Y老师	女	咸丰县	科任教师
6	H老师	男	建始县	校长	21	Z老师	女	咸丰县	年级主任
7	W老师	女	恩施市	班主任	22	H老师	男	鹤峰县	校长
8	T老师	女	恩施市	科任教师	23	W老师	女	鹤峰县	科任教师
9	Z老师	男	恩施市	班主任	24	L老师	女	鹤峰县	科任教师
10	S老师	女	恩施市	科任教师	25	G老师	女	来凤县	年级主任
11	Z老师	女	巴东县	科任教师	26	W老师	男	来凤县	科任教师
12	F老师	男	巴东县	教研组长	27	W老师	女	来凤县	年级主任
13	G老师	男	巴东县	年级主任	28	H老师	女	宣恩县	教研组长
14	L老师	女	巴东县	科任教师	29	Y老师	女	宣恩县	科任教师
15	Y老师	男	巴东县	科任教师	30	P老师	女	宣恩县	科任教师

本书依据访谈提纲对选取的30名教师进行了半结构化访谈。访谈地点和时间不受限制，每位教师的受访时间约为10—30分钟。本书经访谈者同意在访谈过程中使用了录音笔进行记录，并在访谈结束后对访谈内容进行文字化处理。经过对访谈对象的编码以及访谈内容的整合、提炼最终形成具有重要参考意义的访谈资料。

第二节 土家族传统文化校本课程管理的数据分析

本书基于问卷调查结果采用统计分析软件对土家族传统文化校本课程管理进行了描述性分析、差异性分析以及相关性分析,以期了解该课程在管理实践中的现实样态。

一 土家族传统文化校本课程管理的描述性分析

基于调查结果,一方面对课程管理的总体情况进行描述,以了解恩施州地区中小学对土家族传统文化校本课程管理的基本情况。另一方面对每一维度进行具体分析,获悉该课程在不同管理维度所呈现的不同状态。

(一)土家族传统文化校本课程管理的总体描述性分析

经由数据统计分析可知,恩施州地区中小学土家族传统文化校本课程的开设率不高,其占比仅为50%左右,且所开设的土家族传统文化课程主要集中于"土家歌舞""土家艺术""土家体育"几类。总体来看,恩施州地区中小学在土家族传统文化校本课程的管理中管理水平不高,呈现出课程开设数量较少、内容浅表、实施效果欠佳等问题。

从表4-5的统计结果中可以看出,恩施州地区中小学在土家族传统文化校本课程管理中的总体得分处于中等偏下的水平。其在管理理念、背景管理、输入管理、过程管理与输出管理各维度的得分都在2.2—2.3。这表明土家族传统文化校本课程管理状态并不理想。由图4-1可知,五个维度中过程管理得分最高,输入管理次之,说明每一维度的管理水平并不均衡。

表4-5　土家族传统文化校本课程管理现状的整体性描述分析（n=932）

管理维度	极大值	极小值	平均值	标准差	中位数
管理理念	5.00	1.00	2.257	0.938	2
背景管理	5.00	1.00	2.275	0.873	2
输入管理	5.00	1.00	2.318	0.879	2.14
过程管理	5.00	1.00	2.369	0.952	2
输出管理	5.00	1.00	2.273	0.926	2

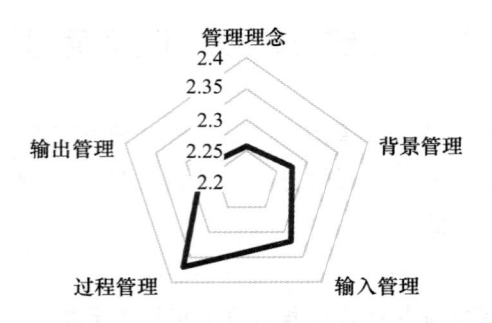

图4-1 土家族传统文化校本课程管理现状的整体性描述分析

基于土家族传统文化校本课程管理现状的总体了解，本书将进一步考察其在各个维度上的得分状况。为此，将调查结果中单个题项的得分划分为四个等值区间，即：$1 \leqslant 得分 < 2$，$2 \leqslant 得分 < 3$，$3 \leqslant 得分 < 4$，$4 \leqslant 得分 < 5$。对不同区域中管理水平的分布状况进行统计，所得结果如表4-6所示。

表4-6 土家族传统文化校本课程管理的得分区间分布统计（n=932） 单位：%

管理维度	等值区间一 $1 \leqslant S < 2$	等值区间二 $2 \leqslant S < 3$	等值区间三 $3 \leqslant S < 4$	等值区间四 $4 \leqslant S < 5$
管理理念	32.8	41.7	19.3	6.2
背景管理	28.8	42.7	23.8	4.7
输入管理	26.4	42.5	26.6	4.5
过程管理	25.8	38.8	28.3	7.1
输出管理	27.9	40.8	25.1	6.2

由表4-6可知，当前土家族传统文化校本课程管理水平处于中等偏下。调查结果显示：其每一管理维度的得分分布情况都集中于第二区域从而导致整体分值较低。具体分析来看，过程管理这一维度的得分主要分布于二、三区间，所占比例分别为38.8%、28.3%，是分值最高的维度。说明恩施州地区中小学在整个课程管理中比较注重对课程实施的推进与保障。管理理念这一维度得分主要分布于一、二区域，其所占比

例分别为32.8%、41.7%，分值最低。证明在整个管理过程中理论指导缺乏。背景管理、输入管理与输出管理这三个维度得分情况近似，分值偏低。进一步对该课程管理水平各个维度的分值分布进行比较，按照中等以上水平所占比率进行排序，从高到低依次为：过程管理（35.4%）、输出管理（31.3%）、输入管理（31.1%）、背景管理（28.5%）、管理理念（25.5%）。

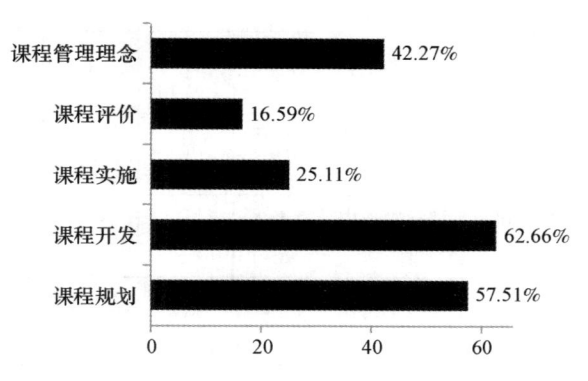

课程管理理念　42.27%
课程评价　16.59%
课程实施　25.11%
课程开发　62.66%
课程规划　57.51%

图4-2　恩施州土家族传统文化校本课程管理需改进方面统计

此外，由图4-2客观题的调查结果分析可知：对于"您认为恩施州地区中小学土家族传统文化校本课程管理过程中应该改进的方面"各题项，选择"课程开发"的最多，占比达62.66%；其次分别是"课程规划""课程管理理念""课程实施"与"课程评价"。由此可见，该调查结果与上述分析相吻合，即其中分值最低的三个管理维度恰好是调查对象认为在后续课程管理中最需改进的地方。

（二）土家族传统文化校本课程管理理念情况描述

管理学在实践中的应用，不仅是管理原则、方法的运用，更重要的是管理思想的指导。只有把管理的一般原则同管理对象的具体实际联系起来，运用思想艺术的力量才能发挥管理的应用学科作用。就此，本书借助问卷调研数据，对恩施州地区中小学土家族传统文化校本课程管理理念的6个题项进行描述性统计分析，其结果如表4-7所示。

表4-7　土家族传统文化校本课程管理理念现状统计（n=932）

题项	极小值	极大值	均值	标准差
A1. 贵校土家族传统文化校本课程管理在于保障课程顺利实施	1	5	2.15	1.000
A2. 贵校土家族传统文化校本课程管理在于促进文化传承	1	5	2.24	0.998
A3. 贵校土家族传统文化校本课程管理在于促进师生的发展	1	5	2.30	1.083
A4. 贵校在土家族传统文化校本课程管理中自主权较大	1	5	2.28	1.1131
A5. 贵校教师经常参与土家族传统文化校本课程管理	1	5	2.28	1.056
A6. 贵校土家族传统文化校本课程管理中秉持着人本理念	1	5	2.29	0.988

从表4-7可以看出，土家族传统文化校本课程管理理念各题项得分均小于3分，得分区间为2.1—2.3分，说明该课程管理理念缺乏。虽然各题项得分都较低，但仍可以看出其管理理念中呈现出人本主义倾向。在该维度的所有题项中"贵校土家族传统文化校本课程的管理在于促进师生的发展"与"贵校土家族传统文化校本课程管理中秉持着人本理念"得分较高，说明在管理过程中，已有少许学校开始注重促进主体发展。"贵校土家族传统文化校本课程的管理在于保障课程顺利实施"与"贵校土家族传统文化校本课程的管理在于促进文化传承"在所有题项中得分较低，分别为2.15分与2.24分。说明在管理理念中缺乏对管理职能的正确认知，且忽视了该课程管理中的文化传承与创新功能，文化响应不足。

此外基于客观题项"土家族传统文化校本课程建设主体"的统计结果（图4-3）可知，土家族传统文化校本课程建设中教师、学生和学校领导是其主力军。其中教师的参与比例最高，占比超过80%；家长、专家和社区相关人员的参与频率较低。这表明当前土家族传统文化校本课程建设中校外主体的参与度较低。值得关注的是，学生在该校本课程建设中参与度较高，占比达24%。从学生问卷中也可得到应证。对于"你参与土家族传统文化校本课程建设的频率"该问题的回答（如图4-4），其中

第四章 土家族传统文化校本课程管理现状调查 / 97

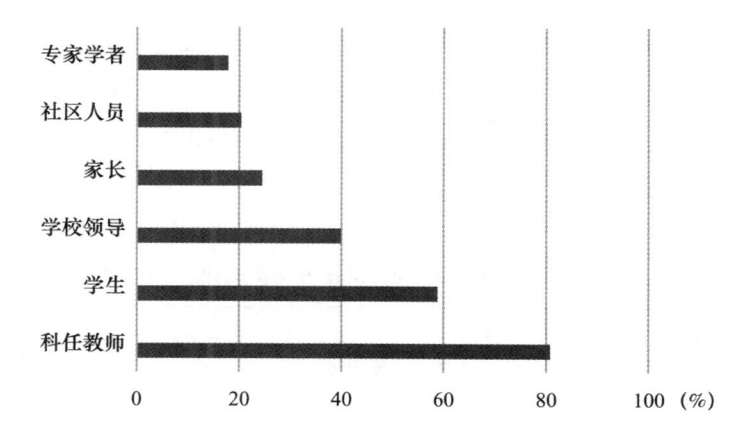

图4-3 土家族传统文化校本课程建设主体统计

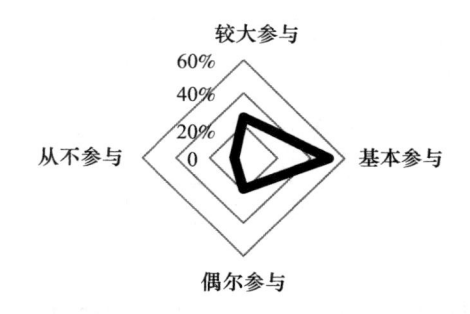

图4-4 土家族传统文化校本课程建设学生参与度统计

超过半数学生表示自己基本参与课程建设中来，还有部分学生表示自己较大程度参与课程建设之中。这反映出恩施州地区中小学在课程管理中注重学生的发展与其主体地位的发挥。

综上可知，土家族传统文化校本课程管理理念得分水平整体偏低。说明在管理过程中各中小学缺乏明确的理念支撑与理论指导。但通过具体分析可以发现，部分学校在该课程管理过程中注重彰显教师与学生的主体地位，关注其发展。

（三）土家族传统文化校本课程背景管理情况描述

列宁说："没有一个长期的旨在取得重大成就的计划，就不能进行工作。"[①] 只有在客观可能性的基础上制订切实可行的校本课程规划，校本

---

① 《列宁全集》（第31卷），人民出版社1992年版，第463—464页。

课程建设才有明确的目标,各项任务也才能落到实处。本书中的背景管理主要是指对课程规划的管理,即通过环境的考量、需求的评估、课程目标的确立以形成良好的课程指导方案。因此,本书对土家族传统文化校本课程背景管理现状进行了描述性分析,结果如表4-8所示。

表4-8　土家族传统文化校本课程背景管理现状统计（n=932）

题项	极小值	极大值	均值	标准差
B1. 贵校建设土家族传统文化校本课程前对校内外资源进行了考量	1	5	2.36	1.007
B2. 贵校建设土家族传统文化校本课程前对师生需求进行了评估	1	5	2.04	0.991
B3. 贵校建设土家族传统文化校本课程前使用恰当方法分析了学校的优劣势	1	5	2.17	0.995
B4. 贵校在建设土家族传统文化校本课程前对学校现状较为了解	1	5	2.47	1.078
B5. 贵校土家族传统文化校本课程建设的目标明晰	1	5	2.34	0.975

由表4-8可以看出,土家族传统文化校本课程背景管理维度各题项得分均在3分以下,这表明该课程背景管理整体水平较低。在对资源考量、需求评估、优劣势分析、目标确立等各个方面均存在突出问题。对每一题项得分情况逐一分析可知,各题项间得分情况悬殊较大,在具体管理行为上存在差异。"贵校建设土家族传统文化校本课程前对师生需求进行了评估"该题项得分情况最低,平均分值为2.04分。说明恩施州地区中小学在该课程的管理中普遍忽视了对师生需求的评估。这也与学校缺乏管理理念密切相关,使得课程管理可能屈从于外部压力而并非来自内部需求。"贵校在课程建设前对学校现状较为了解"该题项得分均值在该维度最高,说明在背景管理过程中大部分被调查者认为学校对自身情况较为了解,这也导致了对环境考量、需求评估的忽视。

综上可知,恩施州地区中小学在土家族传统文化校本课程的背景管理中整体管理水平偏低。被调查者多数认为学校在课程建设前对自身状况较为了解,从而缺乏对师生需求的评估以及校内外环境的考量。

（四）土家族传统文化校本课程输入管理情况描述

课程输入管理主要体现在对课程开发的管理上。"课程开发是具有动态结构特征的操作流程，其包含组成活动的基本结构要素、运行程序和功能规定。"[1] 土家族传统文化校本课程输入管理情况可从表4-9分析得知。

表4-9　土家族传统文化校本课程输入管理现状统计（n=932）

题项	极小值	极大值	均值	标准差
C1. 贵校开发土家族传统文化校本课程时会充分挖掘本地区的文化资源	1	5	2.27	0.973
C2. 贵校开发土家族传统文化校本课程时会积极吸纳外部人员参与	1	5	2.28	1.037
C3. 贵校有专门的人员或组织管理土家族传统文化校本课程	1	5	2.25	1.027
C4. 贵校专门管理土家族传统文化校本课程的组织机构中分工明确、权责明晰	1	5	2.26	1.046
C5. 贵校有完整的方案指导土家族传统文化校本课程建设	1	5	2.50	1.027
C6. 贵校有相应的规章制度管理土家族传统文化校本课程	1	5	2.36	0.969
C7. 贵校采取多种措施鼓励教师进行土家族传统文化校本课程建设	1	5	2.32	0.990

由表4-9可知，土家族传统文化校本课程输入管理的平均值M=2.32，尚未达到平均水平。而且各个题项的平均得分均较低，说明土家族传统文化校本课程输入管理处于中等偏下水平。每一题项得分的极大值与极小值之间均超过了3分，这表明恩施州地区中小学在土家族传统文化校本课程输入管理水平差异较大。该维度每一题项的得分均值分别为 M=2.27、M=2.28、M=2.25、M=2.26、M=2.50、M=2.36 和

---

[1] 吴刚平：《校本课程开发》，四川教育出版社2002年版，第117页。

M = 2.32，均小于其对应的中位数。由此可见，在输入管理维度，各中小学的管理水平有待增强。通过对该维度具体题项得分情况进行分析可知，"贵校有完整的方案指导土家族传统文化校本课程建设"该题项得分均值最高。说明在管理实践中，部分学校较为注重课程方案的制定。"贵校有专门的人员或组织机构建设与管理土家族传统文化校本课程"该题项得分均值最低，说明在输入管理这一维度中，学校对管理组织的构建重视程度较低。

此外，土家族传统文化校本课程的开设数量、课时安排等，在一定程度上反映出土家族传统文化校本课程的开发管理情况。由表4－10课程开设数量情况可知，绝大多数学校仅仅设置了1—2门土家族传统文化校本课程；少部分学校安排了3—4门课程；极少数学校设置了超过5门的土家族传统文化校本课程。整体来看，各中小学校本课程开设数量较少，说明针对土家族传统文化开发的课程内容有限。

表4－10　　土家族传统文化校本课程开设数量统计

课程数量（门）	频率	百分比（%）
1—2	782	83.9
3—4	118	12.7
5—6	12	1.3
6门以上	20	2.1

从表4－11课程内容设置情况来看，当前土家族传统文化校本课程内容设置多以民俗礼仪为主，其次为民间技艺、饮食居住。相比而言，关于信仰崇拜、文学艺术的内容相对较少。从表4－12学生对土家族传统文化感兴趣的内容来看，学生最为感兴趣的是居住饮食文化，其次为民间技艺和衣冠服饰文化，其他方面的文化对学生吸引力较小。由此可知，土家族传统文化校本课程设置的主要内容与学生的主要兴趣点不契合。说明在课程开发管理过程中信息不对称，课程管理者对学生的兴趣点与需求不敏感。这也印证了该课程前期评估不足这一结论。

表4-11　　　土家族传统文化校本课程内容设置情况统计

内容设置	百分比（%）	个案百分比（%）
民俗礼仪	22.30	67.40
民间技艺	20.80	62.90
饮食居住	16.00	48.30
衣冠服饰	15.10	45.70
文学艺术	14.10	42.50
信仰崇拜	11.60	35.20

表4-12　　　学生对土家族传统文化的兴趣调查结果分析

兴趣维度	响应百分比（%）	个案百分比（%）
居住饮食文化	0.39	0.75
民间技艺文化	0.19	0.38
衣冠服饰文化	0.18	0.35
民俗礼仪文化	0.11	0.20
文学艺术文化	0.07	0.14
信仰崇拜文化	0.06	0.12

（五）土家族传统文化校本课程过程管理情况描述

校本课程实施是一个把校本课程文本付之于实践的过程，它是达到预期校本课程目标的重要一环。同时，也是一个对校本课程文本进行检验和改进的过程。对土家族传统文化校本课程的过程管理其实质是对课程实施的管理，从而有助于保障课程实施的方向性与规范性。本书对土家族传统文化校本课程过程管理维度下7个题项的得分情况进行了统计分析，结果如表4-13所示。

表4-13　　土家族传统文化校本课程过程管理现状统计（n=932）

题项	极小值	极大值	均值	标准差
D1. 贵校安排了专门的教师、时间和地点实施土家族传统文化校本课程	1	5	2.44	1.027
D2. 贵校常邀请校外专家或民间艺人进行土家族传统文化校本课程课程教学	1	5	2.36	1.020

续表

题项	极小值	极大值	均值	标准差
D3. 贵校在土家族传统文化校本课程管理中能及时得到信息反馈	1	5	2.32	0.981
D4. 贵校对土家族传统文化校本课程建设进行了全程督导	1	5	2.35	0.999
D5. 贵校有充足的资源实施土家族传统文化校本课程	1	5	2.37	1.012
D6. 贵校常组织学生参加土家族节日庆典、参观民俗博物馆	1	5	2.35	1.016
D7. 贵校在土家族传统文化校本课程实施中注重校园文化与隐性课堂的建设	1	5	2.40	1.037

从表4-13可以看出，土家族传统文化校本课程过程管理各个题项的平均得分均在2.3分以上，高于其他维度得分，但其整体得分仍低于3分。表明该维度在整个管理过程中相对而言情况较好，但总体水平仍然处于中等偏下。该维度各题项得分分别为2.44分、2.36分、2.32分、2.35分、2.37分、2.35分、2.40分，可见各题项得分较为均衡，差异并不显著。对各个题项进行具体分析可知，"贵校安排了专门的教师、时间和地点实施土家族传统文化校本课程"这一题项的得分均值最高。说明在过程管理中，学校较为注重对教师、时间、地点的安排，以保障课程顺利进行。"贵校在土家族传统文化校本课程管理中能及时得到消息反馈"这一题项的得分均值最低，说明学校在课程实施管理过程中对信息沟通重视程度不够，致使在管理实践中消息反馈不及时，沟通协调不畅。此外，对客观题项中课程的课时安排、课程实施方式、学生课程学习方式的调查也能从一定程度上反映出恩施州地区中小学对该课程实施管理的水平。

从图4-5"土家族传统文化校本课程课时安排情况统计"来看，大多数中小学每周仅仅安排1—2课时教授土家族传统文化。同时，结合学生问卷可知，在有限的土家族传统文化校本课程中，该课程还会被其他科目占用。如图4-6所示，23.3%的同学认为该课程极少被占用，

第四章 土家族传统文化校本课程管理现状调查 / 103

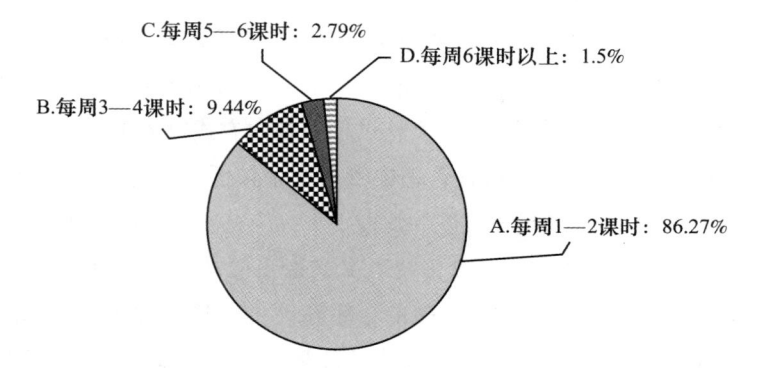

图4-5 土家族传统文化校本课程课时安排情况统计

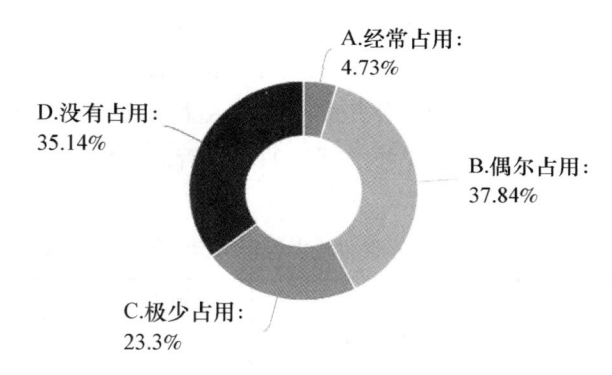

- C.每周5—6课时：2.79%
- D.每周6课时以上：1.5%
- B.每周3—4课时：9.44%
- A.每周1—2课时：86.27%

图4-6 土家族传统文化校本课程被占用情况统计

- A.经常占用：4.73%
- B.偶尔占用：37.84%
- C.极少占用：23.3%
- D.没有占用：35.14%

注：由于数字统计中四舍五入的原因，总和存在不是100%的情况。后同。

37.84%的学生表示该课程会被偶尔占用，4.73%的同学认为该课程经常被占用。这进一步反映出土家族传统文化校本课程在课程实施过程中课程落实不到位。

表4-14 土家族传统文化校本课程实施方式统计

课程实施方式	频率	百分比（%）
分主题进行	251	53.9
按模块进行	33	7.1
依据教材顺序教学	58	12.4
其他形式	124	26.6

由表4-14土家族传统文化校本课程的课程实施方式来看,其最主要的是"分主体进行",其他的"按模块进行设计""依据教材顺序教学"的教学方式采用较少,证明该课程在课程实施过程中教学方式较为单一。综上分析,土家族传统文化校本课程在过程管理中管理水平较低,课时安排不合理、课程教学方式单一,都反映出该维度的管理水平有待进一步提升与改进。

(六)恩施州土家族传统文化校本课程输出管理情况描述

美国著名的教育学家、课程理论专家和评价理论专家泰勒强调:"评价过程在本质上是一个确定课程与教学计划实际达到教育目标程度的过程。"[1] 教育评价专家克龙巴特(Cronbach, L.)认为:"评价能完成的最大贡献是确定教程需要改进的地方。"[2] 课程输出的管理最主要的就是构建完整的方案对课程效果进行评价。因此,基于数据调查,本书对土家族传统文化校本课程的输出管理及其维度下的六个题项的得分情况进行统计分析,以了解土家族传统文化校本课程的输出管理状况。

表4-15 土家族传统文化校本课程输出管理现状统计(n=932) 单位:分

题项	极小值	极大值	均值	标准差
E1. 贵校对土家族传统文化校本课程有不同的评价方法	1	5	2.32	1.000
E2. 贵校对土家族传统文化校本课程有完整的评价指标与考核方案	1	5	2.25	0.975
E3. 贵校会邀请家长、社区人员等参与土家族传统文化校本课程评价	1	5	2.26	0.984
E4. 贵校在土家族传统文化校本课程评价后会对该课程进行改进	1	5	2.28	0.990
E5. 贵校会对优质的土家族传统文化校本课程进行推广	1	5	2.33	1.008
E6. 贵校会针对土家族传统文化校本课程评价中出现的问题对教师进行相应培训	1	5	2.21	0.980

---

[1] [美]拉夫尔·泰勒:《课程与教学的基本原理》,施良方译,人民教育出版社1994年版,第84页。

[2] Cronbaeh L., "Course Inprovement through Evaluation", *Teachers College Record*, No. 64, 1963, pp. 1–13.

	E1	E2	E3	E4	E5	E6
—— 非常符合	3.43	3.01	2.57	6.44	2.79	2.58
—·—· 比较符合	7.30	6.01	5.36	6.65	8.37	5.15
— — 一般符合	28.11	27.25	29.40	28.54	30.47	29.40
------ 不太符合	39.70	40.77	38.41	38.63	35.41	36.05
----- 非常不符合	21.46	22.96	23.61	23.18	22.96	26.82

图 4-7　土家族传统文化校本课程输出管理各题项回答所占百分比统计

从表 4-15 可以看出，土家族传统文化校本课程输出管理各个题项的平均得分均在 2.2 分左右，差异不大。但各题项分值均低于平均分，证明该维度管理现状不理想，处于中等偏下水平。且各题项极大值与极小值之间差值较大，均达到 4 分，说明恩施州地区中小学在该课程输出管理中表现差异较大。由图 4-7 可知，对于各题项的描述选择"不太符合"的所占比例最大，分别为 39.70%、40.77%、38.41%、38.63%、35.41%、36.05%。由此可知，在该管理维度，恩施州地区中小学在上述题项中所涉及的管理措施落实不到位，管理效果不理想。通过对每一题项的得分均值进行具体分析可以看出，"贵校会针对土家族传统文化校本课程评价中出现的问题对教师进行相应培训"得分最低，说明在输出管理中，教师培训往往被忽视。通过客观题"教师参与培训的频率"的调查结果可知（图 4-8），超过 60% 的教师极少参与培训，也可印证以上分析。

在此基础之上，通过客观题中"评价关注重点"与"评价主体"的分析可反映出各中小学对课程评价的管理情况。如表 4-16 所示，其中土家族传统文化校本课程评价关注学生学习的占比 48.30%，关注老师教学的占比 23.50%，关注课程方案质量的占比 16.50%。可见，土家族传统文化校本课程评价关注的重点依旧是学生的学习。从表 4-17 反映的评价主体来看，除了传统教师评价外，学生也在很大程度上参与了校本课程的

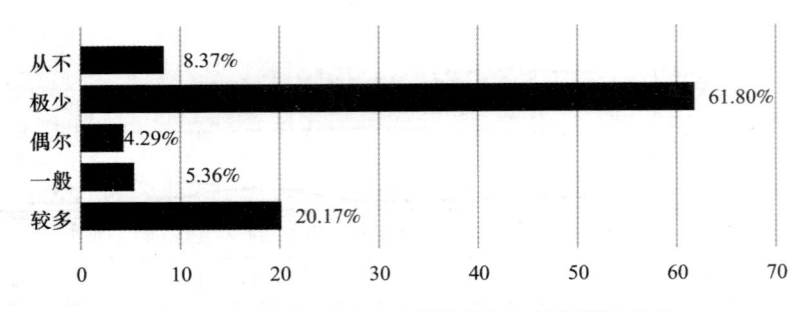

```
从不    8.37%
极少    61.80%
偶尔    4.29%
一般    5.36%
较多    20.17%
      0   10   20   30   40   50   60   70
```

图 4-8　恩施州地区中小学教师参加培训频次统计

评价。这表明,学生的意见是改进土家族传统文化校本课程的重要参考。然而,家长、专家和社区人员对于课程评价的参与度不高。

表 4-16　土家族传统文化校本课程评价关注重点统计

评价关注重点	频率	百分比（%）	个案百分比（%）
教师的教学	168	23.50	36.10
学生的学习	346	48.30	74.20
课程方案的质量	118	16.50	25.30
其他	84	11.70	18.00

表 4-17　土家族传统文化校本课程评价主体统计

评价主体	频率	百分比（%）	个案百分比（%）
教师	318	28.80	68.20
学生	315	28.50	67.60
学校领导	154	13.90	33.00
家长	155	14.00	33.30
专家学者	66	6.00	14.20
社区相关人员	98	8.90	21.00

综上分析可知,土家族传统文化校本课程在输出管理维度的管理水平不甚理想。从评价主体单一、评价过于注重学生的学习成果以及教师培训不足,可以看出各中小学对输出管理的重视程度不够,管理实践中整体表现得分较低。

二 土家族传统文化校本课程管理的差异性分析

通过对恩施州地区中小学土家族传统文化校本课程管理的描述性分析已初步探明了该地区课程的管理现状。在此基础之上本书充分考虑人口学变量，探讨不同性别、年龄、学历、教龄、职务等变量下教师对学校管理现状的认知差异。

（一）土家族传统文化校本课程管理理念的差异性分析

本节将采用单因素方差分析法，尝试分析不同性别、年龄、学历、教龄、职务等相关因素下中小学教师对土家族传统文化校本课程管理理念的认知差异，分析结果如表4-18所示。

表4-18　土家族传统文化校本课程管理理念的差异性分析统计

	类别	平均值	标准差	F	Sig.
性别	男	2.393	0.969	5.553*	0.019
	女	2.181	0.913		
年龄	20—30岁	2.3177	1.02	0.822	0.482
	31—40岁	2.3154	1.034		
	41—50岁	2.1704	0.853		
	50岁以上	2.2857	0.824		
学历	高中或中专	1.9773	1.04311	1.989	0.095
	大专	2.1359	0.89411		
	本科	2.3382	0.95363		
	硕士研究生	2.3667	0.79660		
	博士研究生	2.8333	0.72648		
教龄	1—5年	2.1201	0.96100	1.195	0.311
	6—10年	2.3802	0.94630		
	11—20年	2.3259	1.04694		
	20年以上	2.2504	0.87646		
职务	校长（副校长）	2.7639	0.96799	3.218*	0.023
	中层干部	2.4111	0.98255		
	班主任	2.2392	0.92900		
	专任教师	2.1907	0.92083		

续表

	类别	平均值	标准差	F	Sig.
民族	汉族	2.2897	0.98165	0.627	0.535
	土家族	2.2594	0.92486		
	其他少数民族	2.0679	0.89187		

注：* p≤0.05。

由表 4-18 可知，在性别因素上 F=5.553，Sig.<0.05。这表明，教师因性别不同在学校管理理念认知方面存在差异。在年龄因素上 F=0.822，Sig.>0.05，由此可知，教师并不因年龄不同而对土家族传统文化校本课程管理理念产生认知差异。在学历因素上 F=1.989，Sig.>0.05，表明教师不会因学历不同而对学校土家族传统文化校本课程管理理念的认知产生差异。在教龄因素上 F=1.195，Sig.>0.05。这说明，教师不会因教龄不同而对管理理念的认知产生差异。在教师职务因素上 F=3.218，Sig.<0.05，可知教师的职务不同，其对该课程管理理念的认知也不尽相同。结合方差分析和最小差异分析结果可以发现，校长相对于中层干部、班主任和专任教师而言，其认为学校在该课程管理理念方面水平较低。在民族身份上 F=0.627，Sig.>0.05，表明教师不会因民族身份不同而对课程管理理念产生认知差异。

（二）土家族传统文化校本课程背景管理的差异性分析

在课程背景管理维度，本节将分析不同性别、年龄、学历、教龄、职务等人口统计学变量下教师对土家族传统文化校本课程背景管理的认知差异。分析结果如表 4-19 所示。

表 4-19　　土家族传统文化校本课程背景管理的差异性分析统计

	类别	平均值	标准差	F	Sig.
性别	男	2.3234	0.92117	0.78	0.378
	女	2.2488	0.84577		
年龄	20—30 岁	2.2917	0.96939	0.734	0.532
	31—40 岁	2.3615	0.95027		
	41—50 岁	2.2169	0.79996		
	50 岁以上	2.2381	0.74648		

第四章　土家族传统文化校本课程管理现状调查 / 109

续表

类别		平均值	标准差	F	Sig.
学历	高中或中专	2.0636	1.04996	2.359	0.053
	大专	2.1643	0.84656		
	本科	2.3584	0.87179		
	硕士研究生	2.4600	0.64670		
	博士研究生	1.4667	0.80829		
教龄	1—5 年	2.1699	0.92968	1.175	0.319
	6—10 年	2.4250	0.86152		
	11—20 年	2.3178	0.99160		
	20 年以上	2.2594	0.79606		
职务	校长（副校长）	2.5750	1.07187	1.289	0.278
	中层干部	2.3733	0.94446		
	班主任	2.2367	0.82030		
	专任教师	2.2520	0.86837		
民族	汉族	2.2692	0.90261	0.540	0.583
	土家族	2.2926	0.86376		
	其他少数民族	2.1111	0.85275		

注：*$p \leqslant 0.05$。

根据表 4-19 可知，在性别因素上 $F = 0.78$，$\text{Sig.} > 0.05$。这表明，教师不会因性别不同而对土家族传统文化校本课程背景管理产生认知差异。在年龄因素上 $F = 0.734$，$\text{Sig.} > 0.05$。由此表明，教师不会因年龄不同对土家族传统文化校本课程背景管理产生认知差异。在学历因素上 $F = 2.359$，$\text{Sig.} > 0.05$。这表明，教师不会因学历不同而对该课程背景管理产生认知差异。在教龄因素上 $F = 1.175$，$\text{Sig.} > 0.05$ 主效应不显著。这表明，教师教龄与其对学校土家族传统文化校本课程背景管理认知间不存在差异。在职务因素上 $F = 1.289$，$\text{Sig.} > 0.05$。由此表明，教师不会因职务不同而对土家族传统文化校本课程背景管理产生认知差异。在民族身份上 $F = 0.540$，$\text{Sig.} > 0.05$。由此表明，教师对土家族传统文化校本课程背景管理的认知不会因民族身份不同而产生差异。

（三）土家族传统文化校本课程输入管理的差异性分析

就土家族传统文化校本课程输入管理而言，本节将采用单因素方差分析法，以了解不同人口统计学变量下教师对该维度的认知差异情况。

表4-20　土家族传统文化校本课程输入管理的差异性分析统计

	类别	平均值	标准差	F	Sig.
性别	男	2.3636	0.92432	0.682	0.409
	女	2.2934	0.85415		
年龄	20—30岁	2.3542	0.99537	0.596	0.618
	31—40岁	2.3868	0.97808		
	41—50岁	2.2607	0.77033		
	50岁以上	2.2857	0.76631		
学历	高中或中专	2.0909	1.16771	3.276*	0.012
	大专	2.1856	0.84708		
	本科	2.4150	0.86069		
	硕士研究生	2.5571	0.83964		
	博士研究生	1.3333	0.57735		
教龄	1—5年	2.2058	0.98603	1.409	0.239
	6—10年	2.4978	0.91738		
	11—20年	2.3286	0.95950		
	20年以上	2.3098	0.77843		
职务	校长（副校长）	2.6369	0.98523	1.540	0.203
	中层干部	2.4413	0.89982		
	班主任	2.2935	0.88692		
	专任教师	2.2806	0.85823		
民族	汉族	2.3077	0.91213	0.950	0.387
	土家族	2.3421	0.86858		
	其他少数民族	2.1005	0.84591		

注：* $p \leq 0.05$。

根据表4-20中的差异性统计分析结果可知，在性别因素上F=0.682，Sig.>0.05。这表明，教师不会因性别不同而在土家族传统文化校本课程过程管理认知方面存在差异。在年龄因素上F=0.596，Sig.>

0.05。由此可知，教师不会由于年龄因素而对土家族传统文化校本课程输入管理产生认知差异。在学历因素上 F = 3.276，Sig. < 0.05，主效应明显。这表明，教师会因学历不同而对土家族传统文化校本课程输入管理的认知产生差异。通过具体分析可知，拥有博士学位的教师普遍认为学校在该课程的输入管理中水平较低。在教龄因素上 F = 1.409，Sig. > 0.05。这表明，在对土家族传统文化校本课程输入管理这一维度上，教师对其的认知不会因教龄不同而产生差异。在职务因素上 F = 1.540，Sig. > 0.05。说明教师的职务不同不会使其对该课程输入管理产生认知差异。在民族身份上 F = 0.950，Sig. > 0.05。由此可知，教师不会因民族身份不同而对土家族传统文化校本课程输入管理产生认知差异。

（四）土家族传统文化校本课程过程管理的差异性分析

在土家族传统文化校本课程的过程管理维度，本节将基于前期调查结果结合单因素方差分析法，尝试分析不同性别、年龄、学历、教龄、职务民族因素下教师对该课程过程管理的认知差异。分析结果如表 4 - 21 所示。

表 4 - 21　　土家族传统文化校本课程过程管理的差异性分析统计

	类别	平均值	标准差	F	Sig.
性别	男	2.4166	0.98581	0.646	0.422
	女	2.3426	0.93449		
年龄	20—30 岁	2.3720	1.00834	0.321	0.810
	31—40 岁	2.4264	1.04176		
	41—50 岁	2.3196	0.89733		
	50 岁以上	2.3855	0.83245		
学历	高中或中专	2.1234	1.18976	2.794*	0.026
	大专	2.2739	0.95516		
	本科	2.4353	0.91348		
	硕士研究生	2.9000	1.13699		
	博士研究生	1.3333	0.57735		
教龄	1—5 年	2.2320	0.97641	1.548	0.201
	6—10 年	2.5469	1.03879		
	11—20 年	2.3159	0.98777		
	20 年以上	2.3973	0.89703		

续表

	类别	平均值	标准差	F	Sig.
职务	校长（副校长）	2.7024	1.06815	1.364	0.253
	中层干部	2.4730	0.86940		
	班主任	2.3625	0.98042		
	专任教师	2.3223	0.93698		
民族	汉族	2.3385	0.97770	1.784	0.169
	土家族	2.4092	0.94320		
	其他少数民族	2.0582	0.91152		

注：* $p \leqslant 0.05$。

根据表4-21的差异性统计分析结果可知，在性别因素上F=0.646，Sig.>0.05。这表明，教师不会因性别不同而对学校在土家族传统文化校本课程过程管理产生认知差异。在年龄因素上F=0.321，Sig.>0.05。由此表明，教师的年龄不同并不会使其对土家族传统文化校本课程过程管理产生认知差异。学历因素上F=2.794，Sig.<0.05，主效应明显。这表明，教师学历不同对土家族传统文化校本课程过程管理的认知也不相同。在教龄因素上F=1.548，Sig.>0.05，职务因素上F=1.364，Sig.>0.05，民族身份上F=1.784，Sig.>0.05，这表明，教师不会由于教龄、职务以及民族身份不同而对土家族传统文化校本课程过程管理产生认知差异。

（五）土家族传统文化校本课程输出管理的差异性分析

在土家族传统文化校本课程输出管理维度，本节将采用单因素方差分析法，对不同人口统计学变量下教师对土家族传统文化校本课程输出管理的认知差异进行分析。结果如表4-22所示。

表4-22　土家族传统文化校本课程输出管理的差异性分析统计

	类别	平均值	标准差	F	Sig.
性别	男	2.3044	0.95340	0.294	0.588
	女	2.2559	0.91187		

第四章　土家族传统文化校本课程管理现状调查 / 113

续表

	类别	平均值	标准差	F	Sig.
年龄	20—30 岁	2.2917	0.99649	0.389	0.761
	31—40 岁	2.3359	0.98174		
	41—50 岁	2.2232	0.88153		
	50 岁以上	2.2566	0.82785		
学历	高中或中专	2.0455	1.16404	2.352	0.053
	大专	2.1529	0.93025		
	本科	2.3637	0.89775		
	硕士研究生	2.4333	0.83592		
	博士研究生	1.4444	0.76980		
教龄	1—5 年	2.1416	0.96682	1.207	0.307
	6—10 年	2.4245	0.92531		
	11—20 年	2.2759	0.96769		
	20 年以上	2.2839	0.88966		
职务	校长（副校长）	2.5764	1.11422	1.047	0.372
	中层干部	2.3407	0.86161		
	班主任	2.2551	0.93415		
	专任教师	2.2427	0.91312		
民族	汉族	2.2333	0.93791	1.477	0.229
	土家族	2.3128	0.92550		
	其他少数民族	2.0123	0.85725		

据表 4-22 中的差异性统计分析结果可知，在性别因素上 F=0.294，Sig.>0.05。这表明，教师不会因性别不同而对土家族传统文化校本课程输出管理产生认知差异。在年龄因素上 F=0.389，Sig.>0.05。说明教师不会因年龄不同而在土家族传统文化校本课程输出管理的认知上产生差异。在学历因素上 F=2.352，Sig.>0.05。这表明，教师不会因学历不同而对土家族传统文化校本课程输出管理产生认知差异。在教龄因素上 F=1.207，Sig.>0.05。由此可知，教师对土家族传统文化校本课程输出管理的认知不会因年龄不同而产生差异。在职务因素上 F=1.047，Sig.>0.05。这表明，教师不会因为职务不同而在土家族传统文化校本课程输出管理的认知方

面产生差异。在民族身份上 F = 1.447，Sig. > 0.05，主效应不显著。由此表明，教师对土家族传统文化校本课程输出管理的认知不会因民族身份不同而产生差异。

综上分析可知，教师的学历是影响其对土家族传统文化校本课程管理各维度认知差异的主要因素。通过进一步分析可知，教师学历越高，其越能发现该课程在管理过程中所存在的问题。因而，在后续的课程管理中应加强教师培训，从不同维度提升教师的素养与水平。

三 土家族传统文化校本课程管理的相关性分析

本书基于方差分析探讨了不同人口学变量背景下教师对土家族传统文化校本课程管理不同维度的认知差异。为了进一步了解土家族传统文化校本课程管理现状，还需进行相关分析，以了解不同维度的管理措施是否对课程管理有效。

（一）土家族传统文化校本课程管理理念的相关性分析

基于学校所在地、建设主体、课程安排、教学形式、评价方式、教师培训与课程管理理念维度的各个题项进行 Spearman 相关性分析，结果如表 4-23 所示。由此可知，学校课程管理理念与学校所在地、课程建设主体、课程安排以及教学方式均不相关。学校该课程的管理理念与教师培训呈显著正相关，$p < 0.001$。学校管理理念与课程评价方式也呈正相关。由此可知，在土家族传统文化校本课程管理理念的改进中应注重教师培训与评价方式的完善。

表 4-23 土家族传统文化校本课程管理理念的相关性分析统计

	管理理念	
	相关系数	Sig.
学校所在地	0.558	0.166
建设主体	0.393	0.139
课程安排	0.403	0.072
教学形式	0.358	0.595
评价方式	0.422*	0.014
教师培训	0.509***	0.000

注：*** $p \leqslant 0.001$、** $p \leqslant 0.01$、* $p \leqslant 0.05$。

(二) 土家族传统文化校本课程背景管理的相关性分析

基于学校所在地、建设主体、课程安排、教学形式、评价方式、教师培训与该课程背景管理维度的各个题项进行 Spearman 相关性分析，研究结果如表 4-24 所示。由此可知，土家族传统文化校本课程背景管理与课程安排、评价方式以及教师培训均呈显著正相关（p<0.01）。其与课程建设主体、教学形式也具有相关性，但并不显著（p<0.05）。由此可知，在该课程的背景管理中应注重对课程建设主体、课程安排、教学形式、评价方式等方面的规划，也应增强教师培训，从而提升背景管理水平。

表 4-24　土家族传统文化校本课程背景管理的相关性分析统计

	背景管理	
	相关系数	Sig.
学校所在地	0.532	0.092
建设主体	0.384*	0.039
课程安排	0.397**	0.013
教学形式	0.391*	0.021
评价方式	0.407**	0.004
教师培训	0.443**	0.008

注：*** $p \leqslant 0.001$、** $p \leqslant 0.01$、* $p \leqslant 0.05$。

(三) 土家族传统文化校本课程输入管理的相关性分析

运用土家族传统文化校本课程的学校所在地、建设主体、课程安排、教学形式、评价方式、教师培训与该课程输入管理维度的各个题项进行 Spearman 相关性分析，结果如表 4-25 所示。研究表明，该课程的输入管理与学校课程安排、教学形式、教学培训不具有相关性。其与课程建设主体呈显著正相关（p<0.001）；与课程评价方式以及学校所在地也具有相关性，但并不显著。由此可知，该课程在输入管理维度的表现与课程建设主体、评价方式以及学校所在地息息相关。

表4-25　土家族传统文化校本课程输入管理的相关性分析统计

	输入管理	
	相关系数	Sig.
学校所在地	0.603*	0.027
建设主体	0.466***	0.001
课程安排	0.406	0.253
教学形式	0.414	0.170
评价方式	0.459**	0.003
教师培训	0.473	0.074

注：*** p≤0.001、** p≤0.01、* p≤0.05。

（四）土家族传统文化校本课程过程管理的相关性分析

对土家族传统文化校本课程的学校所在地、建设主体、课程安排、教学形式、评价方式、教师培训与该课程过程管理维度的各个题项进行 Spearman 相关性分析，结果如表4-26所示。研究表明，土家族传统文化校本课程的过程管理与学校所在地、课程建设主体、教学形式以及评价方式均不相关。其与课程安排与教师培训呈正相关，但相关性并不显著（P<0.05）。由此可知，土家族传统文化校本课程要提升过程管理的效能必须在课程安排及教师培训方面进行改进。

表4-26　土家族传统文化校本课程过程管理的相关性分析统计

	过程管理	
	相关系数	Sig.
学校所在地	0.589	0.069
建设主体	0.422	0.064
课程安排	0.428*	0.040
教学形式	0.385	0.473
评价方式	0.414	0.118
教师培训	0.484*	0.015

注：*** p≤0.001、** p≤0.01、* p≤0.05。

(五) 土家族传统文化校本课程输出管理的相关性分析

通过对土家族传统文化校本课程的学校所在地、建设主体、课程安排、教学形式、评价方式、教师培训与课程输出管理维度的各个题项进行 Spearman 相关性分析，结果如表 4-27 所示。研究结果表明，土家族传统文化校本课程输出管理与教师培训、建设主体不具有相关性。该课程输出管理与课程安排呈显著正相关（$p<0.001$）；与教学形式呈正相关（$p<0.01$）；与课程评价方式学校所在地也具有相关性，但并不显著（$p<0.05$）。由此可知，恩施州地区中小学在该课程的输出管理方面应注重课程安排、教学形式以及评价方式的改进，以提升该维度的管理水平。

表 4-27　土家族传统文化校本课程输出管理的相关性分析统计

	输出管理	
	相关系数	Sig.
学校所在地	0.573*	0.016
建设主体	0.372	0.291
课程安排	0.439***	0.001
教学形式	0.419**	0.010
评价方式	0.406*	0.034
教师培训	0.463	0.009

注：*** $p\leqslant0.001$、** $p\leqslant0.01$、* $p\leqslant0.05$。

第三节　土家族传统文化校本课程管理的现状概括与深度解读

本节在已有数据分析基础上，进一步概括提炼土家族传统文化校本课程管理在课程管理理念、背景管理、输入管理、过程管理、输出管理中的状况。同时，将各维度作为独立的单元，结合"影响因素量表"中的各题项所获得的数据，深入分析各自的关联因子及其影响度。

一　课程管理理念状况及其关联因子分析

基于前期调查数据可知，恩施州地区中小学在土家族传统文化校本课程管理理念维度上整体水平较低，但课程管理民主和包容度高，具有显著的人本管理意识与倾向。

若将"土家族传统文化校本课程管理理念"作为因变量，将教师能力、意愿、学生兴趣、认同度、外部支持、学校愿景、校园文化、领导风格等作为自变量做线性回归分析，则发现，以上因素对土家族传统文化校本课程管理理念状况具有预测作用。结果如表4-28、表4-29所示。

表4-28　　　　　　　　　　模式汇总

R	R方	调整R方	标准估计的误差
0.960g	0.921	0.920	0.26501

表4-29　　　　　　　　　　回归分析摘要

模式	非标准化系数 B	标准误差	标准系数 β	t	Sig.
常量	0.043	0.034		1.262	0.208
1. 学校管理风格民主、包容	0.465	0.018	0.536	25.163	0.000
2. 学校管理注重人际关系的处理	0.224	0.022	0.240	10.098	0.000
3. 学校对自身发展的意愿强烈	0.112	0.025	0.124	4.463	0.000
4. 学校有构建特色课程的需求	0.117	0.026	0.123	4.534	0.000
5. 学校对土家族传统文化校本课程十分重视	0.064	0.020	0.066	3.121	0.002
6. 我理解校本课程管理的内涵与功能	0.070	0.028	0.074	2.556	0.011
7. 我愿意积极参与校本课程管理	0.052	0.024	0.057	2.187	0.029

注：a. 因变量：管理理念。

由表4-28模式汇总可知，该模式的回归系数调整R方为0.920，这表明该模式在提高学校课程管理理念水平上，能被表4-29中选出的自变量的多元回归方程所解释的比例为92%。通常来讲，R方大于0.1表示模式可以接受，该模式R方为0.921，表明该模式解释能力足够。从表4-29回归分析结果可以得出以下结论：

第一，选出的自变量的 Sig. 值均小于 0.05，说明这些自变量即学校的管理风格、学校的发展愿景、教师的课程意愿都是影响学校土家族传统文化校本课程管理理念的主要因素。

第二，通过对 β 系数的解读，以上因素的实际解释意义为：学校管理风格越民主、越注重人际关系的处理、自身发展需求与特色课程构建的需求越强烈、对土家族传统文化校本课程越重视以及教师参与管理的意愿越强烈就越能促进学校课程管理理念水平的提升。

第三，从具体影响力的大小来看（从大到小以 β 绝对值的大小排序），分别是：学校管理风格（β = 0.536），学校课对人际关系的处理（β = 0.240），学校自身发展的意愿（β = 0.124），学校构建特色课程的需求（β = 0.123），教师对课程管理的理解（β = 0.074），学校对该课程的重视（β = 0.066），教师参与管理的意愿（β = 0.057）。

综上分析，教师对该课程的理解能力、意愿、学校的愿景、领导风格等对土家族传统文化校本课程管理理念的发展有正向影响。

二　课程背景管理状况及其关联因子分析

课程背景管理主要是指对课程规划的管理，即通过环境考量、需求评估、课程目标确立以形成良好的课程指导方案。基于数据分析可知，恩施州地区中小学土家族传统文化校本课程背景管理处于中等偏下的水平。在该维度中，学校教师及领导多数认为自身对学校情况较为熟悉，但对校内外环境、需求的评估并不到位，使得课程目标模糊。

若将"土家族传统文化校本课程背景管理"作为因变量，将教师能力、意愿、学生兴趣、认同度、外部支持、学校愿景、校园文化、领导风格等作为自变量做线性回归分析，可发现以上因素对土家族传统文化校本课程背景管理状况具有预测作用。其分析结果如表 4 – 30、表 4 – 31 所示。

表 4 – 30　　　　　　　　　　模式汇总

R	R 方	调整 R 方	标准估计的误差
0.973e	0.946	0.946	0.20352

表 4 - 31　　　　　　　　　　　　回归分析摘要

模式	非标准化系数 B	标准误差	标准系数 β	t	Sig.
（常量）	0.114	0.026		4.361	0.000
1. 学生有兴趣参加土家族传统文化校本课程	0.334	0.016	0.384	20.791	0.000
2. 家长重视学生土家族传统文化校本课程的学习结果	0.303	0.016	0.346	18.389	0.000
3. 学校采用有效的方法进行环境评估	0.208	0.017	0.231	12.456	0.000
4. 学校能兼顾多方需求	0.072	0.019	0.086	3.798	0.000
5. 学校能积极与外部联动	0.037	0.017	0.043	2.115	0.035

注：a. 因变量：背景管理。

由表 4-30 模式汇总可知，该模式的回归系数调整 R 方为 0.946。这表明该模式在对样本量和模式中自变量的个数进行调整后，在提高课程背景管理水平上能被表 4-31 中选出的自变量的多元回归方程所解释的比例为 94.6%。且该模式 R 方为 0.946，表明该模式解释能力足够。从表 4-31 回归分析结果可以得出以下结论。

第一，选出的自变量的 Sig. 值均小于 0.05，说明这些自变量即学生兴趣、家长的重视程度以及学校对环境的评估、对多方需求的兼顾以及与外部的联动都是影响学校土家族传统文化校本课程背景管理的主要因素。

第二，通过对 β 系数的解读，以上因素的实际解释意义为：学生对参与土家族传统文化校本课程的兴趣越大、家长对该课程越重视、学校对环境的评估越全面、越能兼顾多方需求并与外部产生联动则越能促进学校背景管理水平的提升。

第三，从具体影响力的大小来看（从大到小以 β 绝对值的大小排序），分别是：学生兴趣（β = 0.384），家长重视程度（β = 0.346），环境评估（β = 0.231），需求兼顾（β = 0.086），外部联动（β = 0.043）。

综上分析可知，家长的重视程度以及学校对环境的评估、对多方需求的兼顾以及与外部的联动对土家族传统文化校本课程背景管理的发展有正向影响。

三 课程输入管理状况及其关联因子分析

基于前期的描述性分析、相关分析与差异性分析可知，恩施州地区中小学土家族传统文化校本课程输入管理未达到平均水平且差异显著。在该管理维度部分学校注重课程方案的拟定，但多数学校仍存在资源挖掘不充分、校内外联动不足等问题。致使课程数量较少、课程内容单一、课程设置不合理。

以"土家族传统文化校本课程输入管理"为因变量，将教师能力、意愿、学生兴趣、认同度、外部支持、学校愿景、校园文化、领导风格等作为自变量做线性回归分析，可知以上因素对土家族传统文化校本课程输入管理具有预测作用。其分析结果如表4-32、表4-33所示：

表4-32　　　　　　　　模式汇总

R	R方	调整R方	标准估计的误差
0.979f	0.958	0.958	0.18080

表4-33　　　　　　　　回归分析摘要

模式	非标准化系数 B	标准误差	标准系数 β	t	Sig.
（常量）	0.119	0.024		5.035	0.000
1. 我熟悉校本课程开发的流程	0.227	0.017	0.268	13.340	0.00
2. 我有意愿开发校本课程	0.212	0.014	0.235	15.398	0.00
3. 学生对土家族传统文化校本课程认同度较高	0.234	0.016	0.274	14.982	0.00
4. 教育部门组织教师进行校本课程培训	0.154	0.016	0.180	9.497	0.00
5. 当地教育行政部门或民间团体给予土家族传统文化校本课程资金支持	0.088	0.020	0.098	4.489	0.000
6. 社区有丰富的文化资源支持学校开展土家族传统文化校本课程	0.040	0.015	0.046	2.730	0.007

注：a. 因变量：输入管理。

由表 4-32 模式汇总可知，该模式的回归系数调整 R 方为 0.958。这表明该模式在对样本量和模式中自变量的个数进行调整后，在提高学校课程输入管理水平上，能被表 4-33 中选出的自变量解释的比例为 95.8%。且该模式 R 方为 0.958，表明该模式解释能力足够。从表 4-33 的回归分析结果可以得出以下结论。

第一，选出的自变量的 Sig. 值均小于 0.05，说明这些自变量即教师课程建设意愿、能力、学生认同度、教师培训、资金支持、文化资源支持是影响学校土家族传统文化校本课程输入管理的主要因素。

第二，通过对 β 系数的解读，以上因素的实际解释意义为：教师课程建设意愿以及能力越强、学生认同度越高、教师培训越到位、资金与文化资源支持越多，其越能促进学校输入管理水平的提升。

第三，从具体影响力的大小来看（从大到小以 β 绝对值的大小排序），分别是：学生认同度（β=0.274），教师能力（β=0.268），教师意愿（β=0.235），教师培训（β=0.180），资金支持（β=0.098），文化资源支持（β=0.046）。

综上分析可知，教师课程建设意愿与能力、学生认同度、教师培训、资金支持、文化资源支持对土家族传统文化校本课程输入管理的发展有正向影响。

四 课程过程管理状况及其关联因子分析

恩施州地区中小学在土家族传统文化校本课程管理中，课程的过程管理相较于其他管理维度表现较好，但管理水平仍然处于中等偏下水平。各中小学在过程管理中注重课时及人员的安排，课程能够有序实施。但与外部主体联动仍然不足。

若将"土家族传统文化校本课程过程管理"作为因变量，将教师能力、意愿、学生兴趣、认同度、外部支持、学校愿景、校园文化、领导风格等作为自变量做线性回归分析，可发现，以上因素对土家族传统文化校本课程过程管理具有预测作用。其分析结果如表 4-34、表 4-35 所示：

表 4-34　　　　　　　　　　　模式汇总

R	R 方	调整 R 方	标准估计的误差
0.994g	0.988	0.988	0.10545

表 4-35　　　　　　　　　　　回归分析摘要

模式	非标准化系数 B	标准误差	标准系数 β	t	Sig.
（常量）	0.003	0.014		0.216	0.829
1. 社区有良好的场地如民俗博物馆、文物古迹供学生参观学习	0.183	0.014	0.192	13.168	0.000
2. 课程专家或校外人员进行土家族传统文化校本课程的指导	0.243	0.011	0.262	22.539	0.000
3. 我能根据学生兴趣与发展规律适当安排课程	0.252	0.013	0.259	18.973	0.000
4. 我能选用适当的方法进行教学	0.245	0.013	0.260	18.901	0.000
5. 学校建设与布局中会凸显少数民族文化	0.043	0.011	0.045	3.959	0.000
6. 学校在管理中注重学校文化的塑造	0.020	0.008	0.021	2.424	0.016
7. 学校会组织参加土家族传统文化活动	0.016	0.008	0.017	2.027	0.043

注：a. 因变量：过程管理。

由表 4-34 模式汇总可知，该模式回归系数的调整 R 方为 0.988，表明该模式在对样本量和模式中自变量的个数进行调整后，其在提高学校课程过程管理水平上，能被表 4-35 中选出的自变量的多元回归方程所解释的比例为 98.8%。通常来讲，R 方大于 0.1 表示模式可以接受，该模式 R 方为 0.988，表明该模式解释能力足够。从表 4-35 回归分析结果可以得出以下结论。

第一，选出的自变量的 Sig. 值均小于 0.05，说明这些自变量即校外参观、专家指导、教师能力、校园文化、管理文化、文化活动是影响学校土家族传统文化校本课程过程管理的主要因素。

第二，通过对β系数的解读，以上因素的实际解释意义为：在该课程实施过程中越注重校外文化场域作用的发挥、专家的指导、校园文化的建设、管理文化的构建、文化活动的组织以及教师专业能力培训就越能促进该课程过程管理水平的提升。

第三，从具体影响力的大小来看（从大到小以β绝对值的大小排序），分别是：专家指导（β = 0.262）、教师教学能力（β = 0.260）、教师课程设置能力（β = 0.259）、校外参观（β = 0.192）、校园文化（β = 0.045）、管理文化（β = 0.021）、文化活动（β = 0.017）。

综上分析，校外参观、专家指导、教师能力、校园文化、管理文化、文化活动对土家族传统校本课程过程管理的发展有正向影响。

五 课程输出管理状况及其关联因子分析

基于调查数据分析可知，恩施州地区中小学在土家族传统文化校本课程输出管理维度得分较低，管理水平有待提升。在课程评价中虽注重学生主体的参与，但评价内容与方法单一，且对于课程改进与推广管理不到位。

以"土家族传统文化校本课程输出管理"为因变量，将教师能力、意愿、学生兴趣、认同度、外部支持、学校愿景、校园文化、领导风格等作为自变量做线性回归分析，可知以上因素对土家族传统文化校本课程输出管理具有预测作用。其分析结果如表4-36、表4-37所示：

表4-36　　　　　　　　　模式汇总

R	R方	调整R方	标准估计的误差
0.974f	0.949	0.948	0.21083

表4-37　　　　　　　　　回归分析摘要

模式	非标准化系数 B	非标准化系数 标准误差	标准系数 β	t	Sig.
（常量）	0.017	0.027		0.640	0.522
1. 我熟悉校本课程开发的流程	0.486	0.021	0.519	23.491	0.000
2. 学校对土家族传统文化校本课程十分重视	0.187	0.026	0.198	7.300	0.000

续表

模式	非标准化系数 B	标准误差	标准系数 β	t	Sig.
3. 学校有构建特色课程的需求	0.095	0.017	0.107	5.460	0.000
4. 学校对自身发展的意愿强烈	0.098	0.016	0.102	6.050	0.000
5. 学校在管理中注重学校文化的塑造	0.065	0.014	0.075	4.542	0.000
6. 学校有专门的土家族传统文化社团	0.056	0.025	0.060	2.260	0.024

注：a. 因变量：输出管理。

由表4-36模式汇总可知，该模式的回归系数的调整R方为0.948。这表明该模式在对样本量和模式中自变量的个数进行调整后，在提高学校课程输出管理水平上，能被表4-37中选出的自变量的多元回归方程所解释的比例为94.8%。通常来讲，R方大于0.1表示模式可以接受，该模式R方为0.949，表明该模式解释能力足够。从表4-37回归分析结果可以得出以下结论。

第一，选出的自变量的Sig.值均小于0.05，说明这些自变量即教师能力、学校重视程度、学校发展意愿、学校特色课程构建的需求、管理文化、校园文化是影响学校土家族传统文化校本课程输出管理的主要因素。

第二，通过对β系数的解读，以上因素的实际解释意义为：教师能力越强、学校对土家族传统文化校本课程越重视、学校发展意愿与学校特色课程构建的需求越强烈，学校越重视管理文化与校园文化，则越能促进该课程输出管理水平的提升。

第三，从具体影响力的大小来看（从大到小以β绝对值的大小排序），分别是：教师能力（β=0.519）、学校重视程度（β=0.198）、学校特色课程构建的需求（β=0.107）、学校发展意愿（β=0.102）、管理文化（β=0.075）、校园文化（β=0.060）。

综上分析，教师能力、学校重视程度、学校发展意愿、学校特色课程构建的需求、管理文化、校园文化对土家族传统文化校本课程输出管理的发展具有正向影响。

第五章

土家族传统文化校本课程管理的问题及成因

基于现状调查可知，恩施州地区中小学土家族传统文化从校本课程管理呈现出诸多问题。本章通过问题凝练及影响因素分析，以期探明后期改进课程管理的着力点。

第一节 土家族传统文化校本课程管理的问题凝练

通过土家族传统文化校本课程管理现状的描述性分析、差异性分析及相关性分析可知，恩施州地区中小学在土家族传统文化校本课程管理中注重学生的参与；在管理理念中注重主体的发展。然而，就整体而言，其管理水平较低，管理过程中仍存在诸多问题。

一 管理理念：课程愿景和建设规划不明确

通过前期调查分析可知，土家族传统文化校本课程在管理理念上存在的主要问题为课程愿景不明确、课程建设规划不清晰。

（一）课程愿景不明确

愿就是愿望、动力；景则是想要达成的目标，形成的图景。愿景的意思是所向往的前景。课程愿景是指学校基于课程了解，探究其不足并试图找出改进办法以达到的预设。

一定的教育总在追寻一定的文化旨趣和表达一定的文化愿景。因此该课程愿景一方面应指向人与文化的和谐共生。然而调查显示对于"贵校土家族传统文化校本课程的管理在于促进文化传承"该题项整体得分水平较低，证明该课程的文化愿景不明确。另一方面该课程还应具有人文愿景，即通过课程充分达成每一个学生作为人而存在着的美好愿景。如学生学习该类课程后在情感、态度、认知、技能层面理应得到的发展。然而，在调查过程中发现，该课程在建设过程中课程愿景不明，不仅缺乏文化的敏感性而且缺乏人文关照性。在访谈过程中 XF 第一中学的 Y 老师表示："这个课程不是高考的必考科目，而且也不会计入高考成绩，所以可能课程的意义不大。对于课程应实现的愿景我也不是很清楚，可能就是为了学校的面子工程。"（XF - Y - 20 - 2019. 4. 11）LC 民族实验中学的 W 老师也表示："这个课程应该就是学习一些土家族的传统文化，比如学会跳摆手舞、学会唱'黄四姐'这些。"（LC - W - 17 - 2019. 4. 10）LC 清江外国语学校的 W 老师表示："学校愿景就是在高考中取得好成绩，这点很重要，关系到学校的名誉、来年的招生以及教师的绩效考核。对于土家族传统文化校本课程的目标和理念我不太清楚。"对于土家族传统文化校本课程的后续发展，W 老师也表示："我觉得这个课程应该后面也不会怎么改进吧，毕竟老师的精力有限，这个课程也不在高考的范围之内。"（LC - W - 16 - 2019. 4. 10）由上述访谈材料可知，学校在该课程中的发展意愿不强，共同愿景的构建缺乏。

（二）课程规划不清晰

课程规划包含对课程目标的设定、对课程体系的设想以及对课程方案的拟定等。对课程建设有清晰的规划才能避免课程建设的盲目与紊乱，然而调查结果显示土家族传统文化校本课程在管理过程中规划不明。具体表现为课程目标模糊、人员组织不足、规划方案缺乏等方面。

课程目标是指导整个课程发展、实施的关键。然而，基于恩施州地区中小学土家族传统文化校本课程管理的现状调查可知，诸多中小学并未清晰界定该课程目标。对于"贵校土家族传统文化校本课程建设的目标明晰"选择"不太符合"的人数占比达 37.98%，选择"非常不符合"的人数占比达 20.6%。由此表明，多数学校在该课程管理过程中目标不明晰。此外，土家族传统文化校本课程在建设过程中缺乏专门组织对课程进行正确的规划、拟定合理的目标、选用合适的方法。对于"贵校有专门的人员或组织机构建设与管理土家族传统文化校本课程"该题项选择

"不太符合"的占比38.84%,选择"非常不符合的"占比25.54%。可见多数学校在该课程建设中缺乏专门的组织。对于"贵校有完整的方案指导土家族传统文化校本课程建设"该题项,选择"不太符合"的人数占比34.55%,选择"非常不符合"的人数占比"17.6%"。基于上述调查结果可知,多数中小学在土家族传统文化校本课程建设过程中组织机构及规划方案缺乏。斯大林说:"实践若不以革命理论为指南,就会变成盲目的实践。"[①] 理性认识不仅能够揭示客观事物的本质和规律,而且能据此指导实践。只有对课程建设进行科学、严谨的规划才能使得建设沿着正确的方向前行,进而提高管理效率。JS下坝小学H校长在访谈中就表示:"教师担任的主要课程有严格的质量要求,校本课程往往是一带而过。我们也希望相关部门建立评价体系,真正弘扬传承土家文化。学校和上级并没有做明确的要求进行该课程的开设,老师不愿意花时间和精力去做。土家族传统文化校本课程只是一个形式,仅仅只是在课表上呈现出来,并没有得到落实。对于这个课程如何开发、实施,以及课程应达到的效果等可能我们还没有深入思考过,更没有形成系统的方案。"(JS-H-6-2019.4.5)综上可知,在该课程管理过程中管理者对课程认知不足,课程规划不清晰。

二 背景管理:环境分析和早期评估不到位

CIPP评价模式中,背景评价包含描述所需服务的背景情况。基于此,土家族传统文化校本课程的背景管理应包含对校内外现实环境的考量以及对各方需求的评估。通过了解应然与实然间的差距,分析学校优势和劣势,从而构建恰当的课程目标。然而,调查结果显示,恩施州地区中小学在该校本课程管理中对环境考量不足,前期评估不到位。

(一)环境考量不足

环境考量包含对校内外可用资源的分析,对各主体需求的评估,以及采用恰当方法分析现实与需求间的差距,从而为后续课程建设提供信息。其实质是一个信息收集和分析的过程,其结果是对个体、机构、共同体或社会需求与现实环境的反馈。

[①] 转引自毛泽东《实践论》,人民出版社1975年版,第16页。

通过土家族传统文化校本课程管理现状的调查分析可知，对于"贵校建设土家族传统文化校本课程前对校内外的资源进行了考量"该描述有38.2%的人选择了"不太符合"，20.6%的人选择了"非常不符合"。此外，有近半数被调查者对于"贵校在课程建设前对学校现状较为了解"持肯定态度。对于"贵校建设土家族传统文化校本课程前对师生需求进行了评估"该题项，有69.1%的被调查者选择了"不符合"与"非常不符合"。对于"贵校在课程建设前使用恰当方法分析了学校的优劣势"该题项，有37.12%的被调查者选择了"比较不符合"，28.54%的被调查者选择了"十分不符合"。由此可知，多数学校认为其对学校现状较为了解，反而使得在课程管理过程中忽视了对学校现状以及环境的考量。BD第一高级中学的Z老师在访谈中表示："我在学校待了这么久，对学校的情况肯定很了解。还有很多老师在学校教了几十年，没有人比他们更了解学校的状况了。搞的那些评估什么的，我觉得没什么必要，都是一些假把式。"（BD-Z-11-2019.4.8）也有教师表示应在课程建设前对各方情况进行评估，但基于现实情况却无法实现。LC都亭第一小学的Z老师表示："我觉得这些评估其实还是很有必要的，不仅可以使课程顺利进行也有利于我们了解学校的状况。但是现在教师压力都很大，没那么多时间、精力搞这些。而且这个也需要钱，学校可能也没那么多经费。"（LC-Z-18-2019.4.10）由此可知，在课程管理过程中，中小学校普遍不重视对师生需求的评估。可见，在土家族传统文化校本课程管理中，学校不注重运用科学方法对校内外资源、环境以及学校自身的优劣势进行评估，使得课程管理中呈现出环境考量不足。

（二）需求分析缺乏

需求分析即把各方对课程建设提出的"要求"或"需要"进行分析与整理，确认后形成描述性的、规范完整的、表述清晰的文档，确定课程最终须完成的工作与满足的需要。然而，据调查结果可知，恩施州地区中小学在土家族传统文化校本课程管理过程中需求分析不足。

一方面，调查结果显示，在开设了土家族传统文化校本课程的学校中，该课程设置多为每周1—2课时，开设数量也多为1—2门，而且这些课程还会被偶尔占用，真正实施的课程较少。在课程内容设置方面，由于多以教师为主体，对学生的真正需求关注度不够，很多学生真正感兴趣的内容并未囊括在内。如调查显示,学生多数对土家族传统文化中的居住饮食较为感兴趣。而课程开设过程中多以土家族传统民俗礼仪为主,使得课程的吸引力不够,与学生需求的契合度不高。由此可见,在土家族传统文化校本课程建设中对学生的需求分析不足,不能及时了解与掌握学生的兴趣点,致使课程开发内容不能完全满足学生的兴趣。另一方面,在课程建设中同样忽视了教师以及家长等相关主体的需求,从而导致教师在课程实施过程中积极性不高,家长及外部主体对课程建设的支持力度不够。BD民族实验中学的 L 老师在访谈中就直接表示:"因为我们学校每天时间安排得很紧,我真的觉得教学任务、各种学习较多,在土家族传统文化校本课程建设中不会去了解学生的需求。大部分教师和我一样,没有时间精力去钻研这些。"(BD－L－14－2019.4.8)还有 JS 官店小学 T 老师也表示:"其实我们许多老师不是土家族,也不太了解应该如何去开发课程。对于家长、学生对土家族传统文化校本课程的期待和需求也不是很了解。所以应该请一些专家或者传承人来教授这些课程,或是辅助我们去开发个课。这样我们压力也小一些,学生兴趣也大一些。"(JS－T－2－2019.4.5)综上可知,土家族传统文化校本课程在建设过程中缺乏需求分析,早期评估不到位。

三 输入管理:资源汇聚和文化挖掘不精准

土家族传统文化校本课程输入管理即对课程开发的管理。然而,恩施州地区中小学在此过程中存在诸多问题,如资源支持匮乏、文化挖掘不精准、不到位,从而使得该课程在输入管理维度水平欠佳。

(一)资源支持匮乏

课程资源的获取与配置是管理过程中的重要内容。校本课程管理中涉及教育资源与权力重新分配,学校如何获得相应的权力支撑与资源保障也是需要重点考虑的问题。然而,通过调查可知,在土家族传统文化校本课程管理过程中存在资源获取不足,致使保障该课程顺利进行的支持力量薄弱。

基于调查结果可知,对"贵校开发土家族传统文化校本课程时会充分挖掘本地区的文化资源"选择"不太符合"的占比达 42.06%,选择"非常不符合"的占比达 21.67%;对"贵校在开发土家族传统文化校本课程时积极吸纳外部人员参与"选择"不太符合"的占比达35.62%，选择"非常不符合"的占比达25.32%。此外，从课程开设数量情况可知，绝大多数学校仅仅设置了1—2门土家族传统文化校本课程；少部分学校安排了3—4门课程；极少数学校设置了超过5门的土家族传统文化校本课程。从整体上看，恩施州地区多数中小学对于该校本课程开设的数量较少，文化资源挖掘有限。

图5-1 词频分析

通过对"您认为土家族传统文化校本课程管理困难在于"这一主观题的回答提取关键词进行词云图分析（图5-1）可知，"资源"一词出现了30次，位于词云图的中心位置。表明诸多教师认为资源保障不足是课程管理中最大的问题。JS官店小学T老师表示："最大的困难应该是在资源这一块吧，传承人的缺失、文献的缺失，加上网络上资源也少。所以给开发和实施带来很大的困难。总之，欠缺的东西很多，主要是资源这一块。"（JS-T-2-2019.4.5）XF第一中学的Z老师也认为："现代化建设太快，根本跟不上。我们地区又不发达，能利用的资源太少了。再说，也缺乏专业的师资力量与教学条件。土家族没有自己的文字，缺少细致全面的记录。"（XF-Z-21-2019.4.11）JS第一中学L老师表示："土家族传统文化校本课程建设很有必要……没有相应的社会环境。学校、家长、学生都不重视。没有相应的教学资源、没有专业的老师、没有教材，老师根本就没有关注这方面的内容。在资源的投入上，大多数学校均存在缺乏师资、缺乏经费等问题，没有足够的投入来支撑课程的开发和建设，无异于纸上谈兵。"（JS-L-3-2019.4.5）由此可见，恩施州地区中小学在土家族传统文化校本课程的输入管理中存在课程资源获取不足、外部支持不够等问题。

（二）文化挖掘不精准

土家族传统文化校本课程的输入管理即对课程开发的管理，这是课程管理的关键。在课程开发过程中对文化资源的挖掘、筛选又是重中之重。然而，基于调查结果分析可知，土家族传统文化校本课程在输入管理中文化挖掘不精准。

调查结果显示，对于"土家族传统文化校本课程开设数量"这一问题 83.9% 的被调查者选择了"1—2 门"；12.7% 的被调查者选择了"3—4 门"；1.3% 的被调查者选择了"5—6 门"；2.1% 的被调查者选择了"6 门以上"。由此可知，恩施州地区的中小学文化挖掘不够，课程开设数量较少。对于课程内容的调查结果显示：学生最为感兴趣的土家族传统文化为"居住饮食文化"，其所占个案百分比为 75%；而土家族传统文化校本课程内容涉及最多的却是"民俗礼仪文化"，其所占个案百分比为 67.4%。可见，在课程开发过程中对文化资源挖掘不精准，课程内容设置与学生兴趣相偏离。对于"贵校在土家族传统文化校本课程管理中注重校园文化与隐性课堂的建设"这一描述，选择"不太符合"的人数占 38.63%，选择"非常不符合"的人数占 19.74%，表明在课程开发过程中，学校不注重对隐性文化的挖掘与构建。此外，通过访谈可知，土家族传统文化校本课程对于文化资源的挖掘多浮于浅表，缺乏对文化内涵、精髓的深入挖掘与提炼。ES 州高级中学的 Z 老师在访谈中提道："土家族传统文化校本课程开发最多的就是土家歌舞课程。特别是摆手舞，基本每个学校都有教授。对于其他文化的挖掘好像很少。"Z 老师还表示："在课程开发过程中对于课程资源的筛选、整合也没太多的概念。毕竟课程开发参与得较少，对此也没有太多见解。"（ES-Z-9-2019.4.7）ES 实验小学的 T 老师也表示："在课程开发过程中其实缺少对土家族传统文化的深入研究与思考，对文化资源的挖掘还不到位。其实应深入思考文化背后的精神，通过与现实生活以及时代特色的融合进行提炼、总结。而不是简单地讲述传统文化知识，这样没有太大意义。"（ES-T-8-2019.4.7）由此可知，在土家族传统文化校本课程输入管理过程中对传统文化资源挖掘不够精准、深入，使得课程难以发挥其效能。

四 过程管理：沟通协调和内外联动不得力

过程管理即对土家族传统文化校本课程实施的管理。基于调查结果可知，在课程的实施管理中存在沟通协调不畅、内外联动不得力的问题。

（一）沟通协调不畅

沟通协调是指管理者在日常工作中妥善处理好上级、同级、下级之间的各种关系。沟通协调能及时获取信息、解决问题，维护好与外部主体间的关系等，这在管理工作中十分重要。

然而，调查结果显示，恩施州地区中小学在土家族传统文化校本课程管理过程中出现了内部信息不对等、沟通反馈不及时以及外部协调不畅等问题。一方面，该课程在过程管理中呈现出内部信息不对等、反馈不及时等问题。从课程内容设置情况来看，土家族传统文化极为丰富，本书将其划分为饮食居住、衣冠服饰、民间技艺、信仰崇拜、民俗礼仪、文学艺术六大类。然而，土家族传统文化校本课程内容设置多以民俗礼仪为主，其次为民间技艺、饮食居住。相较而言，关于信仰崇拜、文学艺术的内容较少。从学生对土家族传统文化感兴趣的内容来看，学生最为感兴趣的是居住饮食文化，其次为民间技艺和衣冠服饰文化。由此可见，土家族传统文化校本课程设置的主要内容与学生的主要兴趣点不契合。对于"贵校在土家族传统文化校本课程管理中能及时得到消息反馈"该问题，选择"不太符合"的人数占比达39.7%，选择"非常不符合"的人数占比达20.82%。由此可知，该课程在开发管理过程中各主体间信息获取不对称。BD第三高级中学的F老师在访谈中提道："这个课程就是可能老师觉得什么比较重要，或者比较有意思就给同学上。还有一些比如'摆手舞'就规定每个学校的体育课都要教。在上课过程中可能就按部就班地上，也没有什么其他的考虑。"（BD-F-12-2019.4.8）另一方面，表现为外部沟通协调不足，不能获得足够的外部资源支持。对于"贵校常邀请校外专家或民间艺人来进行土家族传统文化校本课程教学"这一描述，选择"不太符合"的人数占比达38.2%，选择"非常不符合"的人数占比达20.82%；对于"贵校土家族传统文化校本课程实施所需资源能很好地满足"，选择"不太符合"的人数占比达37.77%，选择"非常不符合"

的人数占比达20.6%。通过访谈也能反映出类似问题。JS第一中学L老师也提道："有时候我也想把这个课上好，但是很多硬件条件达不到。比如上次我想教同学们土家织锦，但是还要采购染料、布匹什么的，经费不够还要申请，很麻烦，最后还是搁置了。"（JS-L-3-2019.4.5）可见，土家族传统文化校本课程在管理过程中存在内外部沟通协调不畅的问题。

（二）内外联动不足

校本课程建设虽以学校为主体但并非闭门造车，而需与外部环境进行互动合作。因而，对校本课程的管理绝非仅仅处理校内事务，还应涵盖与外部组织的联动，从而获取相应的资源与支持。在万物互联的今天，任何事物都无法孤立存在，校本课程的管理也应进入协同时代，从而形成合作共赢的局面。

然而基于现状调查可知，对于"贵校开发土家族传统文化校本课程时会充分挖掘本地区的文化资源""贵校在开发土家族传统文化校本课程时积极吸纳外部人员参与"以及"贵校常邀请校外专家或民间艺人来进行土家族传统文化校本课程教学"等问题的回答，选择"不太符合"和"十分不符合"的人数占到半数以上。说明在土家族传统文化校本课程管理中内外联动不足。不仅问卷调查结果呈现出这一态势，而且教师访谈也反映了同样的问题。XF第一中学的Z老师就表示："周围的环境，社区的文化氛围不够。现在很多人被汉化，对土家族文化了解很少。学校很难找到文化传承人来指导。而且也缺乏开发校本课程的专业人才，外校专家参与不多，指导也不多。政府对这一块的培训很少的，也没有专项经费。"（XF-Z-21-2019.4.11）XE高罗中学的Y老师也表示："现在生活环境氛围不足，周围的土家族传统文化被汉化得太严重，不能给予这个课程很好的支持。教师的教学负担重，难以独立承担起开发任务。"（XE-Y-29-2019.4.20）此外，由于部分学校所处地区经济相对落后，投入的人力、物力较少，政府政策引导与经济支持不够。在访谈中BD野三关民族中心小学Y老师表示："学校在进行土家族传统文化校本课程建设时不仅缺乏专业教师，缺乏经费，而且领导及教师对传统民族文化认同度不高。基本经费都没有保障，领导哪有心思管这些！一方面政府没有专项拨款，另一方面学校自己也没钱。所以学校基本不重视相关课程的设置，只重视高考文化科目，导致整体课程开发难度较高。"（BD-Y-

15 – 2019.4.8）综上可知，该课程在管理过程中呈现出内外联动不足的严重问题。

五　输出管理：评价体系和改进机制不完善

土家族传统文化校本课程的输出管理强调评价主体、方式、维度的多元，以构建全面、完整的评价体系。然而该课程在输出管理中存在评价体系不当、改进机制不完善的问题。

（一）评价体系不当

课程评价不仅真实反映了课程的实践效果，也是课程改进与发展的基础，对课程改革具有推动作用。土家族传统文化校本课程在评价中秉持"多元"理念，这是该课程在评价中应达成的共识。然而，土家族传统文化校本课程在输出管理中却出现偏置，表现为评价体系不当。

从土家族传统文化校本课程评价内容来看，其关注的重点依旧是学生的学习。依据调查结果可知，在土家族传统文化校本课程评价中认为其关注学生学习的占比达48.3%，关注老师教学的占比23.5%，关注课程方案质量的占比16.5%。从评价的主体来看，除了传统教师评价外，学生也在很大程度上参与了校本课程的评价。这表明学生的意见是土家族传统文化校本课程评价的重要参考。然而，家长、专家和社区人员对于课程评价的参与度不高。对于"贵校对土家族传统文化校本课程的评价有家长、社区人员等参与"这一问题，选择"不太符合"的人数占比达36.05%，选择"非常不符合"的人数占比达26.82%。此外，该课程评价方式较为单一，且缺乏系评价方案。对于"贵校对土家族传统文化校本课程有不同的评价方法"这一描述，选择"不太符合"的人数占比达39.7%，选择"非常不符合"的人数占比达21.46%；对于"贵校对土家族传统文化校本课程有完整的评价指标与考核方案"这一项，选择"不太符合"的人数占比达40.77%，选择"非常不符合"的人数占比达22.96%；诸多老师也认为评价体系、考核体系的不合理使得老师在该课程的建设与实施中缺乏动力。JS官店小学T老师表示："学校对于要纳入考试的科目有严格的考核与评价方案，但是对于土家族传统文化校本课程没有做太多规定。基本没有什么评价和考核，顶多就是要检查教案，感觉很随意。"（JS – T – 2 – 2019.4.5）JS民族高中H老师也表示："有效措施就是将校本课程的开发作为教研的考核成绩，纳入年底绩效考核。但是由于大部分学校课程资源投入有限，所以导致教师整体积极性不高。"(JS-H-4-2019.4.5)由此可见，土家族传统文化校本课程在输出管理过程中，评价的焦点仍多聚焦于学生的学习，评价的主体多限于学校内部，评价的形式较为单一，评价方案缺乏，整体来看评价体系还需进一步完善。

（二）改进机制不完善

在课程输出管理中最重要的是依据评价结果对课程进行相应的改进。然而，通过调查发现，土家族传统文化校本课程在输出管理中改进机制不完善，进而呈现出后续改进不足，课程发展乏力。

调查结果显示，对于"贵校在土家族传统文化校本课程评价后会对该课程进行改进"这一问题，选择"不太符合"的人数占38.63%，选择"非常不符合"的人数占23.18%。可见，在评价之后学校对该课程的改进工作缺乏，多数课程最后不了了之。对于"贵校会对优质的土家族传统文化校本课程进行推广"这一描述，选择"不太符合"的占35.41%，选择"非常不符合"的占22.96%。不难想象，由于多数学校对土家族传统文化校本课程的评价流于形式，后续改进不足，所以能被作为优质课程进行推广的课程也是寥寥无几。针对"贵校会针对土家族传统文化校本课程评价中出现的问题对教师进行相应的培训"这一问题，选择"不太符合"的占36.05%，选择"非常不符合"的占26.82%。这说明，在课程输出管理中，多数学校不仅缺乏对课程的改进，而且针对教师的后期培训也十分有限。由此使得课程后续发展乏力，既无法成为优质课程推广，也无法彰显学校特色。同样，从教师访谈中也可看出端倪。LF实验小学的W老师就表示："我感觉评价就是走个形式吧，因为我觉得没有真正落到实处。我们也知道要进行各种方式的评价，但很多时候就是为了应付检查。后期也没怎么培训。我之前偶尔参加过几次培训，学校也组织过几次内部培训，就是好的老师分享经验什么的。"(LF-W-26-2019.4.15)JS民族中学C老师表示："如果有精力的话我还是希望能把这个课上好，最后能把我的这门课推出去，成为学校的特色课程、精品课程。但是现在这个形势下是心有余而力不足呀。"(JS-C-5-2019.4.5)由此可知，土家族传统文化校本课程在输出管理过程中改进机制不完善、落实不到位、课程后续发展乏力。

第二节 土家族传统文化校本课程管理问题的原因归纳

问卷调查能直接反映出当前土家族传统文化校本课程管理的基本情况,访谈调查与数据分析则更加聚焦问题本身。因此,本书基于数据分析和访谈结果,试图探究恩施州地区中小学土家族传统文化校本课程管理问题背后的原因。

一 管理主体理念不明及权责意识薄弱的掣肘

恩施州地区中小学在土家族传统文化校本课程管理中课程愿景以及课程规划不明确,与学校自身课程管理理念不明、权责意识薄弱密切相关。

(一)管理理念不明

管理理念即在管理活动中基于管理价值观与相关管理理论所形成的理性概念,可用于指导管理实践活动。在学校课程管理中,由于问题的复杂性,涉及主体的多元性使得管理者不能仅凭个人经验来作出决策,而需要管理理念的指导。

基于相关分析与影响因素分析可知,恩施州地区中小学在土家族传统文化校本课程管理过程中出现课程愿景不清晰、课程规划不明确等问题多由课程管理理念模糊而导致。通过土家族传统文化校本课程管理理念的描述性分析可知,超过半数学校对该课程管理理念不明确,对于管理理念在于"保障课程顺利实施""促进文化传承""促进师生发展"等描述都选择了"不符合"或"不太符合"。由此可知,各学校对于课程管理并没有明确的理念支撑,不知道学校课程为何而管,从而导致后续管理混乱,整体管理水平偏低。对于在管理中"秉持人本理念"这一题项,认为符合学校现状的仅为38.2%。从后续研究分析可知,许多学校在课程管理中即便具有管理的理念与方略,但自身无法意识到。说明学校在管理过程中理论素养较为欠缺,无法提炼并形成明确的管理理念。此外通过教师的访谈分析,也同样暴露了这一问题。在回答"您认为贵校在土家族传统文化课程管理中的管理理念是什么呢?"这一问题时,JS第一中学的H老师答道:"管理理念是什么?好遥远,好像没有,不太知道。"(JS-H-1-

2019.4.5）ES 实验小学的 T 老师如是回答："没有什么理念吧，就是有什么问题随时解决。管理理念都是虚的东西，在实际中也没什么用。"（ES-T-8-2019.4.7）综上可知，恩施州地区中小学在土家族传统文化校本课程管理中，对管理理念内涵不明、认识薄弱，在实践中缺乏管理理念的指导是导致管理水平不高的重要原因。

（二）权责意识薄弱

三级课程管理体制的确立以及相关课程管理政策的出台促进了课程管理权力的再分配，从原则上规定了学校与教师在课程管理方面的权力与地位。然而诸多学校在课程管理方面仍缺乏权责分享与自主决策的课程意识，校本课程管理政策在实践中沦为一纸空文。

基于前期分析可知，教师课程管理的能力、意愿以及课程管理权力对课程管理水平影响颇大。然而，在实际课程管理中教师课程管理权力受限，自身权责分享意识薄弱，从而使得课程管理水平欠佳。通过数据分析可知，在"贵校在土家族传统文化校本课程管理中自主权较大"的回答中，选择"不符合"和"非常不符合"的占比达 62.45%；对于"贵校教师经常参与土家族传统文化校本课程管理"，选择"不符合"的占 34.98%，选择"非常不符合"的占 26.18%。这表明，在该课程管理过程中大部分中小学课程管理权力受限，教师参与课程管理的自主权利也较小。通过访谈资料分析，也反映出了同样的问题。在回答"您认为土家族传统文化校本课程应该由谁来管呢？您有参加该课程的管理吗？"该问题时，ES 州高级中学的 Z 老师答道："不怎么参加，这都是学校领导的事情，他们怎么说我们就怎么做。我们学校开设这个课是因为上级部门要求。我们是少数民族地区，要显示出少数民族文化特色，所以就开设土家族、苗族等相关的校本课程。但是我们必须要有教案、课堂记录什么的。"（ES-Z-9-2019.4.7）ES 州民族小学 S 老师也表明："对于土家族传统文化校本课程看学校怎么安排，学校开了我们教研组就会筹备，就会上课。如果学校没有安排，那可能就不会主动去开发或者上课。一般情况下，教师没有太大的权力去决定自己所教授科目以外的课程。自己所教授的科目能完成规定任务就已经很好了，没有太多的精力研究土家族传统文化校本课程。"（ES-S-10-2019.4.7）综上可知，恩施州地区中小学校本课程管理权力大部分仍集中于教育行政部门，学校的课程管理意识不强、课程管理权力受限，使得课程管理水平较低。

二 教师专业素养欠缺及发展方式机械的局限

教师不仅是土家族传统文化校本课程建设的开发者、执行者，更应该是课程管理者。教师专业素养的高低直接影响到课程质量与实施效果，进而影响到课程管理水平。

（一）教师专业素养欠缺

由影响因素分析可知，教师的能力、意愿、素养对课程管理水平有正向影响。教师的专业素养越高、课程意识与能力越强，则该校的课程管理水平就越高。在恩施州地区土家族传统文化校本课程管理中，中小学教师素养较为欠缺，主要体现在以下方面。

首先，教师对土家族传统文化校本课程建设的认知不足。在调查过程中许多教师表示该课程加大了自己的工作负担，且认为在高考体制的影响下开设民族文化类校本课程意义不大。由此表明，鉴于民族文化类课程不计入高考科目，导致其社会认同度较低，多数教师对民族传统文化类校本课程建设的重视程度不够。在访谈中，XF第一中学的Y老师表示："说句真心话哈，如果经常组织学生参加什么民族文化活动，或是去外面参观，那很浪费时间的。有这个时间还不如多学习一下主课，这样在高考中才能考得好。而且，说实在的，对于学校的那些文化建设、文化节活动其实也没太大作用，除了耽误时间还是耽误时间。现在一切都是为了高考服务的，你经常搞这些家长也会有意见的。"（XF-Y-20-2019.4.11）其次，教师在课程建设中缺乏创新性与积极性。多数教师拥有丰富的课堂教学经验，但却仅仅局限于按部就班地教学，缺乏创新意识。由于政府对课程设置和安排具有较大的话语权，多数学校采取"顺从"的态度以应对管理，教师自然也是"听命行事"，缺乏主动性与创新性。最后，教师的课程与教学论知识有待进一步提升。基于现状调查可知，对于"贵校建设土家族传统文化校本课程前对校内外的资源进行了考量""贵校建设土家族传统文化校本课程前对师生需求进行了评估""贵校在课程建设前使用恰当方法分析了学校的优劣势"以上问题，选择"不太符合"和"十分不符合"的人数占到半数以上。同样通过访谈也可佐证以上观点。ES舞阳中学W老师表示："在课程建设中主要就是看看老师有没有上这些课,怎么上的。最主要的就是检查教案,这个年终考核会用到的。对于具体的课程建设流程、方法、方案也不是特别清楚。"对于具体的课程建设方式 W 老师认为:"没有那么多套路,在实际工作中有什么问题就解决什么问题。很多什么方法呀,理论其实没用。我们都是老教师,老干部了,有自己的经验。"(ES – W – 7 – 2019.4.7)由此可见,教师在土家族传统文化校本课程建设中能力不足、素养欠缺、意识不强等都限制了该课程的发展与管理水平。

(二)教师培训发展受限

教师培训是对教师教育活动的本质思考与实践探索,有助于显现教师培训鲜活、生动、发展的教育意蕴。[①] 从单一到多样的课程教学目标与设计、从学业成绩到综合素质的学生评价、从教学到学术的教师能力以及从学业到生涯的辅导咨询是教师专业发展的新需求,也是教师培训的目标指向与角色期待。[②]

教师不仅是土家族传统文化校本课程的建设者、执行者同样也是管理者,课程建设的成功与否,管理水平的高低都与教师密不可分。然而调查结果显示,土家族传统文化校本课程在建设过程中呈现出课时安排不合理、课程内容偏置、课程经常被占用的现象。这表明,部分教师由于自身的专业素养欠缺,课程意识不强致使该课程在建设过程中存在诸多问题。在本书中基于影响因素分析可知,"教育部门组织教师进行校本课程培训""我理解校本课程管理的内涵与功能""我愿意积极参与校本课程管理""我熟悉校本课程开发的流程""我有意愿开发校本课程"以上问题所反映的教师意愿、能力、素养等因素都影响着土家族传统文化校本课程的管理水平。教师培训是提升教师知识能力、情感关系、价值意义的重要途径。然而,在"您参与校本课程培训的次数为"该问题的回答中,选择"极少参与"的教师占比达 61.8%。由此可见,教师培训不足限制了教师的专业发展。同样,教师的培训动机也影响着培训效果。有的教师是因为行政需要、有的是为了晋升职称、有的是为了考核需求,而为了专业发展的却所占比例不大。BD 第一高级中学的 Z 老师表示:"在学校没有

[①] 王海燕:《教师培训的意义回归》,《教育科学研究》2011 年第 12 期。
[②] 韩映雄:《基于新高考的教师培训目标与角色期待》,《教师教育研究》2019 年第 2 期。

专门针对土家族传统文化校本课程的培训，或者是关于校本课程的培训。而且现在老师都很忙，有时间都要额外辅导学生。马上就要高考了，大家都很紧张，哪还有那么多时间去培训。而且那些培训的内容还不是大同小异，没什么实际意义。"（BD-Z-11-2019.4.8）由此可见，学校组织教师培训的频次较少，教师参与培训的动机不纯以及对培训的认识不足，在一定程度上限制了教师的专业发展，从而也影响了课程管理水平。

三 课程建设资源单一及凝练技术匮乏的制约

恩施州地区中小学土家族传统文化校本课程在管理中呈现出资源支持缺乏、文化挖掘不精准等问题。通过分析可知，课程建设资源获取渠道单一以及课程整合提炼技术匮乏是其主要原因。

（一）课程建设资源获取渠道单一

基于影响因素分析可知，外部支持是影响课程管理水平的重要因素。然而恩施州地区中小学在土家族传统文化校本课程建设过程中由于资源获取渠道单一、外部支持匮乏，从而致使课程建设与发展受限。

首先，从土家族传统文化校本课程建设主体分布情况来看，教师、学生和学校领导是该课程建设的主力军。其中教师的参与度最高，在课程建设主体中占比达33.40%；学生与校领导所占比例分别为24.30%、16.50%。然而，校外人员如家长、专家和社区相关人员在该课程建设中的参与度较低，所占比率分别为10.10%、7.40%、8.40%。此外，调查还显示多数中小学在土家族传统文化校本课程规划过程中与社区、高校联动不足，缺乏专业团队指导；在课程实施过程中很少邀请校外专家或民间艺人来进行民族文化类校本课程教学；在课程管理中缺乏专门的人员与组织机构。其次，学校课程建设的经费多来自政府，其他民间组织与外部机构对其支持较少。学校课程建设的政策支持、合法性地位保障等也仅来自政府。由此可见，恩施州地区中小学在土家族传统文化校本课程建设中资源获取渠道单一，多依赖于政府支持。最后，由于政府是中小学的主要资源供给者，客观上造成了其寻找替代资源的惰性思维。这反过来又进一步加剧了中小学对政府的资源依赖，进而形成恶性循环。中小学在日常的工作运转中都依据政府的政策指令行事，造成了中小学对政府资源深度依赖的思维定式。中小学在校本课程建设过程中对政府抱持"等、靠、要"

态度，缺乏积极寻求其他资源、减少对政府资源依赖的意识。从而造成课程建设缺乏校外课程专家、民间艺人等人力资源的支持，也缺乏相应的民族传统文化资源的支撑，使得多数学校的课程建设流于形式，不仅课程体系构建不完善，且课时安排不合理、课程内容无特色。

（二）课程内容的整合提炼技术匮乏

土家族传统文化历史悠久、丰富多彩，为校本课程建设提供了丰富的文化资源。然而，调查显示，土家族传统文化校本课程建设中课程数量设置较少、课程内容偏置、课程深度与广度不够。通过影响因素分析可知，课程内容的整合提炼技术匮乏是其主要原因。

通过调查结果可知，对于"贵校开发土家族传统文化校本课程时会充分挖掘本地区的文化资源"这一问题，选择"不太符合"的人数占42.06%，选择"非常不符合"的人数占21.67%。对于"贵校在开发土家族传统文化校本课程时积极吸纳外部人员参与"这一问题，选择"不太符合"的人数占35.62%，选择"非常不符合"的人数占25.32%。由此可见，在课程建设过程中由于缺乏校外课程专家的指导，以及自身文化挖掘、筛选、整合能力有限，使得课程开发水平不足。在访谈中多位老师也提及了该问题。HF实验中学的W老师就提道："在土家族传统文化校本课程开发过程中缺乏专业指导，很多老师包括我自己在内不知道要如何去挖掘、整理课程内容。所以很多时候课程开发就是简单的土家族传统文化的罗列。"（HF-W-23-2019.4.13）LF思源实验学校的G老师也表示："我很少参与校本课程开发的培训，所以对于课程开发的流程、技术、方法等都不是很了解，很多问题无法回答。"（LF-G-25-2019.4.15）HF金龙小学的L老师也认为："我们在课程开发过程中很注重对土家族传统文化的传承，针对很多文化内容都进行了挖掘。但是感觉内容太多了，不知道要如何整合，所以课程缺乏系统性。"（HF-L-24-2019.4.13）由此可知，在对课程资源的挖掘过程中，由于内容整合、提炼技术的匮乏使得课程只注重文化的传递与保存，缺乏整合、提炼、推进与创新。从而导致课程内容吸引力不足、深度不够。

四 学校组织机构僵化及制度执行低效的必然

校本管理要求学校有一个民主开放的组织结构以及健全、规范的管理制度。可以说，土家族传统文化校本课程管理中呈现的沟通协调不畅、内外联动不足等问题都与组织机构僵化以及制度执行低效有关。

（一）组织机构僵化

土家族传统文化校本课程是一个系统工程，虽然开发的主体可以是个别教师，也可以是部分教师或全体教师，但绝不是凭个人经验或喜好盲目开发的。因而土家族传统文化校本课程只有以组织为依托，才能进行系统的、有目的、有计划的课程建设。

基于现状调查可知，土家族传统文化校本课程在管理过程中，对于"贵校有专门的人员或组织机构建设与管理土家族传统文化校本课程"的回答，选择"不太符合"的占比达38.84%，选择"非常不符合"的占比达25.54%；对于"贵校的专门组织机构中分工明确、权责明晰"的回答中，选择"不太符合"的达34.98%，选择"非常不符合"的为26.82%；对于"贵校在土家族传统文化校本课程管理中能及时得到消息反馈""贵校对土家族传统文化校本课程建设进行了全程监督与指导"两个问题，超过半数的教师都选择了"不太符合"或"非常不符合"。由此可知，在土家族传统文化校本课程管理中学校缺乏专门的组织机构对该课程进行管理，而且学校组织机构中组织机制僵化、权责不明晰、分工不明确，信息沟通反馈不畅。中小学管理组织结构大部分都与我国的行政机关同构，方便资源的对接。但随着专业化的发展，直线式职能机构使得各平行部门间缺乏交流，横向协调相对薄弱，办事效率较低。"此外，在管理过程中信息的收集与反馈是管理的关键环节，沟通协调对课程管理效能尤其重要"[①]。但由于大部分中小学仍是科层式的组织模式，信息要经过层层过滤才能达到管理中心，所以信息反馈不及时。同样僵化的组织形式只能实现上下沟通却无法实现左右协同，使得很多老师、学生以及外部主体的需求、建议无法聚合，从而导致信息流动不畅。

（二）管理制度执行低效

学校在土家族传统文化校本课程管理过程中制定相应的管理制度可使课程部署、课时安排、教学场地、设施协调等管理举措有章可循，有利于课程管理有条不紊地进行。

---

① 高亨亮：《校本管理运行机制的构建探析》，硕士学位论文，福建师范大学，2006年。

然而，据调查可知，土家族传统文化校本课程在管理过程中组织制度不健全，执行低效。调查结果显示，对于"贵校有完整的方案指导土家族传统文化校本课程建设"该题项的回答，认为"不太符合"的占比达34.55%，选择"非常不符合"的占17.6%；对于"贵校有相应的规章制度管理土家族传统文化校本课程"该题项的回答，认为"不太符合"的占37.55%，选择"非常不符合"的占19.96%；对于"贵校采取多种措施鼓励教师进行土家族传统文化校本课程建设"该题项的回答，认为"不太符合"的占37.34%，选择"非常不符合"的占21.67%。由此可见，由于组织制度不健全，激励、奖惩制度缺乏，导致教师在课程建设中积极性不高、主动性缺乏。LC清江外国语学校的W老师表示："学校制定了很多规章制度，但是专门针对土家族传统文化校本课程建设或管理的条例较少。在业绩考核制度中也并未提到如何对该课程进行考核与评定。所以教师的积极性也不是很高。"（LC-W-16-2019.4.10）此外，已有的课程管理制度执行效率较低也影响了课程的顺利实施。XF民族实验学校的G老师认为："很多管理条例可能就是摆设，特别是针对校本课程的。在具体的实施过程中并未起到相应的规范或者激励作用。所以很多时候在土家族或者其他的校本课程开发过程中显得很乱，大家都各行其是。"（XF-G-19-2019.4.11）由此可知，在土家族传统文化校本课程管理过程中由于管理制度不健全及执行效率低下使得该课程在建设过程中缺乏系统性与规范性。

五 社会管理惯习影响及应试文化诱导的结果

学校是社会发展的产物，其运行必然受到社会政治经济等方面的制约。故而，学校在课程管理中呈现的诸多问题必然与社会环境密切相关。

（一）管理惯习影响

惯习是一种倾向的系统，一种习惯性的状态，是一种嗜好、爱好、秉性倾向。在我国由于长期以来施行集中管理体制，使得行政部门习惯自上而下的管理方式，学校作为政策的执行者，缺乏权责意识与主动性。校本课程的开发与实施要求课程管理权力下放。然而，在校本课程真正的实践过程中却发现，应以学校为本、教师为主的校本课程管理其权限仍集中于教育行政部门。从而导致管理主体的权责异化，校本课程的管理理念缺失、管理手段僵化。

我国一直以来实施的是自上而下的集权式教育管理体制。多数决定由上级部门制定，学校只需按部就班地执行。自三级课程管理体制确立以来，虽然赋予学校更大的权利，但很多学校以及教师难以转变观念，仍然缺乏自主管理意识。钟启泉认为学校课程管理有三种类型，第一种是"为顺从而管理"，即不同的管理依据赏罚而对相关指令保持顺从或不顺从。第二种"为成果而管理"，即仰赖技术性知识，将平衡从外部转到内部。第三种"为建立永续的组织生态而管理"。[①] 然而，由调查可知，多数学校是为了顺从而管理，即为了教育行政部门的命令及相关政策而进行管理。在管理过程中，教师参与度不高，管理意识淡漠。XE 第一中学的 H 老师就表示："其实教师没有什么权利的，还不是学校让上什么课那就上什么课嘛。对于土家族传统文化课程如果上级有要求，那学校肯定会开设的。这种在高考中不占分值的课程学校没硬性规定，老师也不会太积极。如果需要开设教研组也会有计划和安排，不用教师操心，到时候听安排就好了。"（XE－H－28－2019.4.20）JS 第一中学 H 老师在访谈中也表示："教师积极性不够高。我校曾以教研组为单位、以必修课程内容为基础鼓励老师们搜集相关资料整理土家族传统文化校本课程。如果激励方式与绩效相挂钩就能取得一定的成绩。但是，如果激励措施缺乏或者奖励力度不够，教师也不太愿意进行土家族传统文化校本课程建设。"（JS－H－1－2019.4.5）如上所述，在土家族传统文化校本课程管理中，由于长期以来的管理体制影响，学校及教师习惯于顺从行政部门的管理，自主管理意识淡薄。

（二）应试文化诱导

学校教育影响着社会文化，社会文化也制约着学校教育的内容、方式。我国"学而优则仕"等传统观念造成了"应试教育"现象。随着高考指挥棒作用的发挥，不得不承认应试教育这一现象影响着学校课程的方方面面。

应试教育的客观现实使课程管理也围绕考试而展开。即对有助于高考、中考的课程和科目就加强管理，并给予充分的支持和保障；对于考试

[①] 钟启泉：《现代课程论》，上海教育出版社 2006 年版，第 419—420 页。

无益的科目则放任不管。由于中考、高考等大型的关键性考试并未涉及土家族传统文化，使得学校认为土家族传统文化校本课程的管理无足轻重。导致该课程在建设过程中被严重挤压。通过教师访谈资料分析也可证实上述观点。BD 第一高级中学的 G 老师在访谈过程中就表示："领导及教师对传统民族文化认同度不高，基本没有相关课程的设置，只重视高考文化科目。有的学校即使开设了相关课程，也没有得到具体的实施。"（BD – G – 13 – 2019.4.8）LF 思源实验学校的 G 老师表示："与升学考试相冲突，学生不重视，高考没要求，一般没人学习。学校没有从根本上重视土家族校本文化课程。加之应试教育压力大，没有很好的文化氛围。"（LF – G – 25 – 2019.4.15）LC 清江外国语学校的 W 老师也表示："这些科目在高考中又不考试，我们每天应付高考考试已经压力很大了。一方面没有精力去进行这些课程的开发，另一方面学校没安排与要求，我们也没必要去做，也没那个权力决定开什么课。而且开设后在时间上会与高考科目相冲突，无法落到实处。而升学率才是最重要的。"（LC – W – 16 – 2019.4.10）由此可见，多数老师为了应付考试，负担过重无暇顾及土家族传统文化校本课程建设。而且由于高考指挥棒的作用使得学生、家长都对该课程重视不够。此外，社会中主流文化的冲击也会影响管理者对土家族传统文化校本课程的管理理念与态度。由因素分析可知，学校领导的管理风格、对人际关系的处理也会影响学校的管理理念。而领导者的管理风格除了个人素养外也会深受社会文化的影响。因此，土家族传统文化校本课程被严重挤压、重视不足等问题多是由于社会中应试文化诱导所致。

第六章

土家族传统文化校本课程管理的理论模式建构

模式通常以图示的形式来作为实物的简单化代表，是在洞察现象以后用以解释深层关系的简单构架。本书所构建的理论模式展示了课程管理的相关元素及其互动关系与运行机理。

第一节 模式的设计构想

本书将文化共生理论以及 CIPP 评价模式相结合，迁移至课程管理领域形成了土家族传统文化校本课程管理理论模式。

一 设计依据

管理研究包含两大类。一类是管理的"道"，即对系统理论的架构，另一类是管理的"术"，即对实践策略的探讨。二者本应相互结合、互相支撑。然而在管理研究发展过程中却常出现管理理论与实践相互割裂的现象。管理活动历经数千载形成了诸多完善的理论。但是，许多理论由于与实践脱节而缺乏有效性。1959 年之前，管理理论研究由于忽略管理技术与技能而流于表面。而且，由于其缺乏普适性与系统性而无法观照现实、反映实践。在此之后，管理学研究迅速向科学化范式方向发展，以期弥补不足。可后续研究发现，"管理学领域的科学化之路也未能解决理论与实践分离的问题"①。正如克勒曼（Kelemen）等对管理研究成果与实践关联进行分析所得出的结论一样："大部分管理研究成果停留在学术研究层面，与管理实践的关联较少。"② 也就是说，就管理理论与实践关系而言，该研究领域分为理论与实践两大阵营。因此"我们经常碰到理论与实践分立和对峙的局面，理论者与实践者在各自的生存'场域'人为地割裂二者间的亲密关系"③。乐国林教授用了社会学大师皮埃尔·布迪厄的场域惯习理论来揭示管理理论与实践两个场域内部位置争夺的因素，"比如资本、主体惯习、认知等左右着知识产出与应用的'质'与'形'的变化，并由此产生彼此的场域区隔与冲突，最后表现为脱节现象"④。就管理学领域理论与实践的关系而言，其知识性和实践性无法割裂，理应相互支撑，相互依存，共同发展。因此，为了使管理理论能观照实践，本书以土家族传统文化校本课程为杠杆，以促进文化繁荣与人本发展为"公共利益"，引领教育理念与教育实践共同为其服务。本书所构建的理论模式，一方面以管理理念为指导。管理理念是对实践的总结，来源于实践，经过归纳提炼，上升为一般的理论，进一步指导实践，不仅为管理实践提供管理原则、方法的指导，更重要的是管理思想的应用。另一方面以管理实践为支撑。管理的旨归理应指向实践，以保障实践活动的顺利进行。该模式立足实践，强调普适性、关注情景化、倡导多元范式，致力于弥合理论与实践的割裂。作为管理者必须时时接触实践产生的种种复杂问题，在不断分析解决问题中吸收智慧养分。脱离实践的理论没有用，脱离理论的实践也是盲目的，只有二者结合，将一般原则同管理对象的具体实际联系起来才能发挥其效用，提高管理效能。就此，本书将文化共生理论与CIPP评价模式相融合迁移至课程管理，形成了完整的土家族传统文化校本课程管理理论模式。

---

① 吕力、田勰、方竹青：《实证、行动与循证相结合的管理研究综合范式》，《科技创业月刊》2017年第9期。

② 李培林：《管理理论与实践脱节问题的求解——〈管理研究与实践互动关系研究：基于场域与效能的探索〉评介》，《经济经纬》2019年第5期。

③ 吴景松、朱吕兵：《反思与再造教育管理理论与实践关系》，《内蒙古师范大学学报》（教育科学版）2007年第3期。

④ 李培林：《管理理论与实践脱节问题的求解——〈管理研究与实践互动关系研究：基于场域与效能的探索〉评介》，《经济经纬》2019年第5期。

二 整体构想

土家族传统文化校本课程管理的理论模式主要分为两部分,即模式的内核与外圈。其内核是基于文化共生理论结合土家族传统文化校本课程的特殊性而形成的管理理念,内含传承创新、多元一体、以文化人及人本回归四个方面。其外圈则是将 CIPP 评价模式迁移至课程管理领域所形成的对土家族传统文化校本课程的背景管理、输入管理、过程管理与输出管理四部分。该模式的内核管理理念辐射至外圆中的每一管理实践;外圆中的每一管理过程又共同彰显并凝聚成了内核中的管理理念。二者相互渗透、相互融合,共同推进课程管理向纵深发展。

一方面,以文化共生为核心价值理念。习近平总书记指出:"价值观是人类在认识、改造自然和社会的过程中产生与发挥作用的。"[①] 课程管理价值观作为主体在课程管理活动中所表现出来的价值、目标、规范等观念是课程管理活动所内隐的价值取向,它决定课程管理的现实样态与最终走向,具有独特的课程理论意义及管理实践价值。该模式基于文化共生理论以及土家族传统文化的教育价值衍生出文化的传承创新、多元一体、以文化人以及人本回归四方面的内涵,并以此作为管理的核心价值理念指导管理实践。其中文化的传承创新蕴含着土家族传统文化中圣典传承这一教育价值。即促进民族传统文化的迭代更新,使其绵延不绝;多元一体则内含着环境保护这一教育价值。多元一体不仅指各种文化多元并包,而且也应将这一理念迁移至处理人与自然的关系中。即人与其所处环境的和谐共生、多元共存;以文化人则彰显了土家族传统文化中社会教化的教育价值,即通过文化感染人、引领人;人本回归则体现了土家族传统文化中个体发展的教育价值,即通过文化促进人的全面发展。以上四方面的内容不仅有各自的内涵与指向,与土家族传统文化的"四生"教育价值相契合,而且还具有内在的逻辑关系。一则,少数民族传统文化课程的管理必然指向文化的传承与创新。通过对传统文化的创造性转化与创新性发展,促使各民族文化共同繁荣发展,最终形成各种文化相互交流、理解、包容的多元一体格局。二则,其指向深层次的意义世界,即通过文化的涵濡浸渍,

---

[①] 习近平:《论党的青年工作》,中央文献出版社2022年版,第75页。

实现人的主体复归与全面发展。因此在土家族传统文化校本课程管理中不仅要注重文化的传承发展，更要促进教师、学生的全面发展。

另一方面，基于"以评促管"的思想，将 CIPP 评价模式迁移至课程管理领域，通过对课程内容的组织、计划、调控等维度的评价，形成对课程的背景管理、输入管理、过程管理与输出管理。其中，背景管理包含需求分析、环境考量与目标确立；输入管理包含资源获取、人员编排、程序设定；过程管理包含要素整合、信息沟通、过程督导；输出管理包含课程评价、课程调适与课程改进。此外，土家族传统文化校本课程管理不仅是静态要素的整合，还是动态发展的过程。该课程的建设与发展主要包含课程规划、课程开发、课程实施与课程评价一系列环节。因此，该课程的管理包含对课程规划的管理、对课程开发的管理、对课程实施的管理以及对课程评价的管理。这一系列对课程建设的动态管理刚好与该模式所形成的背景管理、输入管理、过程管理与输出管理相契合。由此，则形成了该管理模式外围所展示的管理实践。

三 关系阐述

土家族传统文化校本课程管理的理论模式要素较多，对该模式各要素间关系的阐述有利于对模式的透视与理解。一方面，是对管理理念与管理实践间的关系探讨。管理理念通过具体管理实践得以实现，管理实践依管理理念具体施行。一则，以文化共生为内涵的管理理念要求在实践中管理目标指向文化繁荣以及人的全面发展，管理手段指向以文化人，管理的重点聚焦于过程而非结果。具体来说，首先，土家族传统文化校本课程的管理目标不仅要实现文化的传承创新还应促进人的全面发展。人的主体回归与全面发展是文化的应然指向，也是教育的终极目的。其次，在文化共生理论指引下，土家族传统文化校本课程的管理手段注重文化的涵濡浸渍，即通过文化春风化雨、润物无声的力量去引领、感召人。最后，在该管理理念的指导下，土家族传统文化校本课程不仅是静态要素的组合，还是动态发展的过程。对该课程进行管理不应只关注结果的好坏，更应注重对该课程建设过程进行管理与调适。二则，管理理念是管理实践的基石，可为其提供一种观察的角度、思考的方法与解释的依据。课程管理实践的不断探索与深入，能不断验证、支持与完善管理理念。在实践过程中，可从复

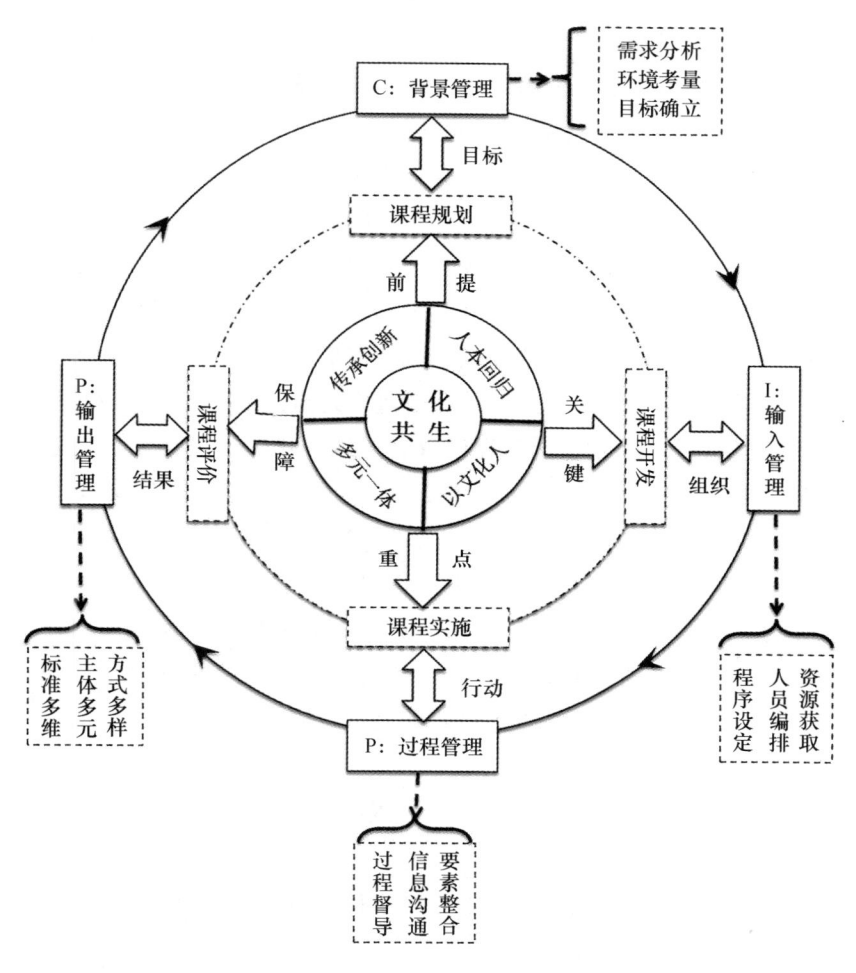

图 6-1　土家族传统文化校本课程管理理论模式

杂的现象背后提取关键因素以不断丰富与完善管理理念，可通过管理实践不断验证管理理念，看其对具体的管理实践是否具有适切性、引领性。即管理理念通过自身与实践的"间距性"而批判性地反思实践活动，同时借助实践的"反驳"以实现自我的否定之再否定，实现管理理念的纵深发展与自我超越。

另一方面，是对土家族传统文化校本课程管理理论模式各要素间关系的剖析。由模式的示意图可知，该模式的中心部分为管理理念是整个模式的核心。管理理念是整个管理思想的凝练，指导着管理方法的运用、管理原则的遵循以及管理趋势的发展。管理理念的核心作用类似于人脑在其四肢百骸中的地位，属于统领者与指挥者。管理模式的外圈为管理实践，其中背景管理是前提，即对课程规划的管理。通过背景管理才能了解学校的实际状况与需求，从而为后期管理收集资料，奠定基础。此外，通过背景管理才能为课程建设设立恰当的目标，为后期课程发展指明方向。其中输入管理是关键，是对课程开发的管理。课程开发是课程建设过程中的关键环节，只有校本课程得以生成，其管理才具有现实意义。而且，在课程开发过程中涉及对土家族传统文化的挖掘、筛选、编订，其步骤烦琐，难度较大，对其管理显得更为重要。过程管理则是重点，即对土家族传统文化校本课程实施的管理。包括课程设置、场地安排、人员组织、教学实施等。课程实施是校本课程价值得以实现的途径，是管理者对教师、学生、物质资源同时进行管理的重要环节。其中输出管理是保障，即对课程评价的管理。评价不仅是结果的展示更是信息的反馈。基于评价的引导、约束、激励等功能才能促使课程不断改进。由此可见，该模式的内核与外圆，以及各要素之间并非各自独立、各行其是，而是相互渗透、相互支持，共同为土家族传统文化校本课程顺利进行服务的。

第二节　模式要素分析

要素是指构成一个客观事物存在并维持其运动的单位，是构成事物必不可少的现象又是组成系统的基本单元，是系统产生、变化、发展的动因。本书构建的理论模式主要包含了管理理念、背景管理、输入管理、过程管理以及输出管理五大要素，每一要素又内涵不同的管理内容。

一　管理理念

《辞海》对"理念"一词作了这样的解释："一是，看法、思想、思维活动的结果；二是，理论，观念。"[①] 也有人将其解读为上升到理性高度的观念。由此可见，管理理念是理性的，用于指导实践的管理思维或观

[①] 辞海编辑委员会：《辞海》，上海辞书出版社1989年版，第1367页。

念。在本书中，基于文化共生理论衍生出了土家族传统文化校本课程的管理理念。

在教育领域文化共生理论有其丰富的内涵。20世纪80年代初，美国学者高尼克综合众多学者的观点，提出了"促进文化多元、赋予人们选择不同生活的权利、给予个体平等尊重以及均等机会、实现社会正义、促进种族间的权利均等五大文化共生教育目标"[①]。王兴柱、闫友彪则提出："文化的多元以及对教育公平的彰显是多元文化共生教育的核心理念。其目的在于实现不同差异群体间能拥有公平接受教育的机会。"[②] 我国还有一些学者认为："文化共生教育必须使年轻人在认同与传承本民族文化的同时能冲破束缚，以接纳的姿态认识和了解周围世界，从而具备进入社会生活的能力与自信。"[③] 日本大学通过设立文化多样性推动部门试图创造平等受教育的环境和整合多样性文化资源，使少数群体的个性和能力得到充分发挥，推动日本文化创新并提高国际化参与度。"日本高校中的多元文化共生教育实践体现了平等主义、全球视野和文化尊重与创造的理念。"[④] 邱勋宇与叶蓓蓓认为："文化共生观是在多元文化的背景下，学生在学校教育影响下形成对多元文化的关怀、理解与包容，并能够引导行为的态度倾向与价值判断。随着多元文化教育的深入发展，培育学生文化共生观成为课程目标。"[⑤] 纵观以上论述可以发现，文化共生理论在教育领域显示出对个体的尊重，对文化的包容。基于此，本书以文化共生理论为基础，认为土家族传统文化校本课程的管理理念应包含以下方面的内容。

首先，传承创新，促进本族文化的延续与发展。文化共生理论认为，文化共生的前提是各民族文化的传承创新与繁荣发展，如此才能形成共荣共生的局面。因此，在土家族传统文化校本课程管理中应促进土家族传统文化的发展。即依据时代的发展不断去粗取精、去伪存真、与时俱进，实

[①] 王兴柱、闫友彪：《多元文化共生视野下的课堂教学改革探微》，《中国校外教育》2014年第15期。

[②] 王兴柱、闫友彪：《多元文化共生视野下的课堂教学改革探微》，《中国校外教育》2014年第15期。

[③] 吕耀中：《论多元文化教育的思想内涵》，《世界教育信息》2011年第10期。

[④] 黄宁宁、陈学金：《日本高校多元文化共生教育的最新实践研究》，《西南民族大学学报》（人文社会科学版）2019年第2期。

[⑤] 邱勋宇、叶蓓蓓：《论学生文化共生观培育策略》，《教育教学论坛》2019年第13期。

现文化的再生产，使其获得蓬勃的生命力。其次，多元一体，形成对异质文化的理解与包容。共生理论认为，各种文化共存的前提是尊重文化的多样性。① 在多元文化共生过程中，其强调每一种文化无论是主流文化还是边缘文化，强势文化还是弱势文化，在交往过程中都应以平等和互尊为前提。在土家族传统文化校本课程管理中则表现为尊重每一文化的独立性、特殊性与主体性。再次，以文化人，倡导通过文化实现对教育主体的浸润与引领。"以文化人"是中华优秀传统文化的重要基因，我们的先人早就认识到观乎天文，以察时变；观乎人文，以化成天下。中华优秀传统文化中蕴含的思想观念、人文精神、道德规范是习近平总书记"以文化人"思想的重要源泉。习近平总书记强调文化是维系社会和民族生生不息的巨大力量。并指出"要化解人与自然、人与人、人与社会的各种矛盾，必须依靠文化的熏陶、教化、激励作用，发挥先进文化的凝聚、润滑、整合作用"②。在土家族传统文化校本课程管理中要借助文化的力量，潜移默化、润物无声地引领人、塑造人。最后，主体回归，呼唤对管理客体的尊重与支持。在本书中，土家族传统文化校本课程管理要实现文化共生的理念则必须在实践中秉持"以人为本"。一是尊重人的生命本性，发展教育与管理对人的终极关怀。管理一直被认为是具有工具理性的行为，尤其是科学管理理论的问世，导致人被物化。然而，教育领域的管理更应凸显其价值理性，重视文化的手段和力量，关照人本性。二是以人的发展为根本旨归，培养人的鲜活个性，实现人的全面发展。关照每一个个体，承认并尊重个体间的不同差异，通过民族文化的滋养，助力于每一个体独特性格的生成。不仅通过主流文化对其进行引导，而且通过民族文化对其进行涵养，关照个体全面持续的发展。

此外，管理理念的以上四方面内涵还具有其深层逻辑关系。文化具有双重意义。一重是其符号所彰显的内容，是我们可直接看见与感知的，另一重是意义世界的，即符号所内隐的价值与意义。因此，传承创新与共同繁荣只是文化的表征内容，其深层意义在于实现人的主体复归与全面发展。

---

① 尹博：《基于文化共生理论的渝东南学校民族文化教育发展研究》，博士学位论文，西南大学，2015 年。

② 习近平：《之江新语》，浙江人民出版社 2007 年版，第 149 页。

达成这一目的需"以文化人"。因此,在土家族传统文化校本课程管理中不仅要注重文化的传承发展,更要通过文化的引领实现各主体的全面发展。

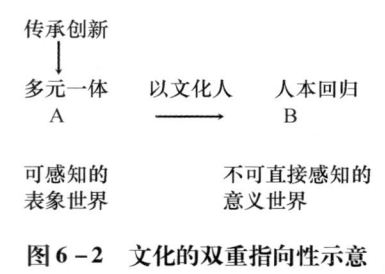

```
         传承创新
            ↓
   多元一体    以文化人    人本回归
      A      ————→        B

   可感知的              不可直接感知的
   表象世界              意义世界
```

图 6-2 文化的双重指向性示意

二 背景管理

背景管理其实质是对课程规划的管理,包含需求分析、环境考量与目标确立。背景管理能为后期课程建设提供相关资料,以便管理者形成科学决策。

（一）需求分析

"学校要适时且有针对性地对学生和学校的实际发展需求进行评估,并最大可能从课程层面上予以满足。"[1] 因此,土家族传统文化校本课程建设需依据民族地区学生的实际发展需求和自身特点进行。

一方面,学校应对内部需求进行诊断。需求分析是指通过内省、访谈、观察和问卷等手段对需求进行研究的技术和方法,可分为目前情景分析和目标情景分析两大类。对学校内部需求进行分析,一是对学生需求进行分析。即了解学生的学习现状、能力、动机等,基于此对学生后期学习期待、偏好进行了解。二是对教师需求进行分析。即了解老师的现状以及对需求所持的态度,摸清教师后续发展的方向及所需的支持。三是对校领导需求进行了解。即了解"他们对该课程管理中想要达到的目的"[2]。因此,借助目前情景分析和目标情景分析可对学生需求、教师需求以及学校需求进行全面了解。

---

[1] 成丽宁:《藏族文化的校本课程开发研究——以青海某藏民族聚居地区学校为例》,硕士学位论文,青海师范大学,2016年。

[2] 王友良:《商务英语课程设置的 ESP 需求分析视角》,《广州大学学报》（社会科学版）2012 年第 1 期。

另一方面，学校应对外部需求进行评估。校本课程建设虽然是以学校为主体进行，但绝不意味着在该过程中学校组织是孤立与封闭的。学校应是一个开放的系统，在课程建设过程中随时与外界保持着物质与能量的交换。因而，对土家族传统文化校本课程的管理也必然对外部需求进行评估。外部需求分析主要包含社区需求评估与家长需求评估。社区需求评估就是确定社区在该课程发展过程中提出了什么重要的教育需求问题。即学校实施国家课程、地方课程后，在哪些方面还不能适应社区发展对人才的需求，还存在哪些问题。如，土家族传统文化校本课程建设可根据社区需求评估开设生计类课程。通过对学生生计、技能的培训使其能更好地融入当地生活，促进当地社会发展。家长需求评估主要分析家长对学生发展的期望，家长希望学习把子女培养成什么样的人。在土家族传统文化校本课程管理中对家长的需求评估则在于了解家长对课程实施结果的预设，即家长希望子女在该课程中所能达到的成就、获得的成长。

（二）环境考量

土家族传统文化校本课程管理中的环境考量是对可用资源、自身的优劣势进行判断，从而了解理想与现实间的差距，便于形成科学的目标与规划。

一方面，环境考量包含对校内外资源与环境的考察。恩施州地区中小学校的外部环境主要包括社区文化环境、地区教育政策环境、自然地理环境。恩施土家族苗族自治州属于少数民族聚居地。土家族历史源远流长，传统文化内容丰富、种类繁多且独具特色。其不仅在文物建筑、历史、政治等方面成就巨大，而且在衣冠服饰、居住饮食、民间技艺、风俗礼仪、禁忌崇拜等方面也蕴含着丰富的民族文化资源。这些文化现象有深厚的文化内涵，从不同侧面反映了土家族的历史发展，可为土家族传统文化校本课程建设提供丰富的课程资源。此外，校外环境还包含该地区的教育环境，既包含教育行政部门给予学校的政策、资金、智力支持，也包含学生家长、社区人员的参与情况。学校内部环境包括学校的硬件设备、师资力量、文化氛围等。硬件设备考量主要指对学校的场地、设备等物质条件的了解；师资力量分析是指对学校在岗教职工人数、教师的级别、能力等进行全面的评估。另一方面，环境考量还包含对所有资源进行分析。"通过资源分析才能了解学校的优势与劣势，并在此基础上制定出切实可行的校本课程方案。"① 资源分析即对校内外资源从优势、劣势、机会、威胁四个方面进行评估，并通过系统的思想对各因素加以分析、整合，从而明晰现状。对校内外环境进行考量在于弄清土家族传统文化校本课程建设的有利条件与限制条件，从而对校内外环境进行全面、系统、准确的研究，"使参与校本课程建设的人员对校本课程建设的可利用资源有完整、清晰的概念以做到扬长避短"②。此外，通过对校内外资源的分析还应形成战略规划与选择。即明确可用资源与可挖掘资源，明晰自身的优势与劣势进而形成土家族传统文化校本课程管理的正确布局。

（三）目标确立

在土家族传统文化校本课程管理中应对该课程期望达到的目标进行拟定，从而使课程建设按此方向发展，以达到预期设想。土家族传统文化校本课程目标的确立应从以下两个方面进行。

一是，确立课程总目标，即该类课程总体应达到的要求。土家族传统文化校本课程建设的总目标应是让学生实现人与文化的和谐共生。一方面，应培养学生传承土家族传统文化的意识与能力。土家族传统文化校本课程应让学生了解土家族的历史文化，系统掌握民族传统文化知识和基本技能。并在此基础之上培养学生的民族认同感，增强民族的自尊心、自信心，使之拥有传承土家族传统文化的自觉意识与责任感。另一方面，应全面提升学生素养。"通过对土家族传统文化的学习不仅要提升学生的道德素养、审美素养、文化素养，还要注重对学生动手能力、文化适应能力、文化选择能力、批判性思维的培养等，使其通过文化的浸润得到全面发展"③。

二是，应明确课程具体目标，即不同具体课程应达到的预期结果，如学生学习该类课程后在情感、态度、认知、技能层面理应得到的发展。首先，在知识与技能方面应让学生对土家族所属的文化谱系及源流发展有基本的认识，了解其历史脉络、科技文化、节日盛典、风俗礼仪、衣食住行、文化禁忌等。并通过各种实践活动掌握相应的生产生活技能，提升动

---

① 龚坚：《土家族传统体育校本课程开发研究》，博士学位论文，西南大学，2009年。
② 金世余：《我国中小学音乐校本课程开发研究》，博士学位论文，福建师范大学，2010年。
③ 王玲玲：《基于白裤瑶民族文化之校本课程开发研究——以广西南丹县里湖乡Z小学为例》，硕士学位论文，广西师范大学，2011年。

手能力。如掌握西兰卡普的编织、晕染技巧；会传唱龙船调、黄四姐、六口茶等传统山歌；会跳摆手舞、撒尔荷等传统土家舞蹈。其次，在过程与方法层面应使学生基于学习过程与经历获得相应的感悟与体验，并在此过程中不断总结方法提升能力。即学生在掌握与土家族相关的历史、体育、文化、地理等知识的基础上能够运用所学的知识解决学习、生活中遇到的相关问题。最后，在情感与价值方面应让学生在土家族传统文化的学习过程中获得情感体验并形成正确的人生态度与价值观。即学生通过土家族传统文化的学习能激发其对民族文化的热爱，形成自身对文化的独有认知与思考，从而培养学生的民族认同感，进而衍生对国家的热爱。

三 输入管理

输入管理即对土家族传统文化校本课程开发的管理，其主要包括充分挖掘土家族传统文化资源，并对相关资源进行筛选编订。具体涵盖了人员组织、资源挖掘以及方案选定等一系列管理活动。

（一）人员组织

一方面，人员组织包含成立专门的组织机构进行课程建设与管理。校本课程建设是在国家预留的课程空间内，以本校教师为主体，基于校本情况及学生的需求与特色而生成的多样化的课程以供学生选择。学校不仅是课程计划的执行机构，更是课程开发与决策的机构。这就要求学校内部形成一种开放、多元的组织结构以负责统筹、规划、指导土家族传统文化校本课程的建设工作，为其提供组织保障与业务指导。课程专家乔治·A. 比彻姆认为应由五类人员参加课程决策：专业人物、团体代表、专职人员、非专业的市民代表、学生。因而，中小学中的土家族传统文化校本课程专门组织可由高校的课程专家、相关领域的教师，中小学的校长、教师、学生，社区中的家长、民间艺人等共同组成。通过该组织可协调各方资源，联动各方主体，更好地进行课程决策与课程建设。

另一方面，人员组织还包含具体职能的安排。学校所形成的专门组织机构是为土家族传统文化校本课程建设与管理服务的。具体职责包括确定学校校本课程建设的总目标并形成具体规划；对教师进行校本课程的培训，组织教师参与校本课程开发工作；指导建设校本课程开发建设的各项管理条例，明确职责；负责审定校本课程开发项目；检查督促校本课程实施，定期发布校本课程质量信息；向学生及家长提供学校校本课程手册，供学生选择；联动与协调社会资源；做好校本课程建设过程中的各项协调、组织工作等。土家族传统文化校本课程建设虽倡导多主体联动，但在具体施行过程中应分清主次、职责明确。中小学应始终坚持课程建设的主体地位，其他参与者依据其优势分阶段参与。政府在中小学土家族传统文化校本课程建设中给予政策支持，在公共服务的职能上进一步弱化，为学校让渡空间，提高学校自主性与积极性。社区则需要以更加包容与接纳的态度和行动去支持学校民族文化类校本课程建设，为其营造良好的氛围、做好文化宣传工作，提高人们对该课程的认可度与接受度。高校在参与中小学土家族传统文化校本课程建设时，应为中小学课程建设提供指导，为教师提供培训。在合作过程中各主体要明确权责界限，不可越位参与。

（二）资源挖掘

课程资源是指课程建设活动中一切有助于达成课程目标的相关因素，既包含物质的与非物质的，也包含显性与隐性的。资源挖掘则是指人们在众多资源中发现、提取、利用相关资源进行课程建设的过程。

一方面，资源挖掘包含通过各种途径获取相关资源。一是就地取材，加强课程资源创生。民族地区丰富的生态资源、文化资源和历史资源，可将其进行开发，形成独特的教学资源。如，利用民族地区中小学师生的民族身份，通过"师生共创，轮流上岗"的教学模式，使土家族师生共同成为该课程的教授者。此外，少数民族地区学校生态资源、历史资源丰富，可就地取材将山水、草木等都变为教学资源。带领学生进入森林、田间进行实践，抑或带领学生进入民族文化村落进行实地考察调研。积极利用自身资源与环境，让学生进入真正的场域学习，使得做、学、见、闻相结合。二是积极获取校内外资源。校内课程资源的获取主要指对教学设施的利用、对师资力量的安排以及对管理资源的利用。校外资源主要指社区、高校与政府所提供的相关资源。其主要包含人、财、物、信息等。校外资源获取主要是指通过政府拨款获得资金支持，通过课程联盟或对口支援等途径获取高校、社区等主体的资源支持。

另一方面，资源挖掘是指对所获的资源进行筛选整合与利用（表6-1）。一则是对文化资源进行筛选与编订以形成教学内容。"课程内容是一系列比较系统的直接经验和间接经验的总和，是根据课程目标从人类的经验体系中选择出来并按照一定逻辑顺序组织排列而成的知识和经验体系。"[①] 土家族传统文化校本课程中文化资源的选编是对土家文化资源依据一定的标准进行分析、筛选、编订的过程。而选择的标准有学者提出了依据教育哲学、学习理论、教学理论与文化理论四个筛子进行筛滤。确保课程资源中选取的土家族传统文化是优秀的、进步的、科学的、有利于学生进行学习与传承的文化精髓。二则是对所获取的财政资源、人力资源以及物质资源进行组织。如对资金的预算支出以及对场地、设备的运用,对人员的组织与调配等。通过对各方资源的挖掘、利用、协调促进土家族传统文化校本课程开发顺利进行。

表6-1　　校内外土家族传统文化校本课程资源分析统计

校内课程资源	校外课程资源	
	社区课程资源	高校课程资源
教师资源	文化资源	
学生资源	人力资源	
设施资源	物质资源	
教育管理资源	管理资源	

(三) 方案选定

方案设定是学校依据自身条件为校本课程建设构建的一般建议性的操作流程,能提高校本课程建设活动的成效,避免盲目性。方案选定不仅包含拟订方案,也包含对拟订方案的评估、筛选,以确定最优选项。

一方面,拟定土家族传统文化校本课程建设方案。即对课程建设按照目标进行资源选择、结构安排、活动与评价任务设计,形成校本课程方案。具体包含对课程的规划、开发、实施与评价各个环节的描述与规定。在课程规划环节应包含现状了解、需求评估、人员组织。在课程开发环节应包含内容优选、内容编订。在课程实施环节应包含课程设置、课程结构安排、选课形式、选课说明等内容。由于课程门数多导致交流和操作比较

[①] 金世余:《我国中小学音乐校本课程开发研究》,博士学位论文,福建师范大学,2010年。

困难，因此需要结构化与系统化。针对这种情况，可从课程的形式、土家族传统文化内容、学生能力发展等不同维度来统整课程。只有对土家族传统文化校本课程整体进行结构优化，才能使该课程既有分科课程又有综合课程，既有学术课程又有活动课程，既有教师主导又有学生参与。在课程评价环节应囊括评价主体、评价内容、评价方式、评价标准等。在每一环节还都需有相应的人员安排、资源支持以及时间规划等，以此形成完整的土家族传统文化校本课程建设指导方案。

另一方面，对已有方案进行筛选，得出最优结果。首先，应对已有方案进行可行性分析。可行性分析是通过对每一方案进行系统了解，按照客观实际情况进行论证评价，剔除不切实际的指导方案。可行性分析应具有预见性、公正性、可靠性、科学性的特点。其次，对可行方案进行择优。对于可行方案还应进行进一步的论证，通过评估与对比，选择出最优方案。所谓最优方案是指从实际资源与条件出发，最能适应恩施州地区中小学的发展现状，且所需资源能被充分满足的方案。最后，对选定的方案进行整合与改进。每一方案都有各自的优缺点，最终选定的方案还可吸纳其他方案的优点进行整合。学校层面的校本课程建设方案主要规定了课程的目标、结构、建设流程、选课说明等，教师层面的课程方案则可以此为指导，依据自身学科需要在学校课程建设方案的框架下进行设定。

四 过程管理

过程管理是对课程实施的管理，它是土家族传统文化校本课程管理的重点。主要包含对课程实施过程中各要素的组织、沟通、协调与督导等。

（一）要素整合

基于国内外学者对整合的界定和认识，我们认为在管理过程中要素整合是基于管理目标将分散的要素进行关联、协同、组合的过程。就土家族传统文化校本课程管理而言，要素整合则为一个多层次的协同过程。在这一过程中管理者须借助信息沟通、协调、组织、监控等手段将各要素统整为一个有机整体，提高一体化程度，产生协同效应，使得管理更为有效。依据要素整合的范围，土家族传统文化校本课程在管理过程中可将其划分为学校外部要素整合以及学校内部要素整合。

一方面，土家族传统文化校本课程在过程管理中须不断地对其内部要素进行调整和变革。一则对课程的规划、开发、实施、评价等各环节之间进行衔接与配合，使其得以平滑过渡，从而实现对该课程全程全面的管理。二则对土家族传统文化校本课程实施过程中的各要素如，资金、信息、技术、人力资源等进行配置与协调。使分散的人、财、物、信息具有整体性与完整性。如在课程实施过程中对课程的组织、安排、统整以形成完整的课程体系；对教师、场地进行协调安排以顺利实施课程。通过对各个要素间障碍的消除，资源的优化配置，最终以课程目标为中心实现各要素的优化整合。另一方面，在课程实施过程中应注重外部要素间的统整。既包含对外部主体的协调，也包含对外部资源的整合。在主体协同过程中，由于各主体间在组织类型、文化习惯以及理念目标等方面存在显著差异，因而要实现整合必须打破原有壁垒以形成新的运作模式，使得各方在对课程建设的目标、文化、战略方面形成共识。外部资源的整合是指学校对外部环境中的资源进行获取、吸纳、互动、融合的过程。如在课程实施过程中邀请外部专家指导、邀请民间艺人授课；获取政府专项资金以及政策支持，都是将外部资源引入课程建设过程中，通过要素整合发挥协同优势的过程。

（二）沟通协调

土家族传统文化校本课程建设各环节的顺利开展在很大程度上依赖于信息的有效获取、反馈与共享。在该课程管理中沟通协调包括两个层面的含义，一是学校组织对关于土家族传统文化校本课程信息的交流与传递。包含学校内部沟通与外部沟通两个层面。二是基于获取的信息对土家族传统文化校本课程的相关资源进行协调，以保障其顺利进行。

一方面，保障学校内外部沟通顺畅。就学校内部而言，在课程实施过程中要注重信息畅通与反馈及时。"学校内部沟通是指校内教师、学生、校领导间，各科室部门间以及个体与部门间信息的有效传递与反馈。"[1]通过内部信息沟通能很好地对课程实施的时间、场地、人员进行安排。就学校外部而言，中小学与外部主体的沟通包括与高校、政府、社区间的知识、信息交互过程。通过外部信息沟通有利于外部主体参与课程实施。为

---

[1] 梁晓刚：《EAP 视角下学校内部沟通的探析》，《现代中小学教育》2017 年第 2 期。

第六章　土家族传统文化校本课程管理的理论模式建构 / 163

保证沟通效果与沟通效率，应充分利用信息技术手段，使得各方能及时获取信息并提供反馈。如构建网络信息平台、运用即时交互软件等以拓宽沟通渠道，通过信息技术手段打破时空的制约，大幅提高沟通效率、改善沟通效果。此外，在土家族传统文化校本课程实施过程中，高校、中小学、社区间应建立良好的沟通机制，通过快速高效的信息沟通能力和知识处理能力以满足其沟通需要。另一方面，就所获信息进行相应的协调。沟通协调是指日常管理工作中通过妥善处理各层级、各部门间的关系，减少障碍与摩擦，使得各方能有效合作，进而增加工作的积极性与凝聚力，提升工作效率。马克思在《资本论》中曾经指出："一切规模较大的直接社会劳动或共同劳动，都或多或少地需要指挥，以沟通协调个人的活动。"[1] 在土家族传统文化校本课程管理过程中，为了促进各主体间的沟通协调可构建民族文化类校本课程建设的专门组织，对各部门与个体进行协调。通过上下联通，左右协同，既使横向组织机构间互通有无，又使纵向不同层面间信息畅通，依靠信息沟通实现资源的优化配置。通过良好的沟通协调，土家族传统文化校本课程建设的各方主体方能在目标的指引下，消除分歧、化解矛盾，统一行动，使该课程顺利实施。

（三）过程督导

督导，顾名思义，就是监督与指导。土家族传统文化校本课程管理的过程督导是指对课程实施过程中的课程安排、教学实施等一系列活动进行全程全面的监督与指导。

一方面，是从系统观与全局观出发对课程实施的所有环节进行督导。课程实施是课程管理的重点，包括一系列复杂的活动，如对课程数量、教学场地、教学人员以及教学时间进行安排，而且每一项活动并非孤立存在，而是环环相扣的。因此，必须对课程实施的所有环节进行全程督导，及时反馈信息、发现问题，使其有序发展。对课程进行全过程的督导，一是通过协同管理使得每一环节能顺利实施，不会导致各程序间的割裂与无序。二是通过全程全面的督导在课程实施过程中能及时发现问题，进而提供信息反馈寻找具有针对性的改进方法。"使得在整个课程实施过程中能

---

[1] 《资本论》第1卷，人民出版社1972年版，第367页。

做到问题的早发现、早改进,避免影响后续进程。"① 另一方面,组建一支业务素质过硬的督导队伍。该队伍可由专业人员、校内教师以及校外专家组成,使其不仅能从不同维度发现问题,而且在课程督导过程中能做到公平、公正地看待问题、解决问题,更高效地开展工作。此外,还应建立相应的督导制度以此来指导、规范和保障督导人员的工作。督导制度应合理核定教学督导工作量、明确和澄清督导的中心工作、进一步提升教学督导人员的工作水平。在督导过程中重视"督管"的职能,重视土家族传统文化校本课程教学管理工作的检查和教学建设与改革工作的推进。建立合理规范的督导制度是保证督导工作有效开展的必要条件。使督导人员在工作开展中能做到有法可依,有章可循,使督导工作更为规范、透明。课程管理过程中的督导工作作为一项传统的质量管理活动仍有独特价值和生命力,通过适应形势发展,适时作出反应,能为课程管理工作作出巨大贡献。②

五 输出管理

输出管理是对课程评价的管理。泰勒强调:"评价过程在本质上是一个确定课程与教学计划实际达到教育目标程度的过程。"③ 因而,指向土家族传统文化校本课程的评价应以课程改进为目的,倡导多元主体使用不同评价方法对课程建设进行全方位、多维度的评价。

(一)主体多元

"评价是一种人为和为人的价值判断活动,每种评价活动的始终都离不开人的参与。"④ 土家族传统文化校本课程建设是一个动态开放的过程,课程评价理应追求多元、开放和发展。因此,其评价主体不应囿于权威人士,而应鼓励多主体共同参与。即在评价过程中注重主体的多方联动、共

---

① 沈钟:《试论中学内部教育质量督导体系的建立》,硕士学位论文,苏州大学,2008 年。
② 童康、袁倩、陈旺、Ming Cheng:《推进高校内部教学督导制度建设的思考》,《教师教育研究》2017 年第 5 期。
③ [美] 拉尔夫·泰勒:《课程与教学的基本原理》,施良方译,人民教育出版社 1994 年版,第 26—27 页。
④ 徐彬、刘志军:《指向核心素养的课程评价探析》,《课程·教材·教法》2019 年第 7 期。

同参与、相互支持，从而形成校内外人员共同参与该课程评价的格局。

首先，教师应是土家族传统文化校本课程评价的核心主体。教师既是土家族传统文化校本课程建设的管理者，也是其执行者。他们直接参与该课程的开发与实施，对该课程的细节与问题都有深入了解与直观体验，能为课程建设提供客观、切实的评价。因此，教师应是土家族传统文化校本课程的关键评价主体，能为该课程的评价与改进提供直接反馈。其次，学生应是土家族传统文化校本课程评价的关键主体。土家族传统文化校本课程的受众是学生，课程目标也在于促进学生的发展。因而学生的感受、体验对于课程评价意义重大。如学生对课程内容的偏爱、对教学方法的喜好等都是课程改进的依据。因此，让学生参与课程评价对于课程的调整与改进具有积极作用。最后，权威人士、学校领导、家长、课程专家等应成为土家族传统文化校本课程评价的重要主体。一方面，应鼓励家长参与土家族传统文化校本课程评价。家长对该课程的态度、期望以及对子女在该课程中表现的判定都可作为该课程的评价依据。因而，家长参与课程评价不仅能激发家长参与该课程的积极性，而且有利于推动家校合作。另一方面，应倡导校外其他主体参与该课程评价。不同校外主体对该课程有不同的判断与看法，将校外相关主体囊括其中进行评价，可从不同视角、不同层面对该课程的实施与发展作出判断，使课程评价更为客观、全面与公正。

（二）标准多维

基于人本管理理念，土家族传统文化校本课程必然建立多维评价标准体系。该评价体系既要体现学生的发展状况、文化的传承效果，也要反映课程的质量、教师的素养，真正实现对课程全面且富有个性化的评价。

在我国，受传统考试制度影响，课程评价的作用多在于甄别与选拔。然而，随着课程改革的不断推进，课程评价标准也愈加多元。土家族传统文化校本课程因其课程目标与性质应在课程评价中设置不同的评价标准，促进主体的全面发展与文化的传承创新。首先，课程评价应立足文化发展。土家族传统文化校本课程是以土家族传统文化为主要课程内容，其目的是挖掘、整理民族文化资源，促进文化的传承创新。因而该课程评价应观照文化的发展。其次，课程评价应注重主体发展。在土家族传统文化校本课程的评价中应通过课程评价，及时将信息反馈给学生。学生基于评价结果，能够结合自身状况正确、客观地了解自身的优劣势，从而改进学习。此外，该课程评价不仅要增强学生的文化知识，更应提升其文化素养与适应社会发展的能力。再次，对于该课程的评价还应关注教师的发展。即对该课程的评价还应对教师的行为与能力进行评估与判定，使老师通过评价反馈了解自身的不足，并通过持续改进不断提升自身的素养与能力。最后，课程评价应观照课程发展之维。对土家族传统文化校本课程进行评价时应对每一课程建设环节、课程质量、课程效果等都作出全面而细致的判定，并基于结果进行改进。评价的目的在于改进而非判断，因而土家族传统文化校本课程的评价是为了提高课程质量、提升课程的适应性、规范性以及特色化，从而促进该课程的不断完善与向好发展。

（三）方式多样

"课程评价是一个连续发展与不断完善的过程。"[①] 每一种评价模式都有其自身优势与局限，因此土家族传统文化校本课程应灵活运用多种评价方法，使评价结果全面而客观。

一是，在土家族传统文化校本课程评价中可采用不同的评价方法。如在课程实施过程中可采用过程性评价。即教师对学生在课程实施过程中所呈现出来的现实样态进行观察、研究与记录。通过学生对于教学内容、方法的满意度与适切性评价来调整与改进教学活动。"也可在课程开始之前制作好评价量表，帮助学生了解量表的内容及评价标准的含义，通过评价量表客观地反映出学生对该课程的态度与看法"[②]。如在背景评价中可采用文献法、调查法；在输入评价中可采用档案袋法；在过程评价中可采用目标游离评价法；在输出评价中可采用总结性评价。不同的评价模式各有其利弊，因而在课程评价过程中可灵活运用不同评价方法。

二是，可将不同评价方式进行组合，以实现评价方式的多元整合。CIPP 评价模式由背景评价、输入评价、过程评价与输出评价四个环节组成，每一环节又可采用不同评价方式进行。在 CIPP 模式运用中，评价者

[①] 徐彬、刘志军：《指向核心素养的课程评价探析》，《课程·教材·教法》2019 年第 7 期。

[②] 赵炬明：《关注学习效果：美国大学课程教学评价方法述评——美国"以学生为中心"的本科教学改革研究之六》，《高等工程教育研究》2019 年第 6 期。

可依据评价需求选用不同的评价内容与策略。既可基于项目进程在不同环节选取不同评价方式，也可结合多种评价进行，其方式十分灵活。① 鉴于此，在土家族传统文化校本课程评价过程中也可借用上述模式，将不同评价方法进行组合，对该课程的不同维度进行评价。如在背景评价中可采用文件法、调查法、文献法、德尔菲法等以了解校内外环境；在输入评价中则可采用访谈法、对手法、档案袋法、对比法等，通过不同方法的组合对比不同的方案；在过程评价中可将现场观察法、访问利益相关者相结合，了解不同群体对待该课程的不同看法；在输出评价中可将终结性报告法与问卷调查法相结合，判定该课程的目标达成度。此外，在每一评价环节还可将成效评价、影响评价、可持续性评价与可应用性评价相结合，从不同视角对课程的不同维度进行全面评价。由此可见，在土家族传统文化校本课程的实际评价过程中，应将多样化的评价相互结合、取长补短，使评价结果更为全面，能更好地为课程改进服务。

第三节 模式运行机制

机制，是指各要素之间的结构关系和运行方式。本书所构建的理论模式并非简单的静态要素组合，而是各个管理要素依据一定的机制进行着内部运转与外部互动。该管理模式中，机制是基于各个要素，协调各个部分之间的关系以便更好地发挥作用的具体运行方式。如图6-3所示。

一 持续改进机制

课程建设并非依据计划逐步实施的简单线性过程，而是一个问题不断涌现的、复杂的、无法预知的过程。因而"在课程管理中应依据具体实践情况对课程进行不断调适与改进，使之向更好的方向发展"②。本书所构建的土家族传统文化校本课程管理模式是将该课程视为动态发展的生成过程，在管理过程中注重管理信息与结果的及时反馈，以促进课程的不断

---

① 张晓青、王君：《大学课程目标达成度的组合评价方法研究》，《现代教育管理》2019年第11期。

② 王嘉毅：《课程与教学设计》，高等教育出版社2007年版，第13页。

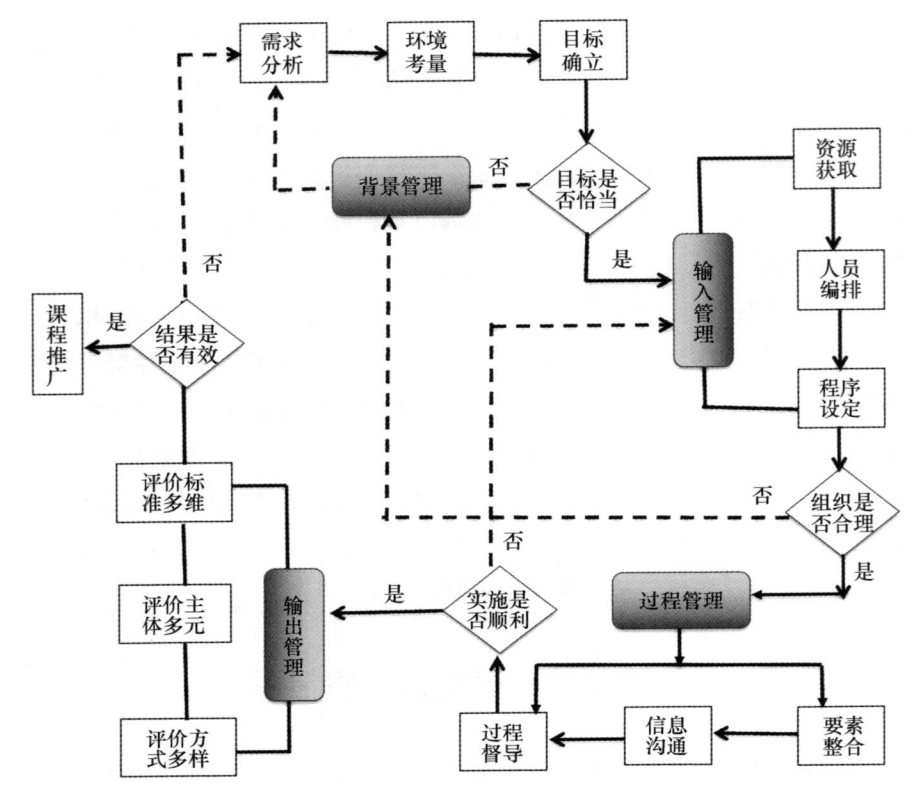

图 6-3 管理模式动态运行

调适与改进。

首先，该机制强调信息的及时反馈。由图 6-3 可知，在每一项管理程序结束时都会进行结果评估，通过信息的反馈决定课程建设的下一步骤。如若结果评估有效则顺利进入下一环节，如果无效则需根据评价结果对存在的问题进行改进直至达到预期目标，再进入下一环节。信息反馈不仅包含课程建设过程中所存在的问题，还包含对学生学习状况、结果、质量及教师教学能力、素养等多方信息的描述。基于信息反馈有助于学生在学习中了解自己的具体情况，从而强化学习行为，提升学习效率。同样，通过结果反馈也有利于教师改进教学，调整课程设置。此外，及时掌握课程的建设与实施情况，也有利于管理人员对课程进行调整，从而作出合理的决策与规划，保证课程顺利进行。其次，该机制注重课程的不断改进。土家族传统文化校本课程管理不仅要基于信息反馈发现问题，还应就反馈结果持续改进课程。在本书的管理模式中，基于首次评价结果对课程进行改进，并对改进结果进行二次评价，如此往复直至目标达成。最后，该机制倡导课程的不断发展。该模式在课程管理时基于信息反馈与课程的不断改进，使得课程不断向更高水平发展。如图6-4所示，C代表课程规划管理，I代表课程开发管理，P_1代表课程实施管理，P_2代表课程评价管理；外层圆圈则代表课程管理中的持续改进机制；左边的圆圈代表原有水平，右边的较大圆圈则代表新的水平，即便达到新的发展水平，课程内部仍然进行着持续改善。该图表明，土家族传统文化校本课程管理基于信息反馈与持续改进，使课程管理不断完善，推动课程不断向前发展。

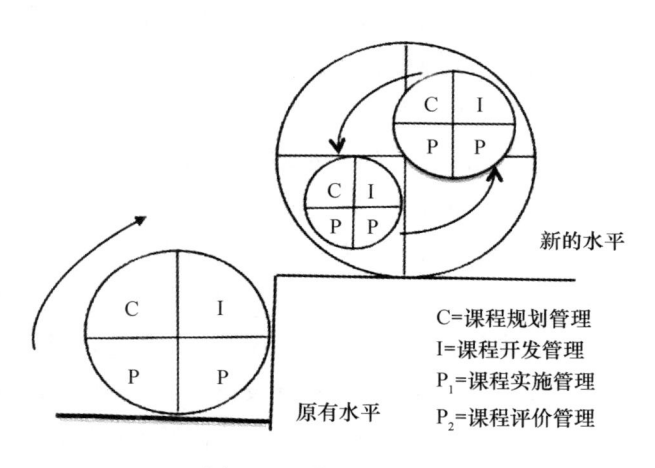

图6-4 模式持续改进

二 循环发展机制

土家族传统文化校本课程管理的理论模式并非静态线性发展，而是通过物质能量的交换始终进行着内部微观循环与外部宏观循环。在该动态模式中则表现为循环发展机制。如图6-5所示。

第一，该机制反映了模式内部进行着的课程管理微观循环。一是课程管理不同程序间实现着循环发展。当课程管理沿着背景管理、输入管理、过程管理与输出管理这一程序发展时，每一管理环节结束都会判断该管理程序所产生的效果是否符合预判，如果符合则会向前发展；如果不符合则会重新演绎这一管理程序。在课程输出管理时若发现课程有效则会进行课程推广，若无效则会沿着管理程序性回到第一步或任一步骤，并按照这一程序不断往复循环。二是课程管理理念与管理实践之间同样形成了循环发展。在管理实践的运行过程中，管理理念不断为其指引方向，提供动力、修正方向保证其顺利前行。管理实践在运行过程中又不断检验、补充、支持管理理念，使其不断作出调整，适应时代的变化。如此，则形成了管理理念与管理实践间的循环，二者共同致力于土家族传统文化校本课程的顺利进行。

第二，该机制使得中小学在土家族传统文化校本课程管理中内部与外部主体间形成了人员、信息和技术循环。如高校的知识、技术；中小学的人员、基地；社区提供的文化资源；政府提供的政策、资金等，这些要素在高校、中小学、社区与政府之间流动，以此形成人员、信息和技术循环，如图6-5所示。首先是人员循环，即人员在不同主体间流动转换。人员循环在管理过程中表现为对人才的引进与吸纳，人员的交换与学习。[①] 其次是信息循环，即信息在各主体间的交换、反馈。在土家族传统文化校本课程管理中的信息循环既包含资源、人员、评价信息，也包含政策、制度信息在不同主体间的分享、补给与传递。通过信息循环可使得各方步调一致，实现共建共管。最后是技术循环。课程建设需要多方技术支持来共同完成，因而对课程的管理必然涉及技术在各主体间的分享。土家族传统文化校本课程管理过程中所涉及的技术包括教师职业技术，即校本课程建设的能力与素养；信息技术，即在课程建设过程中对多媒体技术的掌握、对网络平台的搭建与运用、对信息交互软件的熟练掌握等。技术在各主体间的循环是指通过师资培训、人员的交换与学习使得技术从某一主体流向其他主体的过程。通过技术循环，能增强各方对信息技术的掌握与运用，同时能增强中小学教师的课程建设能力与管理能力。由此可知，循环发展机制不仅使得学校在课程管理中形成了内部微观循环，而且还形成了与外部主体间的人员、技术、信息循环。从而使得土家族传统文化校本课程在管理过程中不断获得各方资源的支撑，保障该课程建设顺利进行。

---

① 王向华：《基于三螺旋理论的区域智力资本协同创新机制研究》，博士学位论文，天津大学，2012年。

第六章　土家族传统文化校本课程管理的理论模式建构　/　171

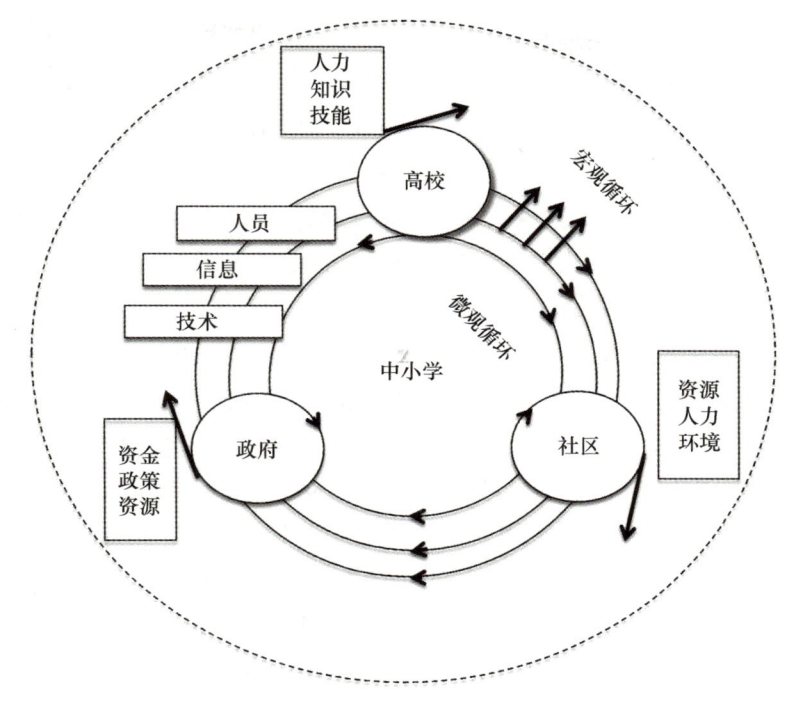

图 6-5　循环发展

三　全程调控机制

CIPP 评价模式具有全息性，将其迁移至管理领域形成的管理模式必然具有全程全面的特点，即对全过程、全要素进行管理。

一是该机制要求做到预前控制。即学校在进行课程建设前应预估可能发生的状况与存在的问题，并据此提出相应的解决方案与备选计划，使得学校在课程建设过程中能始终处于主动地位，做到防患于未然。因而，该机制注重对课程建设背景的管理。即明确学校的现状，摸清校内外可利用的资源，进而形成周密的计划。对于可能出现的意外状况也考虑在内，做到未雨绸缪。同时，考虑各方的需求，形成共识，树立明确的管理理念。通过对长期目标、中期目标与短期目标的设定以及对预算投入、制度建设和政策制定等方面的规定来实施课程规划，使课程建设沿此发展。二是该机制强调做到同步控制。即通过及时发现课程建设过程中呈现出来的问题，马上对其进行解决与改进，使得课程建设按照预期计划顺利实施。同步控制是整个校本课程管理中最为复杂、难度最大的部分。不仅要保障课程的顺利实施还要兼顾各主体的需求。因而在课程开发、实施、评价过程中,不仅关注课程质量、学生发展、教师考核更应关注师生的发展需求,注重他们素养、能力的提升以及主体地位的彰显。三是该机制注重成果控制。在计划顺利完成之后,学校还要对完成情况进行评估总结,了解在课程建设过程中所出现的问题。基于问题进行改进,从而对课程建设在实践过程中的优缺点有全面的认识。"通过评价结果了解学校在课程管理过程中其是否偏离初衷,使学校在下一次计划中能保持优势、吸取教训,更好地改进管理。"[1] 在成果控制中应做到考核不仅关注学生的学业成绩,还应注重学生自信心与求知欲的培养;还应对家长、社区人员、课程专家等人员对土家族传统文化校本课程建设的参与指标进行综合分析。"最主要的应关注课程是否满足学生的需求与个性发展。"[2] 在土家族传统文化校本课程管理过程中则应注重通过文化的引领促进人的全面发展。如此,给予预前、同步、结果控制,则能对土家族传统文化校本课程实施全程全面管理,进而保障课程不仅能顺利实施而且能达到既定目标。

第四节　模式的特征解读

土家族传统文化校本课程管理理论模式是基于文化共生理论与 CIPP 评价模构建而成。基于其管理要素与运行机制可知,该模式在管理过程中具有理念与实践相统一、静态与动态相结合、局部与整体相协调、内部与外部相联动的特征。

一　理念与实践相统一

土家族传统文化校本课程管理模式以文化共生为管理理念,通过背景管理、输入管理、过程管理、输出管理等实践环节演绎管理理念,使管理理念与管理实践相融相和。

---

[1] 高亨亮:《校本管理运行机制的构建探析》,硕士学位论文,福建师范大学,2006年。
[2] 门秀萍:《中小学校本课程开发的理论与实践》,开明出版社2003年版,第123页。

首先，该管理模式内含文化共生的管理理念。本书以文化共生理论为基础，进而衍生出相应的管理理念。即文化的传承创新、多元一体、以文化人以及人本回归。然而在该模式中，管理理念并非被束之高阁、独立存在的，而是通过管理实践将促进主体与文化的和谐发展这一理念融入课程建设的每一环节。文化具有双重意义。一重是其符号所彰显的内容，另一重是指向意义世界的。以文化共生理论为基础的管理理念强调通过文化的传承创新形成多元一体的文化格局。并基于文化的引领、浸润作用使得各主体在人文素养、审美素养、知识素养等各方面获得提升，最终实现人的全面发展。因而在管理实践中凸显了文化的"化人"作用。在管理实践中不仅要关注如何使用科学的方法促进课程的决策、组织协调与控制，而且还考虑到如何通过文化促进人的主体回归与全面发展，即将管理理念渗透于管理实践的每一具体环节。

其次，该管理模式以具体管理实践为支撑。该模式将CIPP评价模式迁移至课程管理领域，通过对评价内容的组织、计划、调控等形成了土家族传统文化校本课程的背景管理、输入管理、过程管理与输出管理。在每一管理实践环节中都内含着文化共生的管理理念。如在土家族传统文化校本课程的背景管理中，对管理目标的确立不仅要将土家族传统文化的传承创新考虑在内，还应蕴含促进学生与教师的共同发展；在输入管理中在对课程资源进行挖掘、筛选与编排时也深受管理理念的影响，通过文化哲学、教育学等筛子对文化资源进行筛选与编订；在过程管理中则注重校园文化与隐形课程建设，强调利用以文化人的手段对学习者进行潜移默化的影响；在输出管理阶段对课程的评价则注重多元评价标准的确立，以适应学生的不同发展需求，同时也注重课程的推广，以促进各民族文化相互交流、取长补短、共同繁荣。

最后，该模式管理理念与管理实践相融相和，共同致力于推进土家族传统文化校本课程建设的顺利进行。一方面，该管理理念深刻地融入并指导实践。其规定了实践的发展趋势与方向，界定了实践理应达到的目的与效果，对实践具有引领与修正的作用。另一方面，管理实践支撑、丰富并检验着管理理念。实践是检验真理的唯一标准。该管理理念是否科学、是否具有适切性都须经过实践的检验。管理理念想要发挥其作用也必须经由实践，否则管理理念因缺乏对实践的观照而失去其本真意义。此外，基于管理实践能不断发现问题、解决问题，从而凝练经验丰富管理理念的内涵，拓展其外延。由此可知，在该管理模式中管理理念与实践相互支撑、相互融合共同致力于课程建设的顺利进行。

二　静态与动态相结合

　　土家族传统文化校本课程不仅是静态教材的呈现，更是一系列课程建设的动态过程。因而，对该课程的管理必须兼备静态和动态的眼光达到动静结合的管理格局。

　　一方面，土家族传统文化校本课程管理理论模式注重对静态要素的管理。该管理模式由不同的静态要素按适宜的方式所构成，其主要包含人力、物力、财力，还有时间、空间、信息等。本书中的静态要素管理主要包含对组织机构、政策制度、信息系统以及人员等方面的管理。首先，组织机构是指学校专门成立的对土家族传统文化校本课程进行管理的部门以及与校外主体形成的课程联盟。对组织机构的管理在于组织设计、人员安排、资源协调等。其次，政策制度是指对课程建设的程序、行为等进行的规定。政策制度的管理不仅包含对相关规章制度的设立，还包括对相关政策的解读与理解。从而使得课程建设有章可循，课程管理更为规范。再次，对信息进行管理。即合理利用信息系统，使管理者能得到及时、准确的消息从而进行决策，使教师和学生能得到及时的评价反馈，从而提升学习效率。复次，是对课程资源的管理。本书中的课程资源是指广义的能被运用于课程的各种资源，包含文化资源、信息资源、智力资源，等等。最后，是人员的管理。在管理要素中人是最主要、最核心的要素。管理者依据政策、制度采用相应的手段对人员进行调配、激励、任用等，通过对静态要素的协调管理，使之形成一个结构合理的良性系统。

　　另一方面，在土家族传统文化校本课程管理理论模式中注重深化动态过程管理。土家族传统文化校本课程是一系列动态的建设过程，就此需对课程建设过程进行相应的管理。首先，对课程规划进行管理。主要包含对校内外需求进行分析，对校内外的环境进行考量。通过需求与现实的差距来确立合理的管理目标。其次，对课程开发进行管理。主要包含对课程资源的获取，包含物质资源、人力资源、信息资源、文化资源等；人员的组织，主要指组织的构建以及人员的安排；通过前期工作的铺垫最终确定课程的建设程序与方案。再次，是对课程实施进行管理。包含各要素的协调、整合；信息的反馈、收集以及对课程实施过程的监督与调控等。最后，是对课程评价进行管理。在课程评价中主要倡导主体多元、价值多维以及方式多样。此外，在输出管理中还应注重课程的持续改进与后期推广，从而形成对课程建设这一动态过程的完整管理。通过对课程动态建设的管理，使之不仅在实施过程中秩序井然且具有灵活性与适应性。

纵观整个管理模式不难发现，其动态管理过程其实也包含了对静态要素的管理，而对静态要素的持续管理则生成了动态管理过程。二者在该模式中相互渗透、相互融合，从而形成了动静结合、相互转化与调适的格局。

三 局部与整体相协调

管理是一项复杂的系统工程，任何局部或要素管理的疏忽都会影响整个管理系统。因而该管理模式不仅注重对各要素的局部管理，还充分了解各要素间的关联，从而制订全局计划，使各要素相互协同配合以发挥整体功效。

一方面，该管理模式注重对每一过程与要素进行局部管理。"随着管理系统的日益复杂以及管理研究的日趋深入，许多无形的要素也被纳入管理范围之内，如信息、环境、关系等"[1]。因而该模式在土家族传统文化校本课程管理过程中重视对每一局部要素的管理。在该管理模式中包含了对人、财、物、信息的管理。同时该模式将土家族传统文化校本课程视为一系列动态发展的过程，通过对不同程序的组织、规划与实施形成了对每一课程建设环节的局部管理。如对课程规划进行的背景管理，对课程开发实施的输入管理，对课程实施进行的过程管理以及对课程评价进行的输出管理。而且，对每一过程的管理又可分解为不同的要素进行更为精细的管理。如此则形成了对不同层次要素的嵌套管理。

---

[1] 杨慧：《基于系统管理理论的高等学校外籍教师管理要素研究》，博士学位论文，东北大学，2015年。

另一方面，该管理模式不仅注重要素的管理，还注重对要素的协调整合，以形成对课程的系统性管理。古希腊哲学家亚里士多德曾经表述过一种思想："整体大于它的各部分的总和。"[①] 如今已成为管理的共识。该管理模式对课程的系统管理主要表现为：首先，该模式注重在管理过程中整体与局部、各局部之间以及整体与外部环境之间的有机联系，使其相互作用，相互影响，构成一个整体。如该管理模式是由管理理念、背景管理、输入管理、过程管理、输出管理五个子系统构成。每一管理子系统间又是相互联系相互影响的，共同形成管理体系。其次，该模式从整体上显示了系统的性质和规律。该管理模式并非单个子系统可以独立运行的，只有管理主体在管理目标的驱动下，对课程进行规划、开发、实施、评价等一系列管理，并与外部环境不断进行物质能量的交换方可形成。再次，系统内部各要素或部分之间相互依赖相互影响，并对整体产生重要影响。该管理模式的每一子系统都是与其他部分联动共生，而非独立割裂的。如管理目标会影响管理流程，管理主体离不开外部环境的支持与影响，各要素间相互依赖，共生共荣。管理的整体性是该模式最重要的特性，它引导人们在认识和处理对象时，要从整体着手进行综合考察。在土家族传统文化校本课程管理系统中，教师、学生、课程内容、课程实施方式、学校的学习风气与文化氛围、人们对土家族传统文化的认知以及社会对人才的需求情况等因素都影响土家族传统文化校本课程的管理。因此，该模式不仅强调局部的或具体的要素管理，还注重将要素进行整合，从而全面、系统地去分析问题、探讨规律。

四 内部与外部相联动

土家族传统文化校本课程管理理论模式的构建虽然主张以学校为本，但并非局限于学校。而是把学校看成不断与外部环境产生联系与互动的开放系统，将学校内部环境与社会外部环境有机地结合起来。如图 6-7 所示。

从宏观层面来说，该模式注重课程建设与社会政治、经济、文化环境的互动。如国家的教育政策、方针，国家的教育专项拨款以及社会的主流

[①] 邬焜：《试论系统与要素的辩证关系》，《科学技术与辩证法》1999 年第 4 期。

第六章 土家族传统文化校本课程管理的理论模式建构 / 177

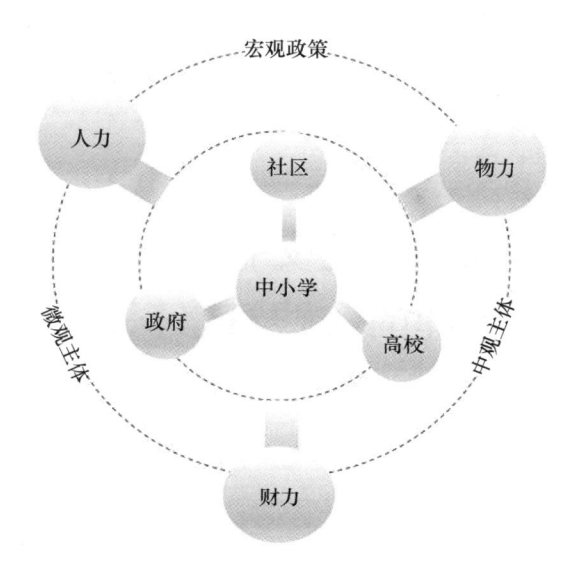

图 6-6 模式联动

意识等都必然对土家族传统文化校本课程建设产生影响。因而，在课程管理过程中必然要依据国家大政方针，积极响应国家号召，了解国家教育政策，并努力获得资金与舆论支持以促进课程建设。此外，社会科学、技术的进步也将对教育领域产生冲击。因此，在课程管理过程中还必须将先进的教育技术引入该课程，使其能更好地为学生发展服务。土家族传统文化校本课程建设虽然只是作为社会中一个极小的系统，但其也必然与社会的方方面面产生联系，不可能脱离社会而存在。因而在课程管理过程中必然要处理好课程建设与外部宏观环境的关系。

从微观层面来说，该模式强调各方主体在课程管理过程中的联系与互动。土家族传统文化校本课程管理过程中的主体联动是指高校、中小学、社区、政府间通过一定的联系方式进行互动交流、联动协作的过程。如与高校联动，能为中小学校本课程建设提供理论指导与师资培训；与社区联动能为土家族传统文化校本课程建设提供丰富的土家族文化资源、基础设施与治理支持。此外，中小学之间还应形成联动，以共享信息、资源、技术等。一个健全的课程建设联动系统不仅能够充分发挥中小学校本课程开发的主导作用，而且能发挥其他成员的支持、补偿与强化作用，最终使土家族传统文化校本课程管理成为一种充满活力的动态平衡的协作过程。

第 七 章

土家族传统文化校本课程管理的实践策略探讨

课程只有经过精心规划、设计、安排才能达到预期效果。因而，在后续工作中，恩施州地区各中小学应在理论模式指导下从理念架构、背景评估、输入多元、过程优化以及输出推广各方面强化土家族传统文化校本课程管理。

第一节　理念架构：立足主体发展，提升文化自觉

课程管理理念是管理主体在管理过程中所持的价值立场以及所表现出来的价值倾向。从调查结果来看，恩施州地区中小学在土家族传统文化校本课程管理中仍以行政权力为中心，人本化和民主性只是一种"开场白"[1]。因而，在后续课程管理中，应通过落实权责分担、树立人本意识、培育文化自觉等实践途径架构人与文化和谐发展的管理理念。

一　落实权责分担

"权力在课程管理过程中起着基础性作用。"[2] 改革开放以来，我国一直强调扩大地方教育权力。随着《基础教育课程改革纲要（试行）》的颁

---

[1] 韩延伦：《对当前中小学学校课程管理改革的思考及建议》，《当代教育论坛》2006年第4期。

[2] 樊亚峤：《三级课程管理体制下国家与地方课程权力的博弈》，《教育管理》2009年第11期。

布,我国三级课程管理体制得以形成。然而,"由于'高度集权'的管理惯习影响,各行政部门与学校习惯于外控式管理,缺乏权责意识与主体观念"①。在此背景下,恩施州地区中小学在进行土家族传统文化校本课程管理时应从以下方面入手落实权责分担。

  首先,必须理顺国家、地方、学校间的权责关系。课程管理是涉及不同要素及要素间相互关系的系统工程。我国颁布的《基础教育课程改革纲要(试行)》明确指出了学校课程管理的基本权责。即"在学校层面协调、优化和整合国家、地方、学校三类课程,在保证国家和地方课程有效实施的同时,促进校本课程的合理开发"②。因此,各中小学在土家族传统文化校本课程管理过程中应了解国家的管理体制,明晰国家、地方和学校的权责分担,充分发挥学校的主体作用,与国家课程、地方课程相互配合、补充。其次,学校应建构诉诸自身的主体意识。"学校课程管理的主体意识是指其明确自己在课程管理中的主体地位及权责分配,并有自主管理课程的意愿。"③ 各中小学在土家族传统文化校本课程管理中应提升课程管理的自主性与能动性,并承担相应的职责。如,在课程管理中制定决策、组织人员、形成目标、引领改革等,同时还应确定在这一系列过程中的资源配置与权责分配。"从而提升各中小学课程管理的主体意识,提升学校课程管理的水平与效益。"④ 最后,应落实学校内部各层级间的权责分担,促使权力主体多样化。学校课程管理涉及多方主体,只有赋予不同主体相应的权力,才能真正实现权责分担。从宏观层面来看,各中小学土家族传统文化校本课程的管理主体包括校长、校领导等。他们拥有从整体上管理全校课程的权力。从中观层面看,管理主体包含教研组长、年级主任等,他们则拥有管理年级、科目课程的权力。除此之外,普通教师和学生也拥有属于他们的课程管理权力。即微观层面的课

---

  ① 张相学:《学校课程管理:"应为"、"难为"与"作为"》,《当代教育科学》2005年第16期。
  ② 徐燕萍:《"理"、"管"融合——例谈区域性课程管理之效益达成》,《上海教育科研》2012年第4期。
  ③ 张相学:《学校课程管理:"应为"、"难为"与"作为"》,《当代教育科学》2005年第16期。
  ④ 韩延伦:《对当前中小学学校课程管理改革的思考及建议》,《当代教育论坛》2006年第4期。

程管理权力。① 为了课程管理的顺利进行应赋予学校内部不同层级相应的课程权力,并明晰其应承担的责任,使宏观、中观和微观层面的课程管理主体之间权责明晰,拓展学校课程管理的主体与职能。

二 树立人本意识

人是万物的尺度。在教育管理活动中必须彰显对"人"的价值关怀;对人格、尊严和自由的尊重;对人生成长和幸福的关注。因此,各中小学在土家族传统文化校本课程管理实践中应高扬人本理念。

一方面,在管理实践中形成管理关系的主体间性。即管理者和被管理者都是主体,管理者和被管理者之间的关系是主体与主体间的交往关系。因此在课程管理过程中应做到:一则,促进多主体共同参与。学校发展不仅与教师、学生、学校领导密切联系,而且与家长、社区等其他主体息息相关。学校在课程管理过程中应将利益相关的不同主体囊括其中,使其拥有参与学校事务的权利与义务。二则,倡导主体与主体间的平等互动。土家族传统文化校本课程管理是基于多主体共同分享经验、相互理解以及信息交流的平等互尊的活动。首先,各中小学在与其他主体交往时,应激发其他各方的积极性与主动性。其次,在管理过程中对其他管理主体予以关注。了解他们的组织文化、行为规范、个人意愿与能力等,从而构建良好的管理氛围。最后,学校领导作为管理主导者,在教育管理活动中应积极主动地与其他主体交往。"通过扩大主体间的交往以增进理解、共促合作,共同助力于课程管理顺利进行。"②

另一方面,在课程管理实践中始终坚持以人的全面发展为旨归。即在课程管理过程中将教师、学生以及其他主体的发展作为出发点与归宿。首先,力促学生发展。在课程管理中"重视学生成长的精神关照,使知识教育与学生人格完善互为表里,显性量化与隐性激励互为依托,立足学生的全面发展,立足于'人'的需求"③。在课程管理中应注重文化引领与

---

① 戴小春:《高校课程管理主体之"权利"与"权力"》,《武汉理工大学学报》(社会科学版) 2008 年第 5 期。

② 景晓娜、刘薇、郑天坤:《论教育管理中的主体间性》,《辽宁师范大学学报》2004 年第 3 期。

③ 姚久德:《基础教育管理中落实人本思想的思考》,《教育理论与实践》2017 年第 32 期。

塑造作用的发挥，使学生通过民族传统文化的学习，形成良好的道德素养与品格。其次，关注教师的发展。在课程管理过程中要建立完善的教师评估与激励机制，充分调动教师的积极性、主动性和创造性，实现教师全面而自由的发展。此外，还应建立相应的教师教研与培训制度，促进教师的专业发展，唤醒优秀教师的发展潜力和创造活力。最后，促进其他主体的共同发展。土家族传统文化校本课程管理是一种基于实践的多元主体参与互动的过程。相应地，在课程管理过程中应关注其他主体的共同发展。通过设计与建立科学、民主、有效的管理细则，形成制度化的管理体系，实现土家族传统文化校本课程健康运作，促进各主体共同进步、学校长远可持续发展。①

三 培育文化自觉

"文化自觉"是指人们对自身文化的来龙去脉了然于胸。"其表现为一种文化意识、文化追求、文化责任、文化思考与文化境界。"② "学校作为文化传承的重要场域，即便受到政治、经济、文化、科技等多方面的制约，但其自身的文化自觉才是解决问题以及走向可持续性发展的核心之所在"③。基于此，应积极培育中小学在土家族传统文化校本课程在管理过程中的文化自觉，使其在课程管理中拥有文化选择的自主地位。

费孝通先生指出："文化自觉是一个艰巨的过程。首先要认识自己的文化，根据环境与时代的变化对其进行取舍。其次是理解所接触的文化，在尊重的前提下对其进行借鉴吸收。最后，各种文化都自觉之后，则会依据共同认可的秩序与守则而相互融合，多元共存。"④ 因此，土家族传统文化校本课程管理过程中需通过以下路径积极培育文化自觉。首先，立足传统，拥有"自知之明"。任何事物的发展都根植于已有传统，并在此基础之上彰显出特色与价值。在课程管理中，一方面提升教师对土家族传统

---

① 郑智超、李凯：《核心素养视野下的校本课程开发管理》，《教育科学论坛》2017 年第 20 期。
② 张志敏：《学校文化自觉：以课程为突破口》，《中国教育学刊》2009 年第 10 期。
③ 蔺红春、徐继存：《论学校课程建设的文化自觉》，《教育理论与实践》2016 年第 34 期。
④ 徐平：《费孝通文化思想演变及其文化自觉实践》，《中南民族大学学报》（人文社会科学版）2020 年第 1 期。

文化的理解，使其以深厚的文化传统与文化底蕴进行课程开发与实施。另一方面，促使课程管理与实施深入本土生活场域。生活于恩施州地区的土家族经历岁月的沉淀形成一套内在的规范与机制。该地区中小学在土家族传统文化校本课程管理中呈现的问题都是基于本土环境而产生的。因此，问题的解决不能脱离实际，而应立足于本土文化，以本土的方式进行破解。其次，吸收借鉴，做到博采众长。土家族传统文化校本课程在建设过程中必然会与其他文化产生交流与碰撞。因而，在课程管理过程中虽要立足传统，充分认识与肯定自身的文化与价值，但也不能闭关自守。还需要把握时代的脉搏，吸取先进文化并加以整合。最后，聚焦教师，使其成为促进文化自觉的中坚力量。教师是文化的传承者、传递者，是课程的开发者、实施者，这就要求教师要具有自觉的文化精神，具有理性反思与批判的精神。在多元文化的背景下，教师须理解传统文化并接纳外来文化，通过二者的融合，自觉进行文化创造与创新。"通过立足传统文化深刻认识自我；通过整合、提炼外来文化形成未来规划。通过文化的传承创新与再思考不断提升文化境界"[1]。在土家族传统文化校本课程管理过程中，基于"传统的文化寻根、时代的文化生成、教师的培育"形成与发展文化自觉。[2]

第二节 背景评估：明晰管理目标，践行文化考量

完善土家族传统文化校本课程管理的背景评估，有利于摸清现实状况指导后续工作。因此，在土家族传统文化校本课程管理中须强化多方培训、落实需求分析、推进文化考量从而提升管理水平。

一 强化多方培训

调查表明，恩施州地区中小学土家族传统文化校本课程管理者与相关教师在专业素养与管理素养上有较大提升空间。要顺利开展土家族传统文

---

[1] 胡方：《文化理性与教师发展：校本教研中的教师文化自觉》，博士学位论文，西南大学，2013年。

[2] 张志敏：《学校文化自觉：以课程为突破口》，《中国教育学刊》2009年第10期。

化校本课程管理必须强化多方培训，促进各方能力的发展，从而达成管理目的。

一方面，强化校长培训，提升校领导的领导力和自主意识。校长培训是提高中小学校长自主发展意识和能力的良好载体。"一个好校长，就是一所好学校。"[1] 名校长在推进民族地区教育发展中意义与价值重大。目前我国已经连接了不同层级的校长培训体系，开展了不同的校长培训工程，如"万名校长培训计划""中小学校长国家级培训计划""全国校长任职培训""卓越校长领航工程"等项目。校长培训能提高中小学校长自主发展的意识和能力。首先，利用培训提升校长文化意识。作为民族地区中小学的领导者与管理者，培训应使其在工作中立足高、思考深、情怀宽，以体现对民族、国家的认同，对"美美与共"的追求。其次，基于培训提升校长的专业素养。通过培训指导校领导总结实践经验，凝练管理理念；清晰发展目标，坚定办学追求；促进深入思考，助力思想形成；加强课程指导，扎实推进执行。最后，通过培训提升校领导的管理能力。如指挥协调能力、决策能力、文化洞察力以及资源获取与整合能力等。

另一方面，加强教师培训，提升教师素养。首先，加强教师专业知识培训。教师培训不仅要提高教师的教学水平与教学能力，还应培育其校本课程开发与教研的能力，使其了解校本课程研发的程序、原则、方法。教师校本课程教研能力的全面发展可使土家族传统文化校本课程建设在每一环节减少耗能，提升管理效率。其次，加强教师文化敏感性培训。文化敏感性是指对教学对象文化差异的认知理解、在教学过程中采取适当的文化教学。因此，文化敏感性培训可提升教师的文化理解力与多元文化素养。如此，在课程建设过程中相关教师才能从根本上了解文化、理解学生，在教学过程中结合实际、合理利用相关文化资源，调整教学策略。此外，在培训中还应注重引导民族地区教师理解自身的文化角色，"促进少数民族地区教师对民族本土知识认知；强化民族地区教师多元文化教育实践能力"[2]。

---

[1] 王俭、刘东敏：《我国民族地区中学校长成长机制与培训策略研究》，《教师教育研究》2016年第5期。

[2] 潘才奎、刘贤伟、马永红：《基于民族地区教师文化敏感性的上岗培训研究》，《贵州民族研究》2018年第12期。

最后，提升教师的自我反思能力。教师在实践过程中可以通过自我认知、自我反思的方式进一步强化专业发展。如，通过实践提炼民族文化课程建设的程序；反思自己教学风格的优势与劣势；在课程实践中进一步思考如何提升自我。这些问题来源于教育教学实践，教师可通过实践反思以及专题阅读、教师交流等方式进行自我修炼与学习。通过专业知识培训、文化敏感性培训以及自我反思能力提升等途径使民族地区教师具备校本课程教研的能力；理解民族学生文化特殊性的基本知识与文化素养；不断反思与内省的能力。

二 构建层级目标

课程管理目标应是一个多维复合体，既包括空间序列，也涵盖时间序列。空间序列指的是根据学校组织形式形成的系列目标；时间序列则是根据工作运行的前后顺序而形成的管理目标集合。

一方面，在课程管理过程中应构建具有不同层级的复合管理目标体系。依据空间维，土家族传统文化校本课程管理可构建下层级目标：校级课程管理目标、教务处和总务处的管理目标、班级管理目标。每一管理目标又可划分为更为具体的目标，如校级管理目标按照空间维可分解为校长办公室和总务处等处级管理目标，依照同样的方式将每一处的管理目标再进行细分。"不同空间序列的目标又内含各子目标，内容涉及广泛，但都统一于校级目标系统的立体结构中，并时刻为实践提供导向和依据。"[①] 同时，依据时间序列可构建相应层级目标。如土家族传统文化校本课程管理的远景目标应是实现人与文化的和谐发展；中景目标是培养学生传承土家族传统文化的意识与能力以及跨文化素养；近景目标则为学生学习该类课程后在情感、态度、认知、技能层面理应得到的发展。每一远景目标都是由许多具体的近景目标所组成，每一近景目标的完成使得远景目标最终得以实现。

另一方面，在目标体系构建过程中应注重不同方法的运用。土家族传统文化校本课程管理目标可通过以下路径构建：第一，全面了解土家族传统文化校本课程。对该课程内涵、文化的深入了解是提炼课程目标的基

---

① 李保强：《学校管理目标体系建构的理论探讨》，《上海教育科研》2005 年第 2 期。

础。第二，深入基层调研。了解学校土家族传统文化校本课程建设现状是提炼学校课程目标的前提。第三，开展广泛讨论。课程管理目标能否成为全校成员的共同信念，关键在于它能否取得全体成员的认可与支持。同时，还可联动其他主体共同讨论，出谋划策，以更好地提炼土家族传统文化校本课程目标。第四，不断丰富内涵。由于课程的特殊性，土家族传统文化校本课程目标的确立不仅应考虑教师、学生的发展，还应考虑到文化的传承。第五，合理提炼内容。不同学校各有其特色，其课程目标不尽相同。因而课程目标必须依靠办学实践来检验，并在实践中不断地进行筛选、凝练。[①] 学校只有不断完善、提炼土家族传统文化校本课程管理目标并赢得全校师生的认可，该课程管理才能在这一目标引领下顺利开展，并能成功融入学校的课程体系，成为学校特色建设的一部分。

三 推进文化考量

考量指思考衡量，本意是对一件事情反复斟酌、反复推敲从而进行深入思考和判断的过程。文化考量是对校园文化、教师文化、学生文化进行文化敏感度与批判力的分析，进行文化知识与态度的衡量。对土家族传统文化校本课程进行建设与管理，则必须在课程建设前对校内外文化进行考量。

首先，必须对校外文化进行考量。一方面，廓清主流价值文化。随着全球化的不断发展，各国、各民族文化交流日益频繁，促进了文化间的互动与融合，也产生了许多冲突和矛盾。因此，各中小学在课程管理中必须廓清主流价值文化，坚定社会主义核心价值观，使得课程建设沿着正确的方向发展。另一方面，须摸清社区文化资源。恩施州土家族苗族自治州属于少数民族聚居地，土家族历史源远流长，传统文化内容丰富、种类繁多独具特色。社区蕴含着丰富的民族文化，这些文化现象有深厚的文化内涵，从不同侧面反映了土家族的历史发展，可为土家族传统文化校本课程建设构建浓厚的文化氛围。其次，需对校园文化进行考量。即对学校的师资力量、文化氛围、规章制度等进行分析。师资力量分析是指对学校在岗教职工人数，专任教师中有特级教师、高级教师的比例，以及教师们开发

[①] 邹尚智：《校本课程开发与管理》，天津教育出版社 2015 年版，第 72—73 页。

校本课程能力的评估；厘清规章制度主要指了解学校的各项制度的内容以及它们的运作方式；了解学校的文化氛围是指通过师生的言行以及校园的建设与布局等外在特征探明学校所有师生所秉持的价值理念。再次，必须对师生文化进行考量。教师文化是教师在教育环境里与教育实践中所形成的价值理念与行为方式。对教师文化的考量，即对教师的价值取向、文化认同、文化素养、教育理念等进行考察与了解。教师是校本课程的决策者与执行者，其文化素养、文化理念对课程建设意义重大。学生是土家族传统文化校本课程的学习者，要使得课程易于学生接受并获得良好的结果，则必须对学生的文化性向进行考量。即了解学生的文化素养、文化倾向、文化认同以及文化知识的掌握等。通过不同层面的文化考量可构建有利于土家族传统文化校本课程建设的文化资源、文化氛围与文化导向，避免与矫正不利于该课程建设的文化价值与思想。

第三节　输入多元：促进主体联动，重视文化选择

　　课程资源是指课程开发活动中一切可资利用的、有助于实现教育目的、达成课程目标的生命与非生命的、物质与非物质的、显性与隐性的各种因素，包括经验、知识、观念、人力、物力、财力、环境等因素。基于前期调研可知，土家族传统文化校本课程在开发过程中呈现出资源供给缺乏、课程设置欠妥等问题。因而在后续管理中应注重联动多方主体，多渠道获得资源保障。同时，在资源筛选过程中还应重视文化选择，使土家族传统文化在传承中创新。

一　聚合多方资源

　　恩施州地区中小学在土家族传统文化校本课程管理过程中应通过内部创生与外部联动的途径获得资源保障，实现资源聚合。

　　首先，就地取材，合理开发本地资源。土家族传统文化校本课程开展普遍存在资源供给不足的现象，如课程实施场地、教学器具以及网络设施不足等。因此，土家族传统文化校本课程可挖掘民族地区丰富的人力、物力以及文化资源。一方面，恩施州地区中小学师生多为土家族，要深入挖掘人力本身所携带的文化资源，依据他们对土家族传统文化的认知或是对

第七章　土家族传统文化校本课程管理的实践策略探讨　/　187

民族传统技艺的传承开发与实施课程。通过"师生共创，轮流上岗"的教学模式，使师生皆可成为土家族传统文化校本课程的教授者和学习者。另一方面，恩施州地区学校生态资源、历史资源丰富，可按照陶行知先生的"教学做合一"理论，就地取材，创生教学资源。带领学生进入森林、田间进行实践，抑或带领学生进入民族文化村进行实地考察调研。积极利用自身资源与环境，让学生进入真正的场域学习，使做、学、见、闻相结合。

其次，主体联动，积极获取外部资源。恩施州地区中小学在土家族传统文化校本课程建设中应通过中小学校际联盟以及中小学与高校、政府、社区合作形成S-U-G-C课程建设联盟实现主体联动。一方面，中小学间形成的同质联盟可以使联盟间的成员关系由竞争转为合作。不仅可以减少由于竞争形成的资源消耗，而且通过资源与成果共享可以提高资源利用率。如各中小学校共享优质的民族文化类课程，不仅可节约成本与资源，还丰富了课程种类与内容。另一方面，不同主体间形成的异质同盟可实现资源的整合。如S-U-G-C联盟可利用政府的财政资源、社区的文化资源、高校的人力资源，实现最大限度的资源利用与融合。

最后，提升自我，融合各方资源。各中小学在土家族传统文化校本课程建设中还要提升学校自身吸引力以聚合资源。一方面，提升学校对资源的吸引力，提高公众认知。组织合法性的确立不仅要依靠法律制度，还要依靠文化认同。土家族传统文化校本课程建设应重视文化宣传，提高公众对该类课程建设的认知与接受度。如土家族传统文化校本课程的开发与教学竞赛以及精品课程建设项目等都是有效的宣传形式。因而学校在该课程建设中应注重"树典型，创精品"。不仅要提升课程品质而且应注重运用网络大数据对课程进行推广与分享。通过上述举措提高公民对该课程的认知度从而聚合更多优质资源。另一方面，提升资源的融合与利用能力。学校通过内外部资源的获取可为土家族传统文化校本课程建设顺利进行提供保障。然而，如何将各方资源进行融合与利用也是学校需要关注的问题。就此，学校应制定相应的组织程序与规章制度对资源进行调度与划拨，避免资源分配不均或是利用不合理的现象出现。

二　倡导平台搭建

要实现土家族传统文化校本课程管理过程中的主体联动、资源聚合以及多主体间的共建共管，必须搭建相应的平台。

首先，搭建资源共享平台。一则，搭建中小学校际间课程教学资源共享平台。土家族传统文化校本课程建设主要在于挖掘当地的文化资源。因而构建课程资源共享平台可有效实现区域间课程资源的共享，避免资源的重复开发，从而提高效率，避免人力、财力、物力的浪费。同时可结合国家、省（市）级、校级精品课程、网络课程、视频公开课程等资源，搭建恩施州地区土家族传统文化课程教学平台，实现资源拓展。二则，构建各主体间物质资源共享平台。物质资源主要包括教室、实验室、体育场所、实验教学仪器设备、图书资料、网络、校内外实践教育基地及其他基础设施等。该平台的搭建为各主体间的资源共享提供了有效的渠道，可使得各方的人力、物力、信息等资源得以共通共享，最终实现一加一大于二的协同效应。为土家族传统文化校本课程管理提供了强有力的资源保障。

其次，构建信息沟通平台。信息的及时反馈、共享与交互在管理过程中尤为重要。为使土家族传统文化校本课程建设在管理过程中的信息沟通精准、高效，一方面，应构建专门的信息沟通平台。一则，所有课程相关人员都能进入该系统进行信息的上传或下载，不仅有助于管理者整合信息，而且有利于其及时了解、监控课程的建设进程。二则，该平台还应实现信息的及时交互，如能在该平台进行内部沟通，也能开展网络会议等。此外，该平台还可通过网络发布相关信息，寻求与校外主体诸如社区、政府、学生家长的支持，从而实现学校内部与外部的沟通。另一方面，各方在沟通交流中须互相尊重，平等交流。一则，充分尊重各方的主体地位，实现平等对话。在这一平台中不同主体共同参与，诸多资源须协调配置。因而，各中小学虽处于主导地位，但也应充分尊重其他利益相关者的主体地位，积极听取多方意见，做到共同商讨、民主决策。二则，积极主动了解各方主体。有效的沟通必然建立在相互了解的基础之上。因而，在课程管理过程中中小学应主动了解各方主体的需求及其相关的意愿、能力、行事风格等。如此才能使沟通更为便捷有效。三则，建立良好的沟通方式。在这一平台中应提倡双向沟通模式。即双方在平等的基础上进行信息的共享，并及时提供信息反馈，避免因信息延迟而形成的误解与矛盾，或由于沟通断层形成的协调不当。

最后，创建线上线下联动平台。一方面，土家族传统文化校本课程管理涉及诸多主体，对其进行协同管理不仅需要专门的信息平台，而且必须运用网络、计算机、信息化软件等以支撑平台的正常运转。因此，可积极利用 Microsoft IBM、Oracle、SAP Jive software 等软件实现线上的沟通互动。在平台搭建过程中个人在使用软件的时候能感受到被需要、被认同和被赞赏，从而愿意响应组织的协同要求，提高协同效率。另一方面，网络组织不是互联网上的组织，而是组织的网络化，包括线上和线下两个方面。该互动平台的搭建应该促使组织成员以在线方式来支持线下活动。如线下的校本课程研讨会、各个学校共同组织参加的土家族传统节日庆典活动等。通过线上线下联动形成一种人际间的情感、文化和心灵的认同，从而提高合作效率。

三 着力文化选择

文化选择即对文化进行自动撷取、融合与整理。在土家族传统文化校本课程管理过程中实施文化选择不仅要依据社会发展需求选编内容，还应遵循文化发展规律去粗存精、去伪存真，促进文化传承与创新。

基于文化共生管理理念，土家族传统文化校本课程在管理过程中应从以下路径着力文化选择：一方面，从教育层面筛选文化内容，以促进人的全面发展。教育对文化的选择是基于社会需求与人才培养两方面进行的。因而，在土家族传统文化校本课程建设时，需依据教育目标进行文化选择。如依据对受教育者德、智、体、美、劳不同层面的需求选择相应的土家族传统文化进入课程，以培养其劳动技能、道德素养、审美情趣等。在课程设置时，具体文化知识的选择需依据教育哲学、学习理论、教学理论与文化理论四个筛子进行筛选。另一方面，应从文化维度进行文化选择，以实现文化的共存共荣。首先，文化选择应以文化多元为前提。我国由多个少数民族组成，各民族共存共荣必然以尊重文化的多元性与差异性为前提。因而在文化选择过程中应减少偏见，为学生呈现多元文化景象。使得学生不仅对本民族文化有自知之明，也能接触与了解其他民族文化。其次，文化选择应观照民族性与地区性。恩施州土家族传统文化由于历史的积淀，以及地理环境、自然风貌的影响形成了独特的生活与生产方式、行为习惯以及认知体验。因而在课程开发过程中，对于民族文化的选择还应关照学生的现实生活。即应对涉及本民族地区生产生活技能的相关知识予以重视，展开相应的"生计教育"。使得学生在学习民族文化的同时能掌握相应的生产、生活技能，更好地融入当地的民族生活。最后，文化选择应具有时代性。文化的传承并非简单的复制，只有不断为其注入新的活力，民族文化才会具有生命力而绵延不绝。因而在土家族传统文化校本课程建设过程中，应注重时代赋予的价值与意义，使其在传统性与现代化之间保持适当的张力。"将优秀的、符合时代发展的文化进行撷取，将腐朽的、落后的文化予以舍弃，将现代性与传统性相结合，实现土家族传统文化的创造性转化与创新性发展。"[1]

总之，在土家族传统文化校本课程管理过程中注重文化的选择，不仅要依据教育目标、社会需求，还应从文化自身的发展规律对其进行筛选。"只有将二者结合才能把文化的历史与现实价值通过课程彰显出来，才能使文化与教育在社会整体发展中形成相互适应、功能耦合的协同力量。"[2]

第四节 过程优化：完善组织制度，实施文化引领

土家族传统文化校本课程在管理过程中暴露出组织机构僵化、规章制度不健全等问题。因而在后续管理过程中应推进组织变革、创新制度建设并实施文化引领，以实现管理目标。

一 推动组织重构

土家族传统文化校本课程管理只有以组织为依托，才能进行系统的、有目的的、有计划的课程建设。因而，中小学可对组织的治理结构进行适时调整，形成条块结合的组织机制，增加组织弹性，提高组织的环境适应能力与应变能力。

---

[1] 马志颖：《民族中小学校本课程资源开发中的文化选择研究——以宁夏回族自治区为例》，博士学位论文，陕西师范大学，2014年。
[2] 许晓川：《浅谈文化现实及教育的文化选择对策》，《教育理论与实践》2000年第3期。

首先，土家族在传统文化校本课程管理过程中可依据其目的与任务进行横向专业化组织构建。即在横向管理结构上依据专业化或任务进行组织划分。如依据民族文化类校本课程管理的过程矩阵将其分为角色层块与层面层块。"角色层块包含行政人员层块、教师层块及学生层块；层面层块包含个人层块、小组层块及学校层块。"[1]"横向管理需在分工基础之上强调协作，利用不同制度对各部门进行规约与协调，从而提高效率。"[2] 其次，纵向管理结构上，应尽量减少管理层次。课程纵向管理依据科层而进行，要想提升办事效率则必须减少层级，使得信息迅速传递并快速执行。纵向管理上应使得学校的组织机构尽量呈扁平化，使权力分散与下沉，让学校的广大师生也能参与其中，拥有参与课程管理的权力。再次，构建土家族传统文化校本课程建设的专门组织，对各部门与层块进行协调。各中小学在课程管理中，要使纵向与横向管理相互结合，则必须构建相应的组织机构进行协调与控制。通过使层面间、角色间及范畴间进行有机联系，兼顾两种管理的优势，提升管理的效能。通过上下联通，左右协同，既使横向组织机构间互通有无，又使纵向不同层面间信息畅通，最终提升组织的弹性与环境适应性。最后，在组织重构过程中还应根据课程管理需要组织相应人员、分配各种资源，实现机构、人员、资源的落实。第一，做到知人善用。即依据组织成员的特点、优势以及短板进行合理分工。通过优势互补，共同协作完成组织目标。第二，做到权责明确。即赋予各个部门与成员相应的权力，并规定其应承担的责任，让各成员做到权责明晰。第三，合理配置资源。即依据各部门或成员须完成的任务及需求合理分配资源，做到物尽其用。第四，及时协调，解决问题与矛盾。最终，学校通过良好的组织运转为土家族传统文化校本课程建设顺利进行保驾护航。

二 创新制度建设

我国《教育规划纲要》明确提出："要适应中国国情和时代要求，建

---

[1] 郑燕祥：《学校效能与校本管理——一种发展的机制》，上海教育出版社2002年版，第109页。

[2] 樊亚峤、靳玉乐：《课程管理改革：中庸哲学的视点》，《天津市教科院学报》2007年第1期。

设依法办学、自主管理、民主监督、社会参与的现代学校制度。"[①] 显而易见，土家族传统文化校本课程管理要顺利进行还必须创新制度建设。

首先，在土家族传统文化校本课程管理中应调动社会力量，注重社会参与，形成多元共治的学校管理制度。随着社会发展，人们对学校教育愈加重视，家长、社区、校外专家等对学校教育发展具有重要的积极作用。因而，在土家族传统文化校本课程管理中，应制定相应的章程制度，将诸多利益相关主体纳入学校课程管理体系之中。如"家长参与课程建设重大教育活动制度""社区人员参与制度""课程建设管理的民族参与相关制度"，等等。此类规章制度的制定不仅有利于鼓励外部主体参与学校管理，而且有利于规范各主体参与学校管理的权责、职能与行为。其次，构建各主体联动制度，铲除机制运行弊端形成规范性合作。一则，明确政府参与课程管理的权责。政府应做到政策强化与职能弱化。政府需不断完善间接性保障政策，包括继续完善以"三级课程管理体制"为代表的社会组织领域法律法规，建立公众参与社会监督以及信息公开机制等，为学校土家族传统文化校本课程建设创造更宽松的政策环境。"政府在政策上对中小学该课程建设进行保障的同时在公共服务上的职能要进一步弱化，为学校让渡空间，提高学校的自主性与积极性。"[②] 二则，制定社区应参与课程管理的规章制度。社区可为土家族传统文化校本课程建设提供人力资源、文化资源、设备场地等，逐渐成为中小学进行该课程建设不可或缺的合作伙伴。在此过程中，社区需要以更加包容、接纳的态度及实际行动去支持学校土家族传统文化校本课程建设，为其营造良好的氛围，做好文化宣传工作，提高人们对该课程的认可度与接受度。三则，确定高校参与课程管理的边界。高校在参与中小学民族文化类校本课程建设时，应为中小学课程建设提供指导，为教师提供培训。在合作过程中高校要明确权责界限，不可越位参与。在坚守服务与监督职责的同时立足实践基地进行科研创新，形成良好的共生性资源依赖关系。最后，学校内部还应制定相应的制度以保障课程管理顺利运行。其中在课程管理过程中的内部制度建设应

---

① 许杰：《现代学校制度建设的实践逻辑》，《教育研究》2016 年第 9 期。
② 王梦婷：《社会组织社区参与中的政社合作关系研究——以资源依赖理论为分析工具》，硕士学位论文，华中师范大学，2019 年。

包括：评价制度、奖惩制度以及工作制度等。在制度建设过程中，一方面应促进主体的发展。制度建设对各成员的权责进行了规范，以约束其行为。然而，制度制定的旨归并非限定、约束人的行为，而在于为各成员提供行为的边界，使其在框架之内能不断发展。另一方面，制度制定应彰显公平。通过制度明确规定各方权责，从而能公平、妥善地解决纷争，保障广大师生参与学校课程管理的权利。如学生评价制度、教师评价制度、课堂教学制度等。制度具有权威性和稳定性，能带来秩序、效率并减少不确定性。通过创新制度建设有利于土家族传统文化校本课程建设的顺利进行。

三 加强文化引领

文化是一个民族的精神，历经千百年沉淀，似一根穿透骨髓的筋韧而不断。土家族传统文化校本课程建设理应发挥文化的引领作用，基于文化共识激发归属感，增强自信心，促使各方协同共建。

首先，利用文化凝聚人。由于恩施州土家族苗族自治州地区的高校、中小学、社区以及其他管理主体共同处于恩施州这一少数民族文化中，各主体拥有相同的文化背景，因而具有相同的价值理念、风俗习惯乃至思维方式。通过文化这一纽带能将各主体牢牢捆绑在一起。其次，通过文化感染人。土家族传统文化校本课程的构建在于传承民族文化、促进多元文化的繁荣共生，因而各方应秉持尊重、平等、开放、合作、共享的理念，营造相应的组织文化氛围。其中尊重、平等意味着每一主体每一文化都具有平等的地位，理应得到尊重；开放、合作、共享，则提倡各主体间以及主体与环境间应不断进行交流与互动，从而实现资源、信息的分享。通过组织文化的构建，不仅能使各成员形成共识，而且能通过文化氛围的浸润作用塑造各成员行为，增强成员间的信任感、忠诚度。最后，基于文化管理人。在土家族传统文化校本课程管理中将文化共生理念渗透于课程管理的每一环节。如在课程规划过程中将尊重文化差异，促进人与文化的和谐发展的理念根植其中，以引领课程管理的发展方向。在课程开发管理中注重对文化的筛选与提炼，使得优秀的土家族传统文化得以传承。在课程实施管理中，注重土家族文化赖以生存的生态环境，以及人们在其中所形成的思维方式与生活习性，从而选择相应的教学方法。在课程评价中，不仅要关注课程的质量、学生的学习结果，还应关注文化的创新与发展。通过将文化共生理念贯穿课程管理始终，使得土家族传统文化校本课程的建设具有文化根植性，从而能够收效更甚。

第五节　输出推广：迭代课程建设，推动文化交流

土家族传统文化校本课程在输出管理过程中应注重课程的迭代优化与持续发展。这不仅能提升课程品质、提高课程影响力，还能缓解教育资源不足、推动文化交流工作。

一　注重课程优化

课程优化即学校依据课程评价结果对课程进行改进的过程。[①] 要实现课程优化则必须以课程规划、课程开发、课程实施与课程评价各环节为切入点，以课程评价结果为导向，以课程管理理念为引领，对课程进行改进。

一方面，应从课程规划、开发、实施、评价等环节入手进行课程优化。基于调查结果可知，土家族传统文化校本课程在课程设置、课时数量、教学方式、评价模式等方面都存在不足，应从不同环节进行改进。如在课程规划中确定具体的课程目标，使其兼顾学科、社会及学生的发展需求。在课程开发中，不断挖掘土家族传统文化资源以充实课程数量，丰富课程内容。同时提升课程内容与学生兴趣的适切性。在课程实施中丰富教学手段、扩充学习方式、引入信息技术。在课程评价中"确立多元评价主体、多维度评价标准、采用不同评价方法使得评价更为客观、全面"[②]。基于评价结果，以问题为导向对每一环节进行优化的同时还应注重课程的整体优化。即注重课程建设中每一环节的衔接与过渡，使得课程建设程序更为流畅，从整体上提高效率、提升质量。另一方面，土家族传统文化校

[①] 刘汝明：《高中学校课程优化中背景分析的实践意义》，《新课程研究》（上旬刊）2017年第10期。

[②] 方向丽、王立焕、杨昆普、耿海燕、刘玉祥：《河北省体操课程优化对策研究》，《体育文化导刊》2016年第7期。

本课程应注重持续优化。课程优化不应是短期行为，而应是基于"评价—反馈—改进"这一程序形成的持续改进的长效循环机制。即通过首轮课程建设与初始评价数据挖掘并分析该课程在实践中存在的问题，进而提出解决方案，实施改进措施。基于课程改进，对二次结果进行评估，提出新的问题与解决策略，并付诸实施。"如此循环、持续改进，不断提高课程建设的水平与质量。"[①] 不仅整个课程管理可据此机制进行循环改进，且每一环节也可依据此机制进行持续改进，使得该课程在管理过程中形成不同层次的改进循环，共同推进课程的优化。因此，土家族传统文化校本课程通过在课程实践中凝练问题、总结经验，基于实践改进问题、优化课程，则能不断推动课程的完善与发展。

二 实施课程推广

土家族传统文化校本课程建设不仅要使自己学校的师生受惠，也要形成示范性样本，为其他中小学校提供借鉴经验。这就需要学校凝练特色，形成精品课程，并借助网络信息技术推广课程。

一方面，各中小学须形成学校特色，提供样本经验。各中小学在土家族传统文化校本课程建设中不仅要遵循学校办学理念，也要回应上级部门对学校提出的落实教育公平、培养学生核心素养、发展学校特色等要求。使学校的校本课程建设经验能够具备区域建设特点和时代发展特色，从而为其他学校提供长久可持续发展的样本经验。在课程管理中，要规范课程开发、实施、评价过程的具体环节，形成具体、易操作的实施方案。对课程总体目标、结构门类、课程开发的支持系统、课程组织的具体手段、课程管理保障措施等描述清楚、分析深入、全面完善，使方案能够切实指导具体工作的开展。通过课程方案的精炼简化使土家族传统文化校本课程易于学习与推广。另一方面，借助技术手段，促进课程的推广。当前我国民族文化类课程推广存在推广范围狭窄、受众范围较小、推广模式陈旧、传播空间受限等问题，其根源在于传统的课程推广模式不能适应新媒体时代和碎片化信息时代下的大众认知心理和接受方式。因而，土家族传统文化

---

① 张义、唐友名、孙贵斌、许建民、王平、张炳荣：《基于工程教育认证的课程持续改进改革与探索》，《教育现代化》2019 年第 86 期。

校本课程的推广应借助网络媒体技术，进入信息互联的轨道。首先，应构建网络课程推广平台。通过该平台实现资源的优化配置、信息同步优化，推广土家族传统文化精品课程。"基于网络信息平台，及时更新课程资源信息，且依据用户的体验与反馈对课程进行不断优化与改进。"① 借助该平台可使土家族传统文化校本课程影响范围得以扩大。其次，强化推广效果。"土家族传统文化优秀校本课程的强化推广一方面需要行政部门予以大政方针的引导，提供政策、资金支持以及相应的培训、研讨与交流机会"②。另一方面，学校需要考虑如何扩大课程应用范围，探究课程应用层次的方式方法，让使用者认同课程理念。如此，才能使得土家族传统文化校本课程得以推广。最后，新媒体视域下，土家族传统文化校本课程应创新推广模式。"如开发客户端应用程序，实现土家族传统文化课程 App 推广；创建该课程微信公众号，扩大课程传播渠道，突出互联网共享思维下该课程的校际传播，增强课程推广的实效性。"③ 通过信息媒体技术支撑以及政策引领等方式实现土家族传统文化校本课程的交流与推广。

三 力促文化交流

文化交流是指具有不同特征与差异文化间的碰撞与互动。通过文化交流能促进不同文化间的借鉴吸收，推动文化的发展与创新，形成兼容并包的格局。因此，土家族传统文化校本课程的迭代优化与不断推广的最终目的是促进文化的交流融合。

首先，恩施州土家族传统文化校本课程的管理须实现"各美其美"。这是指每一民族都应具备文化自觉，了解自己文化的来龙去脉，对其具有"自知之明"，即不仅要尊重自己民族的文化，还要培育好、发展好自己民族的文化，这是实现各民族文化交流的基本前提。因此，土家族传统文化校本课程管理既有校本课程的全部要义，也有其特定的内涵。须通过传承土家族传统文化知识、生活技能、民俗传统使人们了解土家族文化。并通过该课程的推广让更多的人承认、欣赏土家族传统文化，使其得以传承

---

① 陈嘉慧：《高校图书馆与国家精品课程推广》，《图书情报研究》2019 年第 3 期。
② 秦丽娟：《国家精品课程推广模式研究》，《中国电化教育》2009 年第 3 期。
③ 刘丽云：《新媒体视阈下排舞课程推广模式创新研究》，《体育科技》2018 年第 6 期。

与发扬。其次，土家族传统文化校本课程的管理须实现"美人之美"。即承认、尊重其他民族文化，这是实现各民族文化交流的基本条件。因而，基于课程的推广与学习可搭建起学生学习不同民族文化间的桥梁，使其承认中华文化的多样性、尊重差异性、理解个性，最终具有多元文化素养。最后，土家族传统文化校本课程的管理须实现"美美与共，天下大同"。即实现多元文化兼容并包、多元共存的中华文化繁荣格局。这是实现文化交流的必然要求和最终旨归。因此，"土家族传统文化校本课程管理在于通过课程的学习、交流与推广，培养理解中华文化多元一体内涵、铸牢中华民族共同体意识的社会主义建设者"[1]。并通过各民族间文化的学习、交流与互补，促进文化的传承与创新，推动"多元一体"民族文化格局的形成，实现各民族文化的共存共荣、和谐发展，最终提升中华民族的文化自信。

---

[1] 袁凤琴：《民族文化与校本课程：几个内涵亟待澄清》，《中国民族教育》2019年第6期。

第八章

结论与展望

民族传统文化校本课程因其独特性而受到各方关注。在国家三级课程管理体制之下，其不仅是对国家课程、地方课程的补充，更是构建学校特色的主要路径之一。此外，在西方文化盛行，我国少数民族传统文化传承式微的背景下，民族传统文化校本课程无疑为民族文化传承提供了契机。因而，本书以恩施州地区中小学土家族传统文化校本课程管理为主要研究对象，以期为该地区课程建设提供指导，从而助力于土家族传统文化的传承与创新，助力于师生的全面发展以及学校的特色建设。

第一节 研究结论

本书基于文献阅读、现状调查、数据分析了解了恩施州地区土家族传统文化的基本类型及教育价值；探明了土家族传统文化校本课程的管理现状；挖掘了问题背后的原因。并基于此构建了该课程管理的理论模式，提出了相应的实践策略。

一 土家族传统文化丰富多彩且具有"四生"教育价值

恩施州土家族传统文化异彩纷呈，可将其划分为饮食居住、衣冠服饰、民间技艺、禁忌崇拜、文学艺术、民俗礼仪六大类。土家族传统文化不仅是优美歌舞、民俗技艺的展示，而且具有描述的、解释的、规范的、情感的等各种功能，他们浑然地糅杂在一起，构成一种生动的教育意象，给人以直接的教育启迪。通过凝练总结发现，土家族传统文化对个体与个体、个体与社会、个体与生态之间的认识具有"四生"教育价值。从个体发展层面看，土家族传统文化具有生存技能训练价值，体现在培育生活技能、传授生活知识、塑造健康体魄等方面；从社会教化层面讲，具有生活规序引导价值，体现在习得社会伦理、遵循社会秩序、提升道德素养等方面；从圣典传承层面来看，具有生命境界领悟价值，体现在培育对生命的热爱、形成对生死的理解以及造就对意义的追寻；从环境保护层面来看，具有生态文明理解价值，体现在提倡平等互利观念、树立自然保护意识、形成生态共生主张方面。由此可见，土家族传统文化内容丰富且极具教育价值，能为恩施州土家族传统文化校本课程管理提供丰富的课程资源。

二 土家族传统文化校本课程管理中的现实问题突出

本书运用问卷调查和访谈法，探明了恩施州地区中小学土家族传统文化校本课程管理的现实状况。结果表明，恩施州地区中小学在土家族传统文化校本课程管理中存在诸多问题，主要表现为：课程愿景和课程建设规划不明确；环境分析和早期评估不到位；资源汇聚和文化挖掘不精准；沟通协调和内外联动不得力；评价体系和改进机制不完善。由此，使得土家族传统文化校本课程呈现出课程开设数量不够，课时安排不合理，课程内容偏置，教学资源不足等现象。通过影响因素分析发现，管理主体理念不明及权责意识薄弱；教师专业素养欠缺及发展方式机械；课程建设资源单一及凝练技术匮乏；学校组织机构僵化及制度执行低效；社会管理惯习影响及应试文化诱导是导致课程管理水平低下的主要原因。

三 土家族传统文化校本课程管理需从理论层面改进

理论是指人们对自然、社会现象，按照已知的知识或者认知，经由一般化与演绎推理等方法，进行合乎逻辑的推论性总结。本书基于土家族传统文化校本课程管理的调查结果与理论分析框架，构建了土家族传统文化校本课程管理的理论模式，助力于改进问题、提升管理水平。该模式主要包含两方面的内容：其内核是基于文化共生理论而衍生出的管理理念，内含传承创新、多元一体、以文化人及人本回归四个方面。其外圆是将CIPP评价模式迁移至课程管理领域所形成的对土家族传统文化校本课程的背景管理、输入管理、过程管理与输出管理四部分。该模式的内核管理理念辐射至外圆中的每一管理环节，外圆中的每一管理过程又共同支撑形成了内核中的管理理念。二者相互渗透、相互融合，共同推进课程管理向纵深发展。

四 土家族传统文化校本课程管理应从实践层面突破

理论只有与实践相结合，才能实现其真正意义。本书基于恩施州地区中小学在土家族传统文化校本课程管理中的具体问题，在理论模式的指导下提出了课程管理的实践策略。在管理理念上，强调促进主体发展，提升文化自觉；在背景评估上，注重明晰管理目标，践行文化导向；在资源输入上，着力推进主体联动，增强文化选择；在过程优化上，积极完善组织制度，实施文化引领；在输出推广上，致力课程迭代优化，促进文化交流。每一策略又包含具体的实践指导，通过不同实践策略共同推进课程管理，最终实现人与文化的和谐共生。

第二节　研究不足

由于时间、学力、水平、条件的限制，本书对一些问题的探讨还存在挖掘不深、认识不广、把握不准等问题，致使研究的实用性、学理性有些欠缺，需要在今后的学习、工作中不断探索与完善。

一 研究的深度与广度尚存局限

首先，由于笔者的学识有限，透过现象揭示事物本质的能力不足，导致本书研究不够深入。研究的诸多方面还需进一步深思。其次，本书在进行现状调查时由于问卷未能很好地将社会称许性影响考虑在内，不能排除被试在填写问卷时受到其影响，普遍选择受到社会称许的选项作答，掩盖了自身的真实想法。最后，由于恩施州地区教育较为落后，教师素养欠缺，对土家族传统文化校本课程的理解不到位。因而，在调查过程中教师对于土家族传统文化校本课程管理现状的回答可能有失偏颇，会影响调查结果的可靠性与真实性。

二 模式建构的科学性尚待强化

土家族传统文化校本课程管理理论模式的构建是本书的核心内容，为该课程管理水平的提升提供了方向性指导。本书以文化共生理论与 CIPP 评价模式为理论基础，将二者进行融合形成了本书的理论模式。然而，由于个人能力有限以及客观条件限制不知采用这种理论的交叉融合作为模式的基础是否可行。因而，该模式的理论根基是否扎实、合理，该模式的构建是否具有科学性都需要进一步验证。

三 实践策略的指导性尚需验证

本书为了提升恩施州地区中小学土家族传统文化校本课程的管理水平提出了相关的实践策略。一方面，该策略以期从管理理念、背景管理、输入管理、过程管理以及输出管理不同维度提出相关建议，力求覆盖管理过程中的方方面面。但是，对于具体层面的指导策略可能不够深入、具体，其适切性尚需验证。另一方面，该实践策略是基于理论模式指导，结合恩施州地区中小学在该课程管理中的现实问题而提出，希冀对该课程的管理具有改进和提升的效用。然而实践是检验真理的唯一标准，该实践策略是否有效，还需将其运用于实践进行检验。

第三节 研究展望

针对研究存在的诸多不足，笔者将从以下几个方面对土家族传统文化校本课程管理的深入研究和局限超越进行展望。

一 研究趋向的持续纵深发展

首先，后续研究为了降低被试的社会称许性考虑，应在问卷中设置验证性选项，以获得更为准确、可靠的数据。此外，还应投入更多的人力、物力对课程管理现状进行调查，使调查对象覆盖范围更广。通过更为全面、翔实的数据反映出更多更具代表性的问题。其次，在后续研究中应不断提升自我，使自身的学理思维、辩证思维能力不断发展。同时，还应不断向专业人士请教，使得该研究的深度不断拓展，能从复杂的现象中探究到事物的本质与问题的根源。最后，在后续研究中应将理论模式与实践策略运用于个案研究，通过前后对比，验证其有效性。

二　模式建构的多维深度融合

本书是基于文化共生理论与 CIPP 评价模式而构建的土家族传统文化校本课程管理理论模式。该模式将管理理念与管理实践相融合，共同指导课程管理。众所周知，理论与实践是相互依存又对立统一的，理论来源于实践却又反过来指导实践；实践检验着理论也需要理论的指引。因此如何将二者在模式中进行深度融合是后续研究的重点。以文化共生理论为基础的管理理念包含文化的传承创新、多元一体、以文化人以及人本复归四个方面。因此，后续研究应探讨如何将以上各方面的管理理念融入实践的每一环节。此外，该管理模式不断与外界进行着物质、能量的交换，以保持动态平衡。因而，后续研究还需深入讨论其与外部主体、环境的互动。

三　实践策略的全面立体推进

本书从管理理念、背景管理、输入管理、过程管理以及输出管理不同层面讨论了提升管理效能的实践策略。然而，其仅仅从管理流程维度对每一管理环节提出了改进措施。因此，后续研究应注重从其他维度进行探讨，以形成鲜明的"谁来管""管什么""如何管"的价值阐述。如此，则能从不同视角提出更为全面的管理策略。此外，在后续研究中对具体管理策略还应进行实践检验与深入思考，使得改进对策具有针对性和有效性，能真正地指导实践、改造实践。

参考文献

一　著作类

柏贵喜：《转型与发展：当代土家族社会文化变迁研究》，民族出版社2001年版。

陈侠：《课程论》，人民教育出版社1989年版。

陈玉琨、沈玉顺、代蕊华、戚业国：《课程改革与课程评价》，教育科学出版社2001年版。

程勉中：《现代大学管理机制》，人民出版社2006年版。

崔允漷：《校本课程开发：理论与实践》，教育科学出版社2000年版。

刁培萼：《教育文化学》，江苏教育出版社2000年版。

段超：《土家族文化史》，民族出版社2000年版。

恩施州志编纂委员会：《恩施州志》，湖北人民出版社1998年版。

冯天瑜：《中华文化辞典》，武汉大学出版社2010年版。

傅建明：《校本课程开发案例：初中案例》，华东师范大学出版社2006年版。

高兆明：《心灵秩序与生活秩序：黑格尔〈法哲学原理〉释义》，商务印书馆2014年版。

顾明远：《中国教育的文化基础》，山西教育出版社2004年版。

顾明远主编：《教育大辞典》（简编本），上海教育出版社1999年版。

贺麟：《文化与人生》，商务印书馆1988年版。

黄仕清：《土家族地区教育问题研究》，民族出版社2003年版。

李定仁：《西北民族地区校本课程开发研究》，民族出版社2006年版。

李定仁、徐继存：《课程论研究二十年：1979～1999》，人民教育出版社2004年版。

廖哲勋、田慧生：《课程新论》，教育科学出版社2003年版。
门秀萍：《中小学校本课程开发的理论与实践》，开明出版社2003年版。
钱民辉：《教育社会学概况》，北京大学出版社2004年版。
施良方：《课程理论：课程的基础、原理与问题》，教育科学出版社1996年版。
石中英：《教育学的文化性格》，山西教育出版社1999年版。
滕星：《乡土知识与文化传承：中国乡土知识传承与校本课程开发研讨会论文集》，民族出版社2013年版。
汪良发：《地方文化与特色高校建设》，合肥工业大学出版社2010年版。
王斌华：《校本课程论》，上海教育出版社2000年版。
王道俊、郭文安：《教育学》，人民教育出版社2009年版。
王冬凌、朱琼瑶：《现代课程论》，辽宁师范大学出版社1998年版。
王嘉毅：《课程与教学设计》，高等教育出版社2007年版。
王鉴：《民族教育学》，甘肃教育出版社2002年版。
王军、董艳：《民族文化传承与教育》，中央民族大学出版社2007年版。
吴鼎福、诸文蔚：《教育生态学》，江苏教育出版社2000年版。
吴刚平：《校本课程开发》，四川教育出版社2002年版。
夏志芳：《地域文化课程开发》，安徽教育出版社2008年版。
肖川：《教育与文化》，湖南教育出版社1990年版。
徐玩邦、祁庆富：《中国少数民族文化通论》，中央民族大学出版社1996年版。
徐行言：《中西文化比较》，北京大学出版社2004年版。
徐玉珍：《校本课程开发的理论与案例》，人民教育出版社2003年版。
张岱年、程宜山：《中国文化与文化论争》，中国人民大学出版社1990年版。
张嘉育：《学校本位课程发展》，台北：师大书苑有限公司1999年版。
张廷凯、丰力：《校本课程资源开发指南》，人民教育出版社2004年版。
赵详麟、王承绪编译：《杜威教育论著选》，华东师范大学出版社1981年版。
郑燕祥：《学校效能与校本管理———一种发展的机制》，上海教育出版社2002年版。

中央教育科学研究所编：《陶行知教育文选》，教育科学出版社 1981 年版。

钟启泉：《现代课程论》，上海教育出版社 1989 年版。

周勇：《传统文化·课程开发》，安徽教育出版社 2008 年版。

朱德全：《现代教育理论》，西南师范大学出版社 2008 年版。

朱俊杰、杨昌江：《民族教育与民族文化发展研究》，湖南教育出版社 2006 年版。

朱智贤：《小学课程研究》，商务印书馆 1933 年版。

邹尚智：《校本课程开发与管理》，天津教育出版社 2015 年版。

［德］雅斯贝尔斯：《什么是教育》，邹进译，生活·读书·新知三联书店 1991 年版。

［美］班克斯：《文化多样性与教育：基本原理、课程与教学》（第五版），荀渊等译，华东师范大学出版社 2010 年版。

［美］博比特：《课程》，张师竹译，商务印书馆 1928 年版。

［加］德雷克、［美］伯恩斯：《综合课程的开发》，廖珊等译，中国轻工业出版社 2007 年版。

［美］费尔南·布罗代尔：《文明史纲》，肖昶等译，广西师范大学出版社 2003 年版。

［美］亨利·埃茨科威兹：《国家创新模式：大学、产业、政府"三螺旋"创新战略》，周春彦译，东方出版社 2014 年版。

［美］拉尔夫·泰勒：《课程与教学的基本原理》，施良方译，人民教育出版社 1994 年版。

［美］露丝·本尼迪克特：《文化模式》，王炜等译，社会科学文献出版社 2009 年版。

［美］塞缪尔·亨廷顿：《文明的冲突与世界秩序的重建》，新华出版社 2002 年版。

［美］小威廉姆·E. 多尔：《后现代课程观》，王红宇译，教育科学出版社 2000 年版。

［日］尾关周二：《共生的理想》，卞崇道译，中央编译出版社 1996 年版。

［英］马林诺夫斯基：《文化论》，费孝通等译，中国民间文艺出版社 1987 年版。

二 学位论文

宝斯琴:《少数民族地区民族校本课程实施的个案研究》,硕士学位论文,西南大学,2013年。

曹石珠:《地方课程开发的理论探索与案例分析》,硕士学位论文,湖南师范大学,2005年。

成丽宁:《藏族文化的校本课程开发研究——以青海某藏民族聚居地区学校为例》,硕士学位论文,青海师范大学,2016年。

董翠香:《我国中小学体育校本课程开发理论与实践研究》,博士学位论文,北京体育大学,2004年。

樊溶溶:《"常熟乡土文化"校本课程的开发与实施》,硕士学位论文,南京师范大学,2011年。

范正勇:《后溪土家族民居中传统科技思想的教育价值研究》,硕士学位论文,西南大学,2008年。

冯正华:《校本管理的理念探讨与实施策略》,硕士学位论文,湖南师范大学,2003年。

高亨亮:《校本管理运行机制的构建探析》,硕士学位论文,福建师范大学,2006年。

高亚娟:《"齐鲁文化"地方课程的开发与实施研究》,硕士学位论文,南京师范大学,2011年。

龚坚:《土家族传统体育校本课程开发研究》,博士学位论文,西南大学,2009年。

顾卫:《"南通乡土文化"地方课程的开发与实施研究》,硕士学位论文,南京师范大学,2007年。

郭凤英:《美国中小学多元文化课程开发研究》,硕士学位论文,华东师范大学,2008年。

郭齐:《艺术教育与大学生人文素养培育研究——以C大学为例》,硕士学位论文,南昌大学,2018年。

郭寿良:《地方课程的文化选择:审视与展望》,硕士学位论文,西南大学,2008年。

黄和悦:《我国中小学校本管理存在的问题及对策研究——以三明市中小

学校本管理为研究案例》，硕士学位论文，福建师范大学，2008年。

姜园：《社会转型时期学校变革的价值取向——从外控管理到校本管理》，硕士学位论文，四川师范大学，2009年。

金红仙：《延边地区朝鲜族中小学民族文化课程开发研究》，硕士学位论文，延边大学，2012年。

金世余：《我国中小学音乐校本课程开发研究》，博士学位论文，福建师范大学，2010年。

井祥贵：《纳西族学校民族文化传承机制研究》，博士学位论文，西南大学，2011年。

李杰：《鄞州本土文化语文校本课程开发和实施的研究》，硕士学位论文，鲁东大学，2015年。

李清华：《渝东南本土文化校本课程发展的现状及策略研究》，硕士学位论文，西南大学，2013年。

李星：《基于三螺旋模型的创新型城市运行机制研究》，硕士学位论文，北京交通大学，2008年。

林晓：《"温州本土文化"地方课程的开发与实施研究》，硕士学位论文，南京师范大学，2006年。

刘奔：《抚顺市本土文化作为语文校本课程资源的价值及实施策略》，硕士学位论文，东北师范大学，2013年。

刘茜：《多元文化课程的建构与发展——雷山苗族多元文化课程开发的个案研究》，博士学位论文，西南大学，2007年。

刘星：《蔚县乡土文化语文校本课程开发与实践》，硕士学位论文，河北师范大学，2008年。

刘彦明：《唐山地方特色文化校本课程的开发与实践》，硕士学位论文，河北师范大学，2012年。

刘震：《基于土家文化的校本课程开发——以巴东县第一高级中学为例》，硕士学位论文，华中师范大学，2012年。

吕耀中：《英国学校多元文化教育研究》，博士学位论文，华东师范大学，2008年。

罗晶鑫：《土家族丧葬绘画动物图形研究》，硕士学位论文，重庆师范大学，2015年。

罗斯静：《基于校本管理理念的学位管理体制改革研究》，硕士学位论文，湖南师范大学，2012年。

马金秋：《西北民族地区中小学校本课程开发的现状分析及模式建构——以甘肃省夏河县为例》，硕士学位论文，西北师范大学，2008年。

马正学：《西北少数民族地区校本课程开发研究》，博士学位论文，西北师范大学，2004年。

孟凡丽：《多元文化背景中地方课程开发研究》，博士学位论文，西北师范大学，2003年。

如合亚木·海排提：《民族文化校本课程开发研究》，硕士学位论文，华东师范大学，2016年。

邵忠祥：《多元文化教育视野下黔东南苗族文化校本课程开发研究》，硕士学位论文，贵州师范大学，2008年。

申春善：《文化选择与民族文化课程建构——延边州个案研究》，博士学位论文，中央民族大学，2012年。

申晓辉：《地方高校弘扬地方传统文化研究——以河南三所地方高校为例》，博士学位论文，华中师范大学，2013年。

申雪寒：《高校辅导员管理机制论》，博士学位论文，东北师范大学，2015年。

苏伟林：《"上党文化"地方课程的开发与实施研究》，硕士学位论文，南京师范大学，2008年。

孙洁：《"徐州本土文化"地方课程的开发与实施研究》，硕士学位论文，南京师范大学，2007年。

孙伟霞：《多元文化背景中校本课程开发研究》，硕士学位论文，西南大学，2004年。

孙晓峰：《高校德育管理机制构建及运行中的对策研究》，博士学位论文，合肥工业大学，2011年。

谈朝晖：《"镇江乡土文化"语文校本课程开发及实施策略研究》，硕士学位论文，南京师范大学，2006年。

谭莉：《白裤瑶蚕丝文化的教育价值研究》，博士学位论文，西南大学，2012年。

唐侠：《土家族婚姻伦理研究》，硕士学位论文，广西民族大学，2017年。

王凤英:《依托蒙古族文化开发校本课程的研究与思考——以呼和浩特市蒙古族初级中学为例》,硕士学位论文,内蒙古师范大学,2008年。

王海燕:《地域文化与课程——关于人与文化的思考》,博士学位论文,华东师范大学,2003年。

王玲玲:《基于白裤瑶民族文化之校本课程开发研究——以广西南丹县里湖乡Z小学为例》,硕士学位论文,广西师范大学,2011年。

王延霞:《西南民族地区校本课程的学业评价研究——以贵州省丹寨县为例》,硕士学位论文,西南大学,2008年。

王颖:《美国多元文化教育的形成与发展对中国民族教育的启示》,硕士学位论文,陕西师范大学,2001年。

向华:《土家族传统文化中的生态意识及其当代启示》,硕士学位论文,上海师范大学,2015年。

向怀安:《文化空间视阈下土家族梯玛文化传承研究——以湘西龙山县双坪村为个案》,硕士学位论文,湖北民族学院,2018年。

肖铖:《校本管理:民办中小学管理制度探索》,硕士学位论文,天津大学,2005年。

肖尔盾:《基于满族文化传承的体育课程校本化实施研究——以W满族中学为个案》,博士学位论文,东北师范大学,2018年。

徐锦子:《湖南土家族民歌传承的传播学研究——以石门县土家族地区为例》,硕士学位论文,华中师范大学,2013年。

杨翔:《陇南本土文化作为语文校本课程资源的开发与利用研究》,硕士学位论文,西北师范大学,2006年。

曾永鑫:《论少数民族地区民族历史文化类校本课程的开发——以恩施土家族苗族自治州为例》,硕士学位论文,上海师范大学,2013年。

张红梅:《"巢湖地方文化"语文校本课程开发与实施初探》,硕士学位论文,扬州大学,2011年。

张莫:《地域文化补给:艺术院校课程资源统整研究》,博士学位论文,西南大学,2016年。

张涛:《广元本土文化与语文校本课程开发的实践研究》,硕士学位论文,西北师范大学,2006年。

张潍纤:《民族地区校本课程开发价值取向研究》,硕士学位论文,云南师范大学，2007年。

张雪娟：《达斡尔民族文化传承及学校课程建设研究》，硕士学位论文，哈尔滨师范大学，2009年。

赵庆顺：《"大汶口本土文化"语文校本课程的开发与实施研究》，硕士学位论文，山东师范大学，2011年。

周淑君：《高中地理校本课程联动建设研究》，硕士学位论文，杭州师范大学，2017年。

三　期刊类

安存芝、白芳丽：《学校课程权力问题探析》，《中国农业教育》2010年第1期。

车丽娜、徐继存：《学校课程建设的合理性省察》，《课程·教材·教法》2016年第10期。

陈云奔、刘梅梅、张宏玉：《黑龙江世居少数民族文化传承的教育对策》，《当代教育与文化》2014年第2期。

陈正慧：《20世纪90年代土家族文化研究回眸》，《湖北民族学院学报》（哲学社会科学版）2004年第5期。

陈志华：《校本管理运行机制的外在支持》，《教育评论》2006年第5期。

崔允漷：《从"选修课和活动课"走向"校本课程"——"江苏省锡山高级中学校本课程"个案研究》，《教育发展研究》2000年第2期。

邓达、易连云：《"校际课程"开发——西南少数民族地区课程资源开发新取向》，《广西师范大学学报》（哲学社会科学版）2006年第3期。

范国睿：《政府·社会·学校——基于校本管理理念的现代学校制度设计》，《教育发展研究》2005年第1期。

范勇、田汉族：《我国教育目的人本内涵的诠释与演化》，《教育理论与实践》2017年第13期。

方卫华：《创新研究的三螺旋模型：概念、结构和公共政策含义》，《自然辩证法研究》2003年第11期。

冯楚建、蒋艳珲：《引入"在线社会网络"的三重螺旋创新系统模型研究》，《科研管理》2014年第11期。

傅建明：《校本课程开发的价值追求》，《课程·教材·教法》2002年第

7 期。

郭力华：《高校课程建设必须厘清的若干概念》，《科技信息》2009 年第 22 期。

海路、滕星：《文化差异与民族地区校本课程开发——一种教育人类学的视角》，《中南民族大学学报》（人文社会科学版）2009 年第 3 期。

何至寒、李长海：《部队武器装备管理机制概念解析》，《装备学院学报》2012 年第 6 期。

胡炳章：《善恶报应与社会正义——土家族伦理思想系列研究之一》，《吉首大学学报》（社会科学版）2010 年第 4 期。

胡定荣：《协同论视域下的 U－S－A 校本课程合作开发案例研究》，《教育学报》2015 年第 3 期。

黄胜：《少数民族文化与学校文化双向滋养关系的构建思路》，《民族教育研究》2014 年第 6 期。

黄崴：《校本管理：理念与模式》，《教育理论与实践》2002 年第 1 期。

金子求：《少数民族传统文化内核及其教育价值论析——以黔东北为例》，《传承》2015 年第 10 期。

靳玉乐、樊亚峤：《校本课程发展中大学与中小学合作的意义和策略》，《西南大学学报》（社会科学版）2010 年第 2 期。

瞿州莲：《论湘西土家族传统伦理道德的现代转型》，《贵州民族学院学报》（哲学社会科学版）2001 年第 1 期。

李定仁、马正学：《甘南藏族中小学校本课程开发研究》，《西北师大学报》（社会科学版）2006 年第 2 期。

李介：《国外校本课程开发模式带给我们的启示》，《教育理论与实践》2010 年第 9 期。

李俊红、刘军：《立足地域文化开发校本课程的必要性——河套学院河套地域文化课程开发的思考》，《河套学院论坛》2014 年第 3 期。

李庆锋、孟一：《西方校本管理理论的引入及其执行策略分析》，《山东商业职业技术学院学报》2009 年第 3 期。

李咸洁：《论少数民族传统文化的德育价值》，《智库时代》2018 年第 24 期。

李祥、郭杨：《民族地区校本课程开发：价值取向及实践进路》，《江汉学术》2017 年第 3 期。

李小红:《教师课程创生的缘起、涵义与价值》,《教师教育研究》2005 年第 4 期。

李晓华、张萍:《青海藏民族聚居地区校本课程开发的调查——文化危机理论视角的分析》,《当代教育与文化》2018 年第 3 期。

廖梁、吴本韩、李子建:《院校协作式校本课程开发与教师专业化——以香港小学常识科科学探究课为例》,《西南大学学报》(社会科学版) 2010 年第 2 期。

廖哲勋:《关于校本课程开发的理论思考》,《课程·教材·教法》2004 年第 8 期。

林翠平:《土家族饮食文化习俗及其意义研究》,《四川烹饪高等专科学校学报》2012 年第 3 期。

蔺红春、徐继存:《我国学校课程建设十五年：回顾与反思》,《教育学报》2017 年第 1 期。

刘春玲:《论少数民族地区非物质文化遗产的学校教育价值——以内蒙古非物质文化遗产为例》,《教育理论与实践》2017 年第 19 期。

刘福来:《地方高校特色文化课程建设的探索与实践》,《中国大学教学》2013 年第 9 期。

刘培军、丁红兵:《校本课程——少数民族传统文化传承的主要媒介》,《内蒙古师范大学学报》(教育科学版) 2007 年第 7 期。

刘茜、邱远:《论学校课程民族文化传承功能的实现》,《中国教育学刊》2010 年第 7 期。

刘洋:《我国西部山区学校基于地方文化的校本课程开发——以重庆市彭水苗族土家族自治县 A 学校为例》,《新课程研究》(上旬刊) 2011 年第 2 期。

柳夕浪:《校本课程开发的"问题模式"——以交往活动课程的开发实验为例》,《课程·教材·教法》1999 年第 12 期。

鲁艳:《试论校本课程开发中的合作》,《全球教育展望》2002 年第 5 期。

吕长竑、夏伟蓉:《文化：心灵的程序——中西文化概念之归类和词源学追溯》,《青海民族学院学报》2009 年第 3 期。

毛亚庆:《论校本管理理论》,《北京师范大学学报》(人文社会科学版)

2002 年第 1 期。

么加利：《信息技术与校本课程开发整合的哲学省思》，《教育研究》2012 年第 9 期。

孟立军、吴斐：《论民族文化类校本课程的本质及发展趋势》，《民族教育研究》2016 年第 1 期。

庞朴：《文化传统与传统文化》，《中华文化与地域文化研究——福建省炎黄文化研究会 20 年论文选集》（第一卷）2011 年第 7 期。

冉光辉、唐东昕、龙奉玺、杨柱、陈启亮：《土家族文化与医药体系构建研究》，《亚太传统医药》2017 年第 8 期。

冉红芳：《土家族传统文化中的生态意识探析》，《湖北民族学院学报》（哲学社会科学版）2005 年第 4 期。

邵任薇、彭未名：《产学研结合中政府的作用及策略选择》，《武汉工程大学学报》2009 年第 6 期。

沈阳：《土家族传统体育文化在高校中的教育传承》，《当代体育科技》2018 年第 8 期。

盛亚：《中国高技术产业化过程的机制研究》，《科研管理》1996 年第 2 期。

史根林、邱白丽：《校本课程建设的现时困境及策略重构——基于江苏省 2013 年度 59 所复审和晋评学校相关指标达成度的分析》，《教育理论与实践》2015 年第 19 期。

苏德：《文化教育人类学视野下的校本课程开发》，《内蒙古师范大学学报》（教育科学版）2004 年第 3 期。

田恒、孙玉忠：《少数民族传统文化传承与保护——以鄂伦春桦树皮船文化为例》，《人民论坛》2015 年第 36 期。

涂元玲：《论班克斯多元文化课程改革的途径及启示》，《比较教育研究》2003 年第 2 期。

汪霞：《校本课程开发：理念、过程、困难及其他》，《教育探索》2006 年第 1 期。

王斌华：《加拿大校本课程开发》，《韩山师范学院学报》2003 年第 2 期。

王成端、谢华、孙山、陈一君：《川渝地区高等教育资源配置现状、问题及共享机制研究》，《现代大学教育》2012 年第 6 期。

王慧霞：《解释学中的教师课程观念及其影响因素》，《浙江教育科学》2009年第4期。

王鉴：《西方少数民族教育研究评述》，《世界民族》2002年第4期。

王全宾：《教育功能、教育价值、教育目的论》，《山东师大学报》（人文社会科学版）2001年第5期。

王姝：《土家族摆手舞文化校本课程传承现状与策略研究》，《贵州民族研究》2014年第6期。

王淑芬：《校本课程建设的困境和路径》，《课程·教材·教法》2018年第6期。

王双全、关健、张艳华：《民族学校校本课程开发民族文化品格弱化成因分析——以赤峰市蒙古族学校校本课程开发为个案》，《赤峰学院学报》（汉文哲学社会科学版）2016年第6期。

吴刚平：《课程资源的理论构想》，《教育研究》2001年第9期。

吴刚平、王策鸿：《我国校本课程开发的探索及其意义》，《乐山师范学院学报》2000年第4期。

吴刚平：《校本课程开发的机遇与挑战》，《教育评论》1999年第1期。

吴刚平：《校本课程开发评价的基本框架》，《集美大学教育学报》2001年第1期。

夏晓烨、段相林：《课程建设的内涵、目标及相互关联》，《中国大学教学》2007年第9期。

肖锟、卢玉：《土家族文化数字化传承问题——基于新媒体时代的研究》，《福建电脑》2018年第9期。

熊晓辉：《明清时期土家族土司音乐制度考释》，《湖南第一师范学院学报》2017年第2期。

熊艳：《校本管理：内涵、原则与运行机制》，《求实》2012年第S2期。

徐佳：《西方校本课程开发的回落与转型》，《当代教育科学》2007年第Z2期。

徐玉珍：《校本课程开发：概念解读》，《课程·教材·教法》2001年第4期。

许廷强：《依托地域文化特色开发校本课程资源》，《走进实践区》2004年第12期。

杨嘉琛、李颖侠、杨小平：《民族传统体育文化内涵、教育价值和功能研究》，《农家参谋》2018年第7期。

杨明宏、王德清：《断裂与链接：少数民族地区学校教育与少数民族传统文化传承之联动共生》，《民族教育研究》2011年第4期。

殷凤：《基于学校自系统的校本管理路径新探究》，《基础教育研究》2014年第24期。

游俊：《土家族禁忌文化研究》，《吉首大学学报》（社会科学版）2001年第1期。

余进利：《我国基础教育三级课程管理体制实施述评》，《当代教育科学》2004年第4期。

喻允和：《论校本教学管理的意义与原则》，《基础教育研究》2004年第12期。

袁凤琴：《生计教育视野下民族地区校本课程开发的问题与对策——以贵州省黎平县为例》，《贵州民族研究》2015年第11期。

袁利平、刘晓艳：《我国民族地区高校校本课程开发的时代意义与路径探索》，《民族教育研究》2018年第1期。

张恩、刘伦文：《论土家族梯玛班坛的组织特征与环境适应性困境——基于酉水双坪村彭氏梯玛世家的考察》，《湖北民族学院学报》（哲学社会科学版）2017年第4期。

张立忠、熊梅：《校本课程开发中的教师参与——基于教师实践性知识的视角》，《教育发展研究》2009年第Z2期。

张铭凯：《十来年校本课程开发研究：阶段、要点与启示》，《内蒙古师范大学学报》（教育科学版）2012年第4期。

张诗亚：《华夏民族认同的教育思考》，《北京大学教育评论》2003年第2期。

张廷凯：《课程资源：观念重建与校本开发》，《教育科学研究》2003年第5期。

张渊渊、杨玲：《鄂西土家族传统体育文化的现代价值及传承策略》，《运动》2018年第12期。

赵北扬：《社区背景下的校本课程开发——肃南二中和勐罕镇中学的个案研究》，《民族教育研究》2008年第5期。

赵红:《新一轮课程改革背景下民族文化课程资源开发研究:回顾与沉思》,《宁夏大学学报》(人文社会科学版)2013年第6期。

赵中建、马什:《澳大利亚的校本课程开发——访澳大利亚柯廷大学马什教授》,《全球教育展望》2001年第10期。

郑智超、李凯:《核心素养视野下的校本课程开发管理》,《教育科学论坛》2017年第20期。

周丹:《浅谈校本课程开发及其意义》,《现代教育科学》2012年第8期。

周海银:《学校课程建设的内涵、取向与路径分析》,《山东师范大学学报》(人文社会科学版)2015年第1期。

周湘林:《以人为本的校本管理理论模式探讨》,《课程·教材·教法》2008年第4期。

朱为鸿:《如何解读西方校本管理理论》,《辽宁教育研究》2006年第10期。

朱贻庭:《"伦理"与"道德"之辨——关于"再写中国伦理学"的一点思考》,《华东师范大学学报》(哲学社会科学版)2018年第1期。

四 外文文献

Bowers H. F., "Designing Quality Course Management Systems that Foster Intro-professional Education", *Nurse Education in Practice*, No. 6, 2007.

Brady L., *Curriculum Development* (2nded.), The Netherlands: Sense Publishers, 1987.

Brewer W. B., "School-based Curriculum Development Myth and Reality", *The Australian Science Teachers Journal*, No. 5, 1978.

Barnett J. A., "Developing A School Based Science Curriculum: Teachers' work as Language Work", *Theses Doctorates & Masters*, No. 18, 2006.

Cheng Y. C., *School Effectiveness and School-based Management: A Mechanism for Development*, Washington: The Falmer Press, 1996.

Chopra R., K., "Synergistic Curriculum Development: An Idea Whose Time has Come", *NASSP Bulletin*, Vol. 73, No. 518, 1989.

Corey S., *Action Research to Improve School Practice*, New York: Columbia University, 1953.

Crossley M. , "The Organisation and Management of Curriculum Development in Papua New Guinea", *International Review of Education*, No. 1 , 1994.

Duignan P. , "School-based Curriculum Development: Myth or Reality?", *Australian Educational Researcher*, No. 9 , 1988.

Eggleston, J. (Ed.), "School-based Curriculum Development in Britain", *British Journal of Educational Studies*, No. 5 , 1980.

Evans K. , "School-based Inservice Education: Case Studio and Guidelines for Implemention", *Technology Enhanced Foreign Language Education*, No. 8 , 1983.

ElbazF. , "School-based Curriculum Development: Opportunities for Critical Discourse", *Curriculum Perspectives*, No. 10 , 1989.

Echeverri M. , Brookover C. , Kennedy K. , "Nine Constructs of Cultural Competence for Curriculum Development", *American Journal of Pharmaceutical Education*, No. 8 , 2010.

Goddard Cli. , "The lexical Semantics of Culture", *Language Sciences*, No. 27 , 2005.

Grundy. , *Curriculum: Product or Praxis*, Washington: The Falmer Press, 1987.

Galton M. , "Developing Curriculum Leadership in Schools: Hong Kong Perspectives", *Asia-Pacific Journal of Teacher Education*, No. 1 , 2007.

Gough N. , "School-based curriculum development: Whither Curriculum Theory?", *Curriculum Perspectives*, No. 41 , 1981.

Harlen W. , "Science Eduction: Primary School Program", *Educational Studies*, No. 37 , 1985.

Hornby P. A. , "Comprehensive Course Management and Delivery Using POISE-CIS", *Behavior Research Methods, Instruments, & Computers*, No. 2 , 1996.

Jennings Z. , "Curriculum Change in School Systems in The Commonwealth Caribbean: Some Implications for The Management of Curriculum Development", *International Journal of Educational Development*, No. 2 , 1993.

Juniaria B. , Ahmad S. K. H. , Arifin I. , "Strategic Management in the Implementation of Curriculum 2013 in Elementary School in Indonesia", *International Journal of Learning and Development*, No. 7, 2017.

JohnsonN. A., "Reconsidering Curriculum Development: A Framework for Cooperation", *Interchange*, No. 15, 1993.

Kelly S. V., *The Curriculum: Theory and Practice* (3rded.), The Netherlands: Sense Publishers, 1989.

Kemmis S. McTaggart., *The Action Research Planner*, Australia: Deakin University Press, 1981.

Kim S. N., "The Developmental Directions and Tasks of The School Based Curriculum Management System in Korea", *Asia Pacific Education Review*, No. 1, 2005.

Larue E. M., "Using Facebook as Course Management Software: A Case Study", *Teaching & Learning in Nursing*, No. 1, 2012.

Lurry L., "Core-programDevelopment Through Action Research", *School Review*, No. 6, 1995.

Marsh C., Day C., Mc Cutcheon G., *Recoceptualizing School-based Curriculum Development*, Washington: The Falmer Press, 1990.

Munn P., "Teachers' Perceptions of School-Based Curriculum Development: Some Evidence from Multi-Disciplinary Courses", *Scottish Educational Review*, No. 6, 1985.

Narch C. et al., *Reconcepualizing School-based Curriculum Development*, Biddeford: University of New England, 1990.

Navaporn Sanprasert, "The Application of A Course Management System to Enhance Autonomy in Learning English as A Foreign Language", *System*, No. 6, 2009.

Nunuk Hariyati, Apriliani Hartini Namat, "Environment-Based Curriculum Management In Primary School", *Advances in Social Science Education and Humanities Research – 9th International Conference for Science Educators and Teachers*, Paris, 2017.

Robertson P. J., Wohlstetter P., Mohrman S. A., "Generating Curriculum and Instructional Innovations through School-Based Management", *Educational*

Administration Quarterly, No. 6, 1995.

Rowland J. R., "Engineering Course Management from A Feedback Perspective", Frontiers in Education Conference of 1994, USA, 1994.

Shi F., Miao Q., Mei D., "The Application of Data Association Mining Technology in University Curriculum Management", Symposium on Robotics and Applications, Malaysia, 2012.

Skilbeck M., "School-based Curriculum Development", *Bulletin of Vectorian Institute of Educational Reseach*, No. 15, 1976.

Smith M., "Action Research to Improve Teacher Planning Meetings", *The School Review*, No. 26, 1952.

Seaton A., "Reforming the Hidden Curriculum: The Key Abilities Model and Four Curricular Forms", *Curriculum Perspectives*, No. 9, 2002.

Taba H., " Curriculum Development: Theory into Practice", *Curriculum Perspectives*, No. 9, 1962.

Thomas L. D., "A Decision Framework for School-based Decision Making", *The Australian Science Teachers Journal*, No. 2, 1978.

Walton J., Morgan R. (Eds.), *Some Perspectives on School-based Curriculum Development*, England: University of East Anglia, 1978.

附　　录

附录一：土家族传统文化校本课程管理调查问卷（教师）

问卷编号：

尊敬的老师：

　　您好！感谢您在百忙之中接受我们的问卷调查。为了深入了解恩施土家族苗族自治州地区中小学在土家族传统文化校本课程管理中的现实样态，需要了解贵校的一些实际情况，特开展本次问卷调查。烦请您抽出宝贵时间，对照您本人及所在学校的真实情况如实填写。本问卷不记名，数据仅用于学术研究，请放心作答。谢谢您的支持与配合！

2019 年 4 月

一　基本信息

1. 您的性别：
A. 男　　　　　B. 女

2. 您的年龄：
A. 20—30 岁　B. 31—40 岁　C. 41—50 岁　D. 50 岁以上

3. 您的民族：
A. 汉族　　　　B. 土家族　　　C. 其他少数民族　D. 外籍教师

4. 您的学历：
A. 高中或中专　B. 大专　　　　C. 本科　　　　　D. 硕士研究生
E. 博士研究生

5. 您的教龄：

A. 1—5 年　　　B. 6—10 年　　C. 11—20 年　　D. 20 年以上

6. 您所教的年级段：

A. 小学 1—3 年级　　　　　　B. 小学 4—6 年级

C. 初中段　　　　　　　　　　D. 高中段

7. 您的学校所在地：

A. 市区　　　B. 县城　　　C. 乡、镇　　　D. 自然村

E. 城乡接合部

8. 您所教授的科目：

A 语文　　　B. 数学　　　C. 英语　　　D. 政治

E. 历史　　　F. 地理　　　G. 生物　　　H. 物理

I. 化学　　　J. 音乐　　　K. 美术　　　L. 体育

M. 其他

9. 您的职务：

A. 校长（或副校长）　　　　B. 中层干部

C. 班主任　　　　　　　　　D. 专任教师

二　选择题

10. 贵校进行土家族传统文化校本课程建设的主体是（多选）

A. 科任教师　　B. 学生　　　C. 学校领导　　　D. 家长

E. 专家学者　　F. 社区相关人员

11. 贵校开设的土家族传统文化校本课程的数量为

A. 1—2 门　　　B. 3—4 门　　　C. 5—6 门　　　D. 6 门以上

12. 贵校土家族传统文化校本课程的课时安排为

A. 每周 1—2 课时　　　　　B. 每周 3—4 课时

C. 每周 5—6 课时　　　　　D. 每周 6 课时以上

13. 贵校开发了哪些土家族传统文化相关课程（多选）

A. 居住饮食　　B. 衣冠服饰　　C. 民间技艺　　D. 信仰崇拜

E. 民俗礼仪　　F. 文学艺术　　G. 其他

14. 贵校倾向于将土家族传统文化校本课程设置为哪种课程形式

A. 学科类课程　　　　　　　B. 文化类课程

C. 活动类课程 　　　　　　　D. 多种形式兼有

15. 贵校的土家族传统文化校本课程一般倾向于运用哪种方式进行教学

A. 分主题进行组织 　　　　　B. 按照模块进行设计

C. 依据教材线性教学 　　　　D. 其他形式

16. 贵校在土家族传统文化校本课程的评价过程中更为关注（多选）

A. 教师的教学 　　　　　　　B. 学生的学习表现

C. 课程方案的质量 　　　　　D. 其他

17. 贵校土家族传统文化校本课程的评价主体为（多选）

A. 教师　　　B. 学生　　　C. 学校领导　　　D. 家长

E. 专家学者　　F. 社区相关人员

18. 贵校组织教师参加培训的频次

A. 较多　　　B. 一般　　　C. 偶尔　　　D. 极少

E. 从不

19. 您认为土家族传统文化校本课程管理需要改进的地方在于（多选）

A. 管理理念　　B. 背景管理　　C. 输入管理　　D. 过程管理

E. 输出管理

三　现状量表

题目名称	非常符合	比较符合	一般符合	比较不符合	非常不符合
20. 贵校土家族传统文化校本课程管理在于保障课程顺利实施					
21. 贵校土家族传统文化校本课程管理在于促进文化传承					
22. 贵校土家族传统文化校本课程管理在于促进师生的发展					
23. 贵校在土家族传统文化校本课程管理中自主权较大					

续表

题目名称	非常符合	比较符合	一般符合	比较不符合	非常不符合
24. 贵校教师经常参与土家族传统文化校本课程管理					
25. 贵校土家族传统文化校本课程管理中秉持着人本理念					
26. 贵校建设土家族传统文化校本课程前对校内外资源进行了考量					
27. 贵校建设土家族传统文化校本课程前对师生需求进行了评估					
28. 贵校建设土家族传统文化校本课程前使用恰当方法分析了学校的优劣势					
29. 贵校在建设土家族传统文化校本课程前对学校现状较为了解					
30. 贵校土家族传统文化校本课程建设的目标明晰					
31. 贵校开发土家族传统文化校本课程时会充分挖掘本地区的文化资源					
32. 贵校开发土家族传统文化校本课程时会积极吸纳外部人员参与					
33. 贵校有专门的人员或组织管理土家族传统文化校本课程的人员或组织机构					
34. 贵校专门管理土家族传统文化校本课程的组织机构分工明确、权责明晰					
35. 贵校有完整的方案指导土家族传统文化校本课程建设					
36. 贵校有相应的规章制度管理土家族传统文化校本课程					
37. 贵校采取多种措施鼓励教师进行土家族传统文化校本课程建设					

续表

题目名称	非常符合	比较符合	一般符合	比较不符合	非常不符合
38. 贵校安排了专门的教师、时间和地点实施土家族传统文化校本课程					
39. 贵校常邀请校外专家或民间艺人进行土家族传统文化校本课程教学					
40. 贵校在土家族传统文化校本课程管理中能及时得到信息反馈					
41. 贵校对土家族传统文化校本课程建设进行了全程督导					
42. 贵校有充足的资源实施土家族传统文化校本课程					
43. 贵校常组织学生参加土家族节日庆典、参观民俗博物馆					
44. 贵校在土家族传统文化校本课程实施中注重校园文化与隐性课堂的建设					
45. 贵校对土家族传统文化校本课程有不同的评价方法					
46. 贵校对土家族传统文化校本课程有完整的评价指标与考核方案					
47. 贵校会邀请家长、社区人员等参与土家族传统文化校本课程评价					
48. 贵校在土家族传统文化校本课程评价后会对该课程进行改进					
49. 贵校会对优质的土家族传统文化校本课程进行推广					
50. 贵校会针对土家族传统文化校本课程评价中出现的问题对教师进行相应培训					

四　影响因素量表

题目名称	非常符合	比较符合	一般符合	比较不符合	非常不符合
1. 我熟悉校本课程开发的流程					
2. 我能根据学生兴趣与发展规律恰当安排课程					
3. 我能选用适当的方法进行教学					
4. 我理解校本课程管理的内涵与功能					
5. 我有意愿开发校本课程					
6. 我愿意积极参与校本课程管理					
7. 学生对土家族传统文化校本课程认同度较高					
8. 学生有兴趣参加土家族传统文化校本课程					
9. 学校管理风格民主、包容					
10. 学校在管理中注重学校文化的塑造					
11. 学校管理注重人际关系的处理					
12. 学校建设与布局中会凸显少数民族文化					
13. 学校有专门的土家族传统文化社团					
14. 学校会组织学生参加土家族传统文化活动					
15. 学校对土家族传统文化校本课程十分重视					
16. 学校对自身发展的意愿强烈					
17. 学校有构建特色课程的需求					
18. 学校采用有效的方法进行环境评估					
19. 学校在课程建设中能兼顾多方需求					

续表

题目名称	非常符合	比较符合	一般符合	比较不符合	非常不符合
20. 学校在课程建设中能积极联动外部主体					
21. 家长重视学生土家族传统文化校本课程的学习结果					
22. 社区有丰富的资源支持学校开展土家族传统文化校本课程					
23. 社区有良好的场地如民俗博物馆、文物古迹供学生参观学习					
24. 课程专家或校外人员会对土家族传统文化校本课程进行指导					
25. 教育部门会组织教师进行校本课程培训					
26. 当地教育行政部门会给予土家族传统文化校本课程建设资金与政策支持					

附录二：土家族传统文化校本课程管理调查问卷（学生）

问卷编号：

亲爱的同学：

你好！因课题研究的需要，我们拟对恩施州地区中小学土家族传统文化校本课程管理的现状进行调查。此次调查不签署被调查者的姓名，对单位与个人均无任何不利影响，所选内容无对错之别，请按真实情况及你的真实想法进行填写。

感谢你的支持，谢谢！

2019 年 4 月

一　基本信息

1. 你的民族：

   A. 汉族　　　　B. 土家族　　　C. 其他少数民族

2. 你的性别：

   A. 男　　　　　B. 女

3. 你就读的年级：

   A. 小学 1—3 年级　　　　B. 小学 4—6 年级
   C. 初中　　　　　　　　D. 高中

二　选择题

4. 你了解土家族传统文化吗？

   A. 非常了解　　B. 比较了解　　C. 一般了解　　D. 很少了解
   E. 完全不了解

5. 你希望了解哪方面的土家族传统文化？

   A. 居住文化　　　　　　　B. 饮食文化
   C. 衣冠服饰文化　　　　　D. 民间技艺文化
   E. 信仰崇拜文化　　　　　F. 文学艺术文化
   G. 民俗礼仪文化

6. 你的家人重视你对土家族传统文化的学习吗？

   A. 非常重视　　B. 比较重视　　C. 一般重视　　D. 比较不重视

   E. 完全不重视

7. 你认为是否有必要保护和传承土家族传统文化？

   A. 非常必要　　B. 有必要　　C. 无所谓　　D. 不太必要

   E. 完全没必要

8. 你了解学校土家族传统文化课程的管理情况吗？

   A. 非常了解　　B. 比较了解　　C. 一般了解　　D. 不怎么了解

   E. 不了解

9. 你是否喜欢学校开设的土家族传统文化校本课程？

   A. 非常喜欢　　B. 比较喜欢　　C. 一般喜欢　　D. 不怎么喜欢

   E. 不喜欢

10. 你喜欢土家族传统文化校本课程的哪一点？（多选题）

    A. 老师亲切、负责　　　　　B. 内容丰富、有趣

    C. 作业少、考核简单　　　　D. 其他

11. 你认为学习土家族传统文化校本课程对你的学习和生活有帮助吗？

    A. 非常有用　　B. 比较有用　　C. 一般　　D. 用处不大

    E. 根本没用

12. 你觉得学校土家族传统文化校本课程的开设培养了你哪些方面的能力？（多选）

    A. 动手实践　　B. 人文素养　　C. 社会交际　　D. 科学探究

    E. 没有任何提高

13. 学习土家族传统文化校本课程中的内容帮助你更加热爱自己的民族：

    A. 非常符合　　B. 比较符合　　C. 一般符合　　D. 比较不符合

    E. 非常不符合

14. 你认为学校开设土家族传统文化校本课程内容的根本目的是什么？

    A. 增强学校特色　　　　　　B. 促进教师的发展

    C. 满足学生成长需要　　　　D. 促进文化的发展

15. 你在土家族传统文化校本课程建设过程中的参与程度为：
A. 较大参与　　B. 基本参与　　C. 没有参与　　D. 不清楚

16. 老师占用土家族传统文化校本课程的现象是否频繁？
A. 经常占用　　B. 偶尔占用　　C. 极少占用　　D. 没有占用

17. 你的家人是否重视你在土家族传统文化校本课程中取得的成绩？
A. 非常重视　　B. 比较重视　　C. 一般重视　　D. 完全不重视

18. 学校土家族传统文化校本课程考核方式是怎样的？
A. 笔试考试　　B. 实践报告　　C. 综合考核　　D. 没有考核

19. 你们学校以什么形式来开展土家族传统文化校本课程学习？
A. 课堂教学　　B. 课外活动　　C. 实地考察　　D. 多种方式结合
E. 其他

20. 你认为土家族传统文化校本课程在实施中存在哪些问题？

_____

_____

_____

附录三：访谈提纲

- 贵校建设土家族传统文化课程的缘由是什么？该课程的定位和目标是什么？
- 您认为贵校在土家族传统文化课程管理中的管理理念是什么？
- 您认为土家族传统文化校本课程应该由谁来管？您有参加该课程的管理吗？
- 贵校是否有专门的团队或者组织管理土家族传统文化校本课程？
- 贵校在土家族传统文化校本课程管理中会对校内外环境进行考量吗？会的话是怎样做的？
- 贵校在土家族传统文化校本课程建设中课程内容、课时是如何设置的？
- 您认为在土家族传统文化校本课程管理中应如何对相关资源进行挖掘、提炼与管理？
- 学校是否有相应的措施鼓励教师进行土家族传统文化校本课程建设？有的话作用如何？
- 贵校评价和保障土家族传统文化校本课程的措施有哪些？
- 您认为教育行政部门、学校、家长各方对土家族传统文化校本课程持什么样的态度？
- 您认为土家族传统文化校本课程管理的价值在于？
- 您认为土家族传统文化校本课程管理的困难在于？是否解决？如何解决？
- 您认为影响土家族文化校本课程管理的主要因素有哪些？
- 您认为如何才能提高土家族传统文化校本课程的管理效能？
- 您对于未来土家族传统文化校本课程建设的期待和展望有哪些？

附录四：访谈知情同意书

《访谈知情同意书》

研究名称：土家族传统文化校本课程管理研究

在您决定接受本次访谈前，请仔细阅读下述内容。

访谈目的：本次访谈希望从教师、学生和学校领导的角度，了解目前恩施州地区中小学土家族传统文化校本课程管理的相关情况，从而为提升校本课程管理水平提供参考，希望得到您的帮助。

您的任务：配合并回答采访人员的问题。

访谈时间：10—30分钟。

隐私权：本次访谈的结果可能会在学位论文上体现，但您的相关信息不会在材料中出现，相关信息会采取匿名方式表述。本次访谈将会在您的允许下，使用录音记录，我们将对访谈中获得的全部信息进行严格保密。

自愿参与或退出：参加本次访谈完全出于自愿，若有任何不便，您可以中途退出。

受访对象：我已详细阅读并接受本知情同意书，下面的签名表明我愿意参加本次访谈。

个人签名：　　日期：

采访人员：我已向受访对象解释访谈目的和程序，并尽可能回答了访谈相关的问题。

个人签名：　　日期：

后 记

  书稿即将付梓，心中满是感恩，也实觉不易。这是一段时光的结束，也是一段新征程的开始。此刻，坐在书桌前百感交集。

  本书是在本人的博士学位论文基础之上修改而成。回想当初，踌躇满志开启去武汉大学的读博之路，其中的压力心酸却少有人知，直至博士学位论文完成，回首来时路才忽觉轻舟已过万重山。在博士学位论文的撰写过程中十分感激我的博士生导师李保强教授。在他身上我看到了学者的严谨、教师的宽容以及作为长者的体谅与关爱，也让我明白了教师、学者以及父母这些不同角色应该兼具怎样的品质。同样，在这一过程中我也十分感恩遇见了许多志同道合的朋友栾兆云、武星丽、徐纯正等，他们不论是在生活中还是在学术上都给予了我莫大的帮助，让我拥有了一路前行的勇气和底气。此外，在整个读博期间我的先生刘维给予了我极大的理解与支持。我们于少时相识，一路从校服到婚纱，彼此成为最坚实的依靠。在每一个失落、心酸的时刻，他让我有人可依、可期、可盼，也让原本枯燥、压抑的读博生活有了阳光与涟漪。所谓"养儿方知父母恩"。如今书稿能顺利完成也与我父母的支持与付出密不可分。他们尊重并支持我的每一个决定，在面对任何困难时他们都是我最坚实的后盾。在他们身上我看到了父母的无私与伟大，也体会到了人世间最为真挚与纯粹的情感。然而该论文最终能出版离不开湖北省社科基金的后期资助，也离不开湖北民族大学的支持，更离不开中国社会科学出版社的各位编辑，他们耐心指导我对书稿进行修改，并一次次进行校对，其中的繁杂与辛苦不言而喻。言及于此，内心不免感慨，这一路走来何其有幸。感恩在这跌跌撞撞的旅途中给予我帮助、关爱的每一个人。